개정판

| 내 가게를 완성해줄 50가지 이야기 |

위닝 브랜딩
Winning Branding

박진우 저

경험, 관계, 소통, 본질과 닿아 있는
브랜딩에 관한 통찰들

How가 아닌 'Why'를 전하는 브랜딩 법칙
외식경영전문가
박진우박사가 전하는 브랜딩 메시지
<골목식당우문현답> <외식경영노하우> 저자

형설출판사
www.hyungseul.co.kr

　학문으로써 음식을 놓고 논(論)한 지 30년이 넘었다. 음식으로 돈을 벌어 다시 음식에 돈을 쓰는 소비의 순환구조를 익힌 지도 20년이 되었다. 수없이 많은 음식점들을 다니며 배우고 때때로 익혔다. 형설지공이라는 뜻 깊은 사자성어를 거두기는 부족함이 많아 아직도 배우고 익히고 있다. 다니는 곳곳마다 은둔고수들이 많았다. 그들을 본받아 반성하고 성찰하고 다듬어서 다시 음식점과 브랜드를 만들었다. 이론이 사례를 만드는 것이 아니라, 사례가 이론을 만든다는 진리를 알고 있다. 모든 이론들은 현장에서 나왔다. '철이 철을 날카롭게 한다'는 잠언의 문구가 와닿는 생활이었다. 현장의 사례를 정리하고 싶은 욕심은 어릴 적부터의 바람이다. 감히 8번째 책을 세상에 내어 놓는다. 고수들에게 배운 '사례적 지식'을 그저 옮겼을 따름이다.

　음식점을 브랜딩하고, 브랜드를 론칭하고, 다시 리브랜딩 하는 과정은 쉽지 않는 여정이었다. 브랜드를 만드는 것 자체가 어려운 일이다. 10번을 만들면 1번 성공하기가 쉽지 않다. 쉽지 않은 여정에서 실패하고 싶지 않았다. 30개의 브랜드를 운영하고, 10개 되는 브랜드를 만들었다. 아직 더 많은 브랜드를 만들고, 쉽지 않은 브랜드를 리브랜딩 하고 싶다. 노력은 배신하지 않는다는 것을 알기에, 진실을 알고 미래를 확인하기까지 기다릴 줄 아는 지혜가 필요하다. 묵묵히 묵언하고 기다리며 시장에 오래 남고 싶다.

이 책은 사례에 중점을 두었다. 사례는 이론을 뒷받침을 논거로 정리했다. 귀납적 서술이다. 대형 브랜드, 프랜차이즈의 사례는 언급함을 자제했다. 그럼에도 꼭 필요하고, 작은 브랜드에서 찾을 수 없는 사례는 정리해서 넣었다. 알려지지 않은 고수들의 사례를 넣고자 했다. 브랜드는 작지만 생각은 넓고 크기에 사례로의 적합성은 더 높다고 볼 수 있다. '시선의 높이가 삶의 높이다(최진석)', 시선의 높이가 브랜드의 높이였다. 깊고 높은 분들의 사례가 책을 읽는 독자분들에게 미약하나마 도움이 되길 바란다.

총 5장으로 구성했다. 브랜드에 대한 기본 지식과 브랜드가 가지고 가야 할 현안의 문제점 그리고 미래를 위한 브랜딩을 5장에 걸쳐서 설명했다. 크게 보면 경험, 관계, 소통, 본질과 닿아 있다. 4개의 질문에 사례로 답했다. 브랜드는 더 이상 '물건을 파는' 것이 아닌 '경험을 파는 행위라는 것'이 이론과 현장에서 설명되고 있다. 브랜드가 가지는 가치와 철학에 열광하고, 가치와 철학을 소비하는 시대가 진행되고 있다. 상품과 서비스는 평준화되었고, '시간과 공간, '관계와 경험'의 콘텐츠가 중요해진 시대를 맞이했다. '브랜드가 나의 정체성을 설명해줄 수 있느냐'의 문제도 오랜 시간 언급되고 소비되고 있다. 경험하고 찍고 공유하면서 자신의 정체성을 드러낸다. 시대의 트렌드와 함께하면서 본질을 놓치 않는 브랜드의 사례가 궁금해졌다. 책에서 이런 이야기를 하고 있다.

브랜드를 만드는 일은 단기적 이익과 장기적 이익 사이의 갈등이며, 하루하루의 삶과 기나긴 삶의 갈등이기도 하다. '갈등'은 버려야 하는 요소가 아니라 극복해야 하는 요소임이 브랜드를 만들고 다듬으면서 각인된 생각이다. 갈등을 극복했을 때 브랜드가 되었다. 빌 게이츠는 '성공이란 얼마나 많은 돈을 벌었느냐가 아닌 평생 동안 얼마나 많은 사람들을 감동시켰냐로 측정된다'고 했다. 브랜드도 마찬가지다. 많은 돈의 축적이 아니라, 많은 고객들의 감동으로 판단될 것이다. 브랜드는 고객의 삶 속으로 깊이 들어가는 것이기 때문이다. 하나의 의미로 남는 것이기 때문이다.

브랜드를 언급하면서도 머리 속에 떠나지 않는 한 가지의 생각이 있었다. '회사후소(繪事後素, 본질이 있은 연후에 꾸밈이 의미가 있다.)'의 마음은 놓치 못했다. 브랜드는 결국 본질이라는 현상에서 벗어날 수 없기 때문이다. 'QSC is All'을 한번도 잊은 적이 없다. 음식을 놓기 전까지는 이 말을 잊지 않을 것이다. 세상의 흐름을 따르면서 본질을 지켜가는 것, 가치와 철학을 행위로 보여주는 것이 브랜드이고, 브랜딩이다. 가장 매력적이고 가장 강력한 것은 언제나 기본에 충실하다.

브랜드는 우리의 사인을 남기는 것이다. '훌륭한 목수는 아무도 보지 않는다고 해서 장롱 뒤쪽에서 저급한 나무를 쓰지 않는다. 진정한 예술가는 작품에 사인을 남긴다'는 스티브 잡스의 말은 브랜드를 만들어가야 할 우리가 새길 문장이다.

부족한 부분이 많으리라 생각한다. 부족한 부분은 미래의 시간에 남겨 두고자 한다.

세상에 의미를 던지며 모두가 웃을 수 있는 가게를 꿈꿔 보자.

2024. 6. 30

Park Jin Woo

Prologue 003

1장 >>>

브랜드가 되어 간다는 것 011

1-1   브랜드가 된다는 것   013
1-2   브랜딩과 마케팅의 차이   023
1-3   브랜딩 시대, 마케팅 믹스의 역할론   027
1-4   브랜드의 가치, '자기다움'   031
1-5   단 하나의 이미지와 감정을 담을 도구, 브랜드 아이덴티티   036
1-6   '자기다움'의 표현, 브랜드 개성   044
1-7   브랜딩의 목표, 파워브랜드   050
1-8   경험 경제의 시대, 무엇을 팔 것인가?   058

2장

육감의 경험을 디자인하다 063

2-1   시공감각적 서사: 모티프로 출발하자 065
2-2   비일상적 경험을 제공하자 – 여행과 같은 음식점 071
2-3   공간과 경험을 팔다 077
2-4   핵심 경험 3가지만 작성할 수 있으면 음식점은 성공한다 083
2-5   나를 표현하는 가장 아름다운 방법, 브랜드 네이밍 092
2-6   마음을 사로잡는 문장 슬로건, 욕망을 뒤흔드는 컨셉 메시지 102
2-7   유혹하는 컬러, 맛있는 공간 111
2-8   점포의 이미지를 결정하는 SI의 구성 120
2-9   맛깔스런 식사의 조건 – 조명 System 123
2-10 배경 음악이 식사를 완성한다 128
2-11 지글지글 소리를 팔아라 134
2-12 향기가 매출에 미치는 영향 138
2-13 의미를 담는 작업, 컨셉 141
2-14 Brand의 방향과 목표 – Concept Paper의 작성 145

3장 ▶▶▶

보이지 않는 것을 보이게 하는 법 149

3-1 브랜드 커뮤니케이션 - 관계를 맺는 과정 151
3-2 업의 본질: 함께 꾸는 꿈은 현실이 된다 157
3-3 인스타워시하다 164
3-4 입소문에도 공식이 있다 169
3-5 전지적 스토리 시점 1 174
3-6 전지적 스토리 시점 2 183
3-7 로컬리즘을 찾아서 189
3-8 Heritage를 이어가는 음식점들 196
3-9 브랜드를 알리는 또 다른 방법, 콜라보레이션 & 팝업 스토어 201
3-10 타깃 고객의 니즈를 핵심 단어로 표현하는 능력 208
3-11 신뢰를 주는 음식점을 만드는 방법 212
3-12 고객의 생각을 읽는 기술 217

4장 ≫

메뉴가 말하려 했던 것들 221

4-1 메뉴는 컨셉을 설명하는 메시지다: 잘 팔리는 메뉴명 짓기 223
4-2 고객을 유혹하는 가격 설계 방법 1 231
4-3 고객을 유혹하는 가격 설계 방법 2: 버라이어티 가격 책정과 옵셔널 가격 책정 239
4-4 우리 매장의 메뉴 가짓수는 몇 종류가 좋을까?: 선택의 패러독스 244
4-5 고객의 방문 주기와 메뉴 교체 시기 248
4-6 메뉴 가격 인상, 어떤 것을 고려해야 할까? 252
4-7 시그니처 메뉴로 공략하자 257
4-8 사이드 메뉴로 매출에 활력을 불어넣자 261
4-9 하나의 메뉴로 승부하는 진검 승부사들 264

5장 >>>

다름을 만드는 브랜드의 생각들 277

5-1 오프라인 음식점의 미래, QSC+5S   279
5-2 QSC의 평판을 관리하는 방법   289
5-3 재방문 비율의 의미   293
5-4 고객을 끌어 당기는 힘, 한정판 마케팅 이론   298
5-5 고객의 시간에 대한 배려   302
5-6 라이프 스타일로 타기팅 하다   310
5-7 말하지 않고 말하는 법   316
5-8 관계는 이야기가 되고, 이야기는 브랜드가 된다   321

CHAPTER
1

브랜드가 되어 간다는 것

우리가 위대하다고 생각하는 사람들은 자신의 가치와 철학으로 살거나 살다 간 사람들이다. 우리는 그들이 '가치와 철학'으로 삶을 살았다고 한다. 위대한 브랜드 또한 마찬가지다. 위대한 브랜드들은 브랜드가 가진 '가치와 철학'을 바탕으로 세상의 생태계를 만들어간 브랜드들이다.

브랜드가 되어 간다는 것

1-1 브랜드가 된다는 것

황량한 풍경이 끝없이 펼쳐지는 파키르 오지 마을
사막화로 강물이 마르고 땅이 마르고 나무가 죽어가자
하나둘 마을 사람들도 도시 노동자로 떠나갔다
마을을 살리기 위해 가난한 주민들은 흔하게 널린 갈대를
엮어 만든 바구니를 팔아 나무를 심어 가기로 했다
해가 기울 녘, 불볕의 땅에 심겨진 어린나무에
물을 길어다 주는 건 소녀의 하루 의례다.
"내가 태어나던 날 아빠는 오크 나무를 심었어요.
스무 살이 되면 나무그늘에 앉아 책을 읽자고.
100년이 지나면 아름드리 나무가 되고
300년이 흐르면 푸른 숲을 이룰 거라고
그러니 대를 이어 가꿔가도록 잘 일러야 한다구요."
소중한 것들은 그만큼의 시간과 공력을 필요로 하는 법.
우리 삶은 긴 호흡으로 푸른 나무를 심어가는 것.

브랜딩 하는 마음

박노해 시인의 '나무를 키우는 소녀'라는 시다. 시가 주는 느낌은 사람마다 다를 텐데 이 시를 읽고 '아빠의 마음'과 '브랜딩 하는 마음' 2가지를 새겼다. '아빠의 마음'은 가족과 딸을 생각하는 애잔한 마음으로 다가왔고, '브랜딩 하는 마음'은 '지속성과 일관성'이라는 생각으로 다가왔다.

많은 음식점 사장님들이 '하루하루 먹고 살기 힘든데 브랜딩을 할 생각도, 시간도 없다'고 이야기한다. 역으로 보면 하루하루 또 길게 먹고 살기 위해서 브랜딩은 필요하다고 역변한다. 브랜딩에, 브랜드에 마음을 쏟지 않는 음식점은 언젠가 어려움에 처하며, 크게 잘못된다면 폐업까지 할 수 있다는 판단이다. 지속가능한 성장과 지속가능한 사업이 어려울 수 있다는 이야기다. 또 이렇게 작은 음식점에서 무슨 브랜딩이냐고 말씀하시는 사장님들도 꽤 존재한다. 그러면 다시 작은 음식점이라 필요한 것이 브랜딩이라 한번 더 역설한다. 대다수의 사장님들이 하는 이야기처럼 하루하루와 긴 사업, 작은 음식점과 큰 음식점(또는 큰 회사) 사이에서 무수한 갈등을 할 수밖에 없다. 하루하루도 중요하고, 긴 안목의 사업을 위해서 수련 행위도 필요하다는 의미다. 매출은 브랜딩에서 나오며 브랜딩은 매출을 위해서 필요한 작업이다. 브랜드를 만드는 작업, 즉 브랜딩은 많은 시간과 비용을 투자하고 긴 안목으로 바라는 작업임에는 틀림이 없다.

고객에게 선택받기 위한 브랜딩

시장의 경쟁은 치열해지고 있고, 앞으로는 더욱 치열해질 것으로 보인다. 메뉴와 서비스는 상향 평준화되어 '거기서 거기'라는 말이 나온다. 비슷해진 메뉴와 서비스의 홍수 속에서 우리 메뉴와 서비스가 선택받기 위해서 브랜딩이 필요하다. 브랜딩은 우리의 메뉴와 서비스, 공간, 감성과 스토리가 고객들로부터 인정받기 위해서 행하는 일련의 활동을 말한다. 지금의 시대에는 작든 크든 규모와 상관없이, 문구점이든 철물점이든 음식점이든 업종에 상관없이 브랜딩이 필요한 시대다.

음식점이 가지고 가야 할 브랜드 네이밍, 브랜드 스토리, 폰트, 음악, 색깔, 유니폼, 캐릭터, 패키지, 컬러, 인테리어 등 모든 것을 브랜드의 관점으로 챙겨보면 어떨까 한다. 우리는 고객들에게 무엇을 이야기하고 있나, 어떤 이야기를 들려주고 싶은가를 생각해야 한다. 그런 생각이 고객들에게 인정받고 선택받아야 한다. 우리 음식점에 존재하는 모든 것들에 의미를 부여하고 작업을 해보면 어떨까? 오랫동안 건강하게 살아야 하지 않을까 생각해 본다.

'소중한 것들은 그만큼 시간과 공력을 필요로 하는 법.
우리 삶은 긴 호흡으로 푸른 나무를 심어가는 것'

'건강하게 오래 살기 위해서 브랜딩은 꼭 필요한 법'이다.

하루하루 먹고 살기 힘든데 진짜 브랜딩이 필요할까

브랜딩의 시대에 살고 있다고 한다. 브랜드는 필요하고, 브랜딩도 필요하다고 주장한다. 앞서 언급했듯이 상품과 서비스가 평준화되고, 정보의 과잉 속에 차별화가 그만큼 어렵다는 반증일 것이다. 누구나 인정하는 부분이다. 반대로 하루하루 먹고 살기 힘든데 굳이 브랜딩을 해야 하냐고 반문하는 이들도 적지 않다. 어쩌면 매출과 이익은 현실이고, 브랜딩은 이상일 수 있다. 이상은 보이지 않는 먼 미래의 일로 치부한다. 현실과 이상에서 괴리가 발생하고, 괴리는 갈등을 창출한다. 갈등 속에서 이상을 포기한 채 안주하기도 하고, 현실을 챙기면서 이상을 추구하기도 한다. 이 부분이 브랜딩에 대한 갈등 지점 Conflicts Point이다. 갈등을 해결하는 것은 경영자의 역할이며, 브랜딩은 더 나은 현실을 만들기 위한 필요 도구이다.

브랜드를 만들면서, 브랜딩을 하면서 갈등은 발생한다. 좋은 컨셉과 아이디어는 있으나 비용의 문제, 매출과 이익의 문제와 같은 현실적인 문제와 부딪힌다. 이 지점에서 갈등한다. 또 철학적 이상은 있으나 자본과 갈등하기도 한다. 하지만 차별화와 강점을 가지고 꾸준히 브랜드 자산을 축적해 나가는 일은 '더 나은 현실'을 만들기 위한 것이고, 건강한 브랜드를 만들기 위한 것이다.

우리의 몸과 건강으로 비유해보자. 하루를 이겨 내기 위해서 아픈 곳을 치료하고, 영양제를 챙겨 먹는 것은 건강한 하루를 사는 방법이다. 하지만 오랫동안 건강하게 살기 위해서는 운동을 필요로 한다. 적게 먹고, 먹은 것 이상의 운동을 해야 건강하게 오래 살 수 있다. 운동은 이상적인 것이며, 더 나은 현실을 만들기 위한 필요조건이다. 치료와 영양제도 필요하지만, 긴 안목으로 보면 운동이 현실을 이기는 강력한 처방이 된다. 영양제와 치료는 매출과 이익이고, 운동은 브랜드 자산을 구축하는 방법, 즉 브랜딩이라 할 수 있다. 좋은 브랜드로 거듭나기 위해서는 치료와 영양제 처방도, 꾸준한 운동도 병행해야 한다. 현실적으로 유지해야 하는 일과 하고 싶은 일 사이의 균형을 맞추는 것은 언제나 어려운 일이다. 놓여진 현실을 챙겨가며 브랜드 자산을 축적하는 것이 브랜딩이라 할 수 있다. 그래서 브랜드를 만드는 일, 브랜딩은 필요하다.

▲ 그림 1.1 브랜딩의 갈등 구조

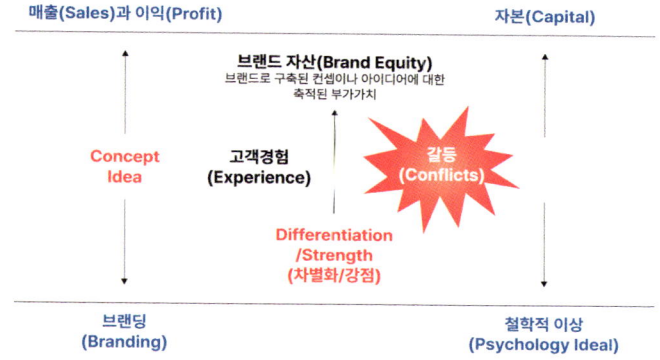

브랜드에는 어떤 것들이 담겨져 있을까

브랜드는 철학, 가치, 약속, 스토리, 정체성과 같은 요소를 포함하고, 이를 의미 있게 담아 냈을 때 브랜드라 말할 수 있다. 다른 브랜드와는 구별되는 차별화된 스토리로부터 브랜드만이 가지는 비전과 미션을 비롯해 철학과 가치도 의미 있게 담고 있어야 한다. 이 모든 것이 어우러져 브랜드를 말하고 브랜드를 형성한다. 이 모든 것을 포함하고 함유할 때 '브랜드'라 부른다.

브랜드는 정체성Identification과 차별성Differentiation을 의미를 나타내고 다른 것들과 구별 지어진다. 정체성은 '나는 누구인가?', '나는 왜 존재하는가?'에 대한 답이다. 또 기업에서 정의하는 브랜드의 미래 모습과 비전을 말하는 것이다. 브랜드가 이렇게 되었으면 하는 바람을 이야기하는 것이다. 브랜드에서 바라는 모습과 고객이 생각하는 브랜드의 모습이 일치할 때 브랜드 정체성이 완전하게 구현되고 브랜드는 성공에 이르렀다고 말할 수 있다. 브랜드가 바라는 미래의 모습, 고객이 생각하는 브랜드의 모습이 일치하도록 브랜드를 관리하는 것을 '브랜드 매니지먼트Brand Management'라 한다. 차별성은 '경쟁사와 여타의 것들과 구별되는 독특한 특징을 말하는 것'으로 '자사, 자사의 상품과 서비스를 경쟁사와 다르게 만들고 독특하게 만들어 구별되게 하는 것'을 말한다. 경쟁사에서 제공하지 못하는 특별한 가치를 제공함으로써 고객들이 선택하게 하거나 충성도를 형성할 수 있게 만드는 요소이다.

▲ 그림 1.2 브랜드의 정체성과 차별성

Brand = I + D

ID =　　I　　+　　D
Identification + Differentiation
(정체성)　　　(차별성)

따라서 정체성과 차별성, 이 두 가지는 브랜드가 되기 위한 필요조건이다. 하지만 이 두 가지, 정체성과 차별성을 가지고 있다고 해서 브랜드가 완성되었다고 할 수 없다. 브랜드는 정체성과 차별성을 만들기 위해 브랜드가 가지고 가야 할 철학과 가치를 내포하고 있어야 한다. 브랜드의 철학과 가치는 비전과 미션mission, 목적으로 표현할 수 있다. 미션은 브랜드의 '존재 이유'이다. 비전은 브랜드의 미래 모습이다. 목적은 브랜드를 만든 궁극적인 목적을 말한다. 미션, 비전, 목적은 브랜드가 가지고 있는 가치를 통해서 실천해야 한다. 미션과 비전, 목적을 가치 있게 실천한다는 것은 무엇일까? 그것은 고객과의 '정의로운 약속'에 있다고 할 수 있다. 약속은 책임을 의미한다. 책임은 약속을 의미 있게 이행하는 것을 말한다. 따라서 '브랜드는 약속된 책임감'을 말한다. 고객에 대한 책임감은 브랜드가 가지고 가야 할 원칙을 세우고 이 원칙을 준수하는 것으로부터 이행된다. 원칙을 세우고, 그 원칙을 어기지 않는 것, 즉 '해야 할 것'과 '하지 말아야 할 것'을 명확히 구분하고 실천하는 것을 의미한다. '해야 할 것'을 정의하면 '하지 말아야 할 것'이 정의된다. 원칙은 다른 의미로 신뢰라 말할 수 있다. 책임을 온전히 수행하는 것, 브랜드가 '해야 할 것과 하지 말아야 할 것'을 구분하고 이를 철저히 준수하는 것은 신뢰라 할 수 있다. 따라서 브랜드는 신뢰와 책임을 수반한 정체성과 차별성을 가질 때 의미가 있고, 이를 수행하는 과정을 브랜드가 되어가는 과정이라고 하겠다.

브랜딩에서의 핵심은 진심이 담긴 가치를 만들고, 그 가치를 공유하고 공감을 얻어가는 모든 과정으로 설명할 수 있다. '바람직하고 쓸모 있으며 의미가 있는 것'을 가치라 한다. 가치의 실현은 브랜딩의 필수 요건이다. 결국 브랜딩이란 브랜드의 정체성과 차별화를 만들어가는 과정이며, 고객의 연상, 기억 그리고 이미지와 기업의 꿈, 비전, 지향하는 가치를 일치시키는 과정으로 설명될 수 있다. 결국 브랜드는 약속이고, 브랜딩은 약속의 실천이다.

'브랜드'와 '다움'은 '이음동의어'

신뢰와 책임은 또 다른 표현으로 '다움'으로 표현된다. '브랜드답다'의 '다움'은 책임감을 완전히 수행하고, 약속을 이행한 상태 즉 그 상태를 인정하고 확인하는 표현이다. 누군가가 나에게 '너답다'라는 말은 '너의 상태', '너의 의미'를 완전히 인정한 상태를 말하는 것이다. 그래서 브랜드의 정체성은 '다움'으로 정의할 수 있다. '스러움'은 비슷하지만 '같지 않음'의 의미를 내포하고 있다. 완전함은 아니지만 완전함을 흉내 낸, 어느 정도의 비슷함과 유사성을 말한다. 그래서 정체성으로 표현하기에는 다소 부족해 보인다. 닮기는 했으나 같지 아니한 표현이 바로 '스러움'이다. '같음', '같다'는 표현도 유사하다. 완전 긍정도 완전 부정도 아닌 표현이다. 이 역시 '스러움'과 비슷하게 유사함을 나타내지만 오리지널은 아니라는 표현이다. 'OO같다'는 표현은 오히려 흉내 내어 오리지널이 아닌 짝퉁의 표현이 강함을 의미한다.

이렇게 '다움', '스러움', '같음'의 의미는 유사하나 같지 않다. '스러움'과 '같음'은 유사성을 의미하고 모방이 가능함을 의미한다. 하지만 '다움'은 정체성을 의미하는 것으로 브랜드가 가지고 가야 할 방향성과 정확히 일치하는 단어이다. 따라서 브랜드는 '정체성', '다움'으로 표현할 수 있겠다. '책임'과 '신뢰'를 전제로 한 '다움'과 '정체성'을 브랜드라 할 수 있다. '정체성', '다움'으로 브랜드를 표현할 수 있을 때 브랜드는 브랜드가 되었다고 할 수 있다. '다움'은 '정체성'을 의미하기 때문이다. 결국 '브랜드가 된다는 것'은 '정체성'과 '다움'을 찾았다는 것이고, '정체성'과 '다움'을 고객으로부터 인정받았다는 것이다. '다움'의 의미를 찾고, '정체성'의 의미를 찾았을 때, 다른 것과 차별화하되 그 안에 '책임'과 '신뢰'가 함께 의미를 띨 때 우리는 '브랜드'라 할 수 있을 것이다.

'하나의 감정', '하나의 이미지'로 남는 브랜딩

'인간은 절대 이성적이지 않다. 인간은 감성적이라 할 수 있다. 합리적이지 않다는 의미다. 인간이 이성적이라면 명품을 구매할 이유가 없으며, 유사한 품질의 음식을 고가를 주고 구매하지 않을 것이다. 인간은 감성적인 동물이다. 그래서 인간과 긍정적 감정의 유대 관계가 형성된 브랜드, 자신만이 가진 고유의 신념과 가치를 가진 브랜드는 사람을 끌어들인다. 논리적으로 설명하기 어렵지만 고객들에게 즐거움과 신뢰, 가치를 제공한다. 자신만의 언어와 규칙으로 고객과의 감정적 유대 관계를 형성한다. 잘 형성된 유대 관계가 넓어지고, 확장되면서 브랜드는 파워를 가지게 된다. 이를 '파워브랜드'라 칭한다.

'파워브랜드'가 되면 많은 이점을 가지게 된다. 마케팅 활동의 효율을 높여주고, 매출과 이익을 높여주며, 가격에 대한 프리미엄을 제공하고, 가격에 대한 저항력을 줄여주고, 인하에 따른 매력도 높여준다. 상품과 서비스에 대한 신뢰도와 구매력을 증진시키고, 대외적으로 구매에 대한 협상력을 높여 주기도 한다. 강력한 파워브랜드를 만들어야 하는 이유도 이와 같다. 과거의 고객들은 가격에 우선 반응하였으나, 최근에는 가격과 서비스보다 가치에 중점을 두고 반응한다. 파워브랜드가 되어야 하는 이유도 이에서 찾을 수 있다.

브랜드가 브랜딩화를 거치면서 '브랜드 가치'가 커지게 된다. 브랜드 가치가 커지면 얻게 되는 것은 브랜드 신뢰도 상승, 브랜드 호감도 상승, 브랜드 존재감 상승, 브랜드 품질과 서비스에 대한 이미지 상승, 브랜드 차별성 부각 등이다. 브랜딩 과정에서 잊지 말아야 할 것이 있다. 브랜드를 만들면서 가졌던 브랜드에 대한 철학과 가치, 고객에게 전달하는 진심, 고객과의 커뮤니케이션에서의 공감, 그리고 고객들과 주고받는 메시지의 공감 등이다. 진정한 브랜드와 브랜딩은 장기적인 철학과 가치, 진심을 반드시 가지고 있어야 한다. 브랜드를 브랜딩하는 과정에서 기업이 추구하는 브랜드의 가치를 저버리는 것은 브랜딩이라 할 수 없다. 이런 과정을 통해서 브랜드가 브랜딩되면서 가질 수 있는 이점은 크고 많다. 따라서 우리의 상품과 서비스를 잘 브랜딩하여 파워브랜드로 육성할 필요성이 있는 것이다.

▲ 그림 1.3 상품과 서비스 구매 이유

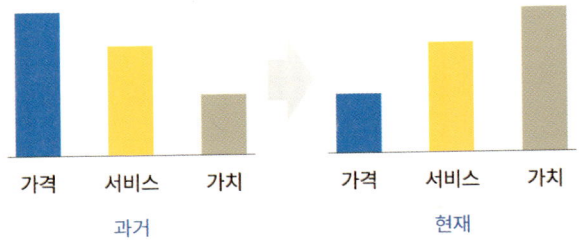

차별성, 다움으로 점철된 '우리스러움'은 고객들에게 이미지로 각인된다. 각인(刻印)은 '머리 속에 넣듯, 깊이 기억됨'을 의미한다. '스러움'이 '이미지'가 되는 것이 브랜딩이다. 브랜딩의 마지막은 '하나의 감정'으로 남는 것이며, '하나의 이미지'로 기억되는 것이다.

1-2 브랜딩Branding과 마케팅Marketing의 차이

소비자가 화자가 된 시대의 미디어

최근 들어 마케팅Marketing이란 용어를 거의 사용하지 않는다. 정보의 홍수, SNS 등 개인 미디어의 발달은 많은 화자(話子)를 탄생시켰고, 미디어 역할을 축소시켰다. 4대 매체(TV, 라디오, 신문, 잡지) 중심으로 미디어가 이루어졌던 시대, 마케팅은 화자의 입장이었고, 소비자들은 청자(聽子)의 입장이었다. 지금의 시대, 개인이 화자가 된 시대다. 개인이 정보를 소비하고, 정보를 공유하는 시대다. 그래서 화자의 입장이던 마케팅은 저물고, 브랜딩의 시대를 만들었다. 브랜딩은 개인이, 소비자가 화자가 됨을 의미하는 것이다.

또 다른 브랜딩과 마케팅의 차이점은 마케팅은 M/SMarket Share(매출과 이익)에 집중하고, 브랜딩은 고객과 기업의 가치Value에 집중한다고 할 수 있다. 가장 일반적으로 받아들여지고 있는 미국마케팅협회의AMA 의 정의를 보면 '마케팅은 개별소비자와 조직소비자의 목적을 만족시키기 위한 교환을 창조하기 위해 아이디어와 상품, 서비스의 개념, 그리고 유통 등을 계획하고 집행하는 일련의 과정이다'고 정의하고 있다. 결국 마케팅은 '교환관계를 창출하는 과정'이라고 볼 수 있다. 반면 브랜딩의 사전적 의미는 '기업 관점에서 소비자의 긍정적인 선호를 창출하기 위하여 지향하는 비전과 가치를 결정하고 이를 달성하기 위하여 실천하는 과정'이라 정의한다. 즉 '소비자가 느끼는 브랜드의 가치를 진작시키는 일련의 활동'이라고 정의할 수 있다.

▲ 그림 1.4 마케팅과 브랜딩의 차이

브랜딩과 마케팅의 차이

마케팅의 목적에 있어서도 차이가 난다. 마케팅의 목적은 M/S$^{Market\ Share}$의 증대에 있는 반면, 브랜딩의 목적은 Value(가치)의 증대에 있다. 마케팅은 '나를 내가 표현하는 방식$^{I'm\ beautiful}$'이고 브랜딩은 '상대가 나를 생각해주는 방식$^{You're\ beautiful}$'이다. 마케팅과 브랜딩은 결국 기업의 매출과 이익을 증대하는 목표가 있지만 목표를 이루는 과정상의 차이점이 있는 것이다.

마케팅과 브랜딩의 차이점은 살펴보면 다음의 [표 1.1]과 같이 나타낼 수 있다.

마케팅과 브랜딩의 가장 큰 차이점은 '환경의 변화에 따른 단기적인 전략이냐, 가치의 추구에 따른 장기적인 전략이냐'의 차이다. 마케팅은 전자의 성격이 강하고, 브랜딩은 후자의 성격이 강하다. 시장에서의 환경이란 미시적 환경과 거시적 환경으로 나눌 수 있으며, 미시적 환경은 경쟁자와 소비자 등 미시적 환경에서 볼 수 있는 변화들이며, 거시적 환경은 정치, 사회, 문화, 국제정세 등의 거시적 환경에서 볼 수 있

▲ 표 1.1 마케팅과 브랜딩의 차이

구분	Marketing	Branding
관점	소비자	기업
전략수립	시장환경에 따른 변화	비전, 가치, 조직문화
커뮤니케이션	4대 매체(ATL)	통합마케팅 커뮤니케이션(MIC)
실행 기간	시장환경에 따른 단기적 실행	지속적, 장기적 실행
목표	매출, 이익 등 M/S 중심	장기적 Value(가치) 추구
실행 도구	4P(제품, 가격, 유통, 판촉)	브랜드 포트폴리오, 브랜드 자산, 통합적 커뮤니케이션

는 변화들이다. 따라서 마케팅은 거시와 미시적인 변화에 따라서 소비자들의 욕구를 파악하고 이에 대한 대처하는 방법이다. 마케팅의 목표 역시 매출과 이익 등 M/S에 집중되어 단기적인 성과에 집중한다. 단기적이라는 것은 결국 단기의 매출과 이익을 위해서 할인행사, 판촉행사 등 4P를 활용해서 매출과 이익을 늘리는 과정이라고 할 수 있다. 따라서 '할인과 판촉'을 통해서라도 단기적인 매출과 이익을 늘리고자 함이며, 브랜드 가치의 하락이나 브랜드 자산의 손실에 대해서는 생각하지 않는 단기적인 방법이다. 반면 브랜딩은 가치의 실현에 중점을 두며 장기적으로 고객과 관계하며 의미를 주고, 이미지를 남기고자 하는 것이다.

마케팅과 브랜딩은 출발점부터 상이하다. 마케팅은 팔릴 수 있는 상품과 서비스를 생산하여 판매하는 방식이며 이는 철저히 소비자의 관점에서 출발한다. 하지만 브랜딩은 소비자가 원하는 상품이나 서비스를 만드는 것은 동일하지만 상품과 서비스의 생산 이전에 기업과 브랜드가 전달해야 하는 전략적 비전과 변치 않는 가치를 일치시키면서 상품과 서비스를 생산하고 이를 계획적으로 전달하는 과정이다. 마케팅과 브랜딩의 출발점은 여기에서 차이가 있다.

커뮤니케이션 수단에서도 마케팅과 브랜딩은 차이가 있다. 마케팅은 전통적인 커뮤니케이션 방식인 ATL$^{Above\ The\ Line}$ 소비자가 선택해서 보는 광고가 아닌 광고를 집행하여 소비자에게 무작정 노출시키는 광고(TV·신문·잡지·라디오) 즉 ATL 중심이나 BTL$^{Below\ The\ Line}$(매장이나 디스플레이, 이벤트 등 소비자들이 직접 참여할 수 있는 마케팅) 중심인 반면 브랜딩은 통합마케팅 커뮤니케이션$^{IMC(Integrated\ Marketing\ Communication)}$을 활용한다. 브랜딩이 좀 더 광범위하며 전략적인 접근 방식의 커뮤니케이션 한다고 할 수 있다.

과거 브랜딩을 마케팅의 한 수단으로 생각했지만 이제 브랜딩 안에 마케팅이 아주 작은 포지션으로 차지하고 있다. 브랜딩 시대, 가장 큰 변화는 커뮤니케이션의 변화다. 과거에는 기업이나 브랜드에서 주는 일방적인 메시지만을 받아들였지만 지금의 시대는 개인 미디어와 개인 커뮤니케이션이 활발한 시대이다. 따라서 기업이나 브랜드의 일방적인 메시지를 수용하기보다 각자가 경험하고, 각자가 경험한 상황과 상품과 서비스를 공유하고, 사람들은 공유한 메시지를 더욱 선호한다. 따라서 마케팅의 시대는 가고, 브랜딩의 시대가 왔다고 하겠다.

브랜딩의 시대, 소비자가 고객이 화자(話子)가 된다. 고객이 '너는 좋다'고 이야기하게 만들어야 한다. 소비자가, 고객이 '너는 좋다'고 이야기하게 만들려면 기업과 브랜드는 부단히 고객들의 가치를 창출하고, 창출된 가치를 고객들이 경험하게 만들어야 한다. 가치의 축적, 축적된 가치를 고객들이 말할 때 브랜드가 만들어진다.

1-3 브랜딩 시대, 마케팅 믹스의 역할론

전통적인 마케팅 믹스Mix의 역할

과거, 마케팅에서 가장 핵심적으로 다루어졌던 것이 마케팅 믹스Mix, 즉 상품Product, 가격Price, 유통Place, 프로모션Promotion이었다. 마케팅 믹스는 현재에도 시장에 영향력을 행사하는 유효한 자원이나 역할론은 변화되었다. 마케팅 믹스의 변화된 역할론을 이해하여야 새로운 방안을 만들어낼 수 있다. 마케팅시대의 마케팅 믹스, 브랜딩시대의 마케팅 믹스를 살펴보고 시장을 공략하는 대안을 찾아봤으면 한다.

상품과 제품의 사전적 의미는 '시장에서 판매할 목적으로 생산된 물건, 판매를 목적으로 생산한 재화로 상거래와 교환의 대상이 되는 것'이라고 정의하고 있으며 상품Product은 수요에 영향을 미치는 제품이나 서비스 또는 소비자의 욕구를 충족시키는 효용을 가지고 있는 유형적인 재화나 무형적인 서비스를 말한다. 상품의 마케팅 믹스 요소에는 상품의 속성, 상품의 품목 수, 상품의 품질, 상표 명칭, 디자인과 포장, 상품이 가져다 주는 효용, 상품에 부과된 서비스 등이 포함된다.

가격Price은 상품의 거래 조건을 구성하는 것으로 상품과 서비스의 효용 및 가치를 금액으로 표시한 것이다. 즉 판매자에 의해서 제공되는 재화나 서비스 등에 대해 교환되는 구매자의 화폐 가치의 정도를 말한다. 마케팅에서 가격은 판매량과 고객의 소비에 영향이 상당함으로 의사 결정 시 매우 신중하게 다뤄져야 한다. 가격의 구성 요소에는 정가, 할인가격, 할증가격, 공제, 리베이트, 지불 기간, 신용 조건 등이 있다.

유통Place은 '마케팅 경로 또는 판매경로'라고도 불리며 상품의 물적 유통 및 유통경로에 관한 것으로, 상품과 서비스가 생산자로부터 만들어진 제품이 최종 소비자에게 전달되고 소비되기까지의 과정에 관련된 생산자, 도매상, 소매상, 최종소비를 포함한 구조적인 과정이나 활동을 의미한다.

촉진Promotion은 현재의 고객과 잠재 고객과의 커뮤니케이션 활동을 통하여 상품을 홍보하고, 상품에 대한 정보를 제공하며, 구매를 유도하는 기능을 말한다. 촉진의 마케팅 믹스 요소에는 광고, 판매 촉진, 홍보, 인적판매 등이 있다. 미국마케팅협회AMA, American Marketing Association의 정의에 따르면 '고객의 구매를 자극하고 유통의 효율성을 향상시키기 위한 제반 마케팅 활동'이라고 정의하고 있다.

브랜딩 시대, 마케팅 믹스 역할의 변화

최근 DTDigital Transformation의 시대에 더 이상 전통적인 기법으로 고객의 마음을 흔들 요소가 되지 못한다. 그 말은 요소가 바뀌었음이 아니라 요소의 내용이 바뀐 것을 말한다. 또한 마케팅이 브랜딩을 포괄하는 것이 과거의 마케팅 방식이었다면 현재는 브랜딩이 마케팅을 포괄한다고 보는 것이 타당하다.

상품만 보더라도 과거에는 '지불한 가격의 대상으로 교환되는 재화'로 여기고 이를 잘 포장하여 판매하는 방식 즉 상품, 포장, 디자인, 타 상품과의 일반적인 차별화가 그 요소였다면 DT의 시대에는 상품이 '가격, 유통, 촉진을 포함한 브랜딩 요소와 결합한 것'을 상품으로 정의할 수 있다. 따라서 마케팅의 4P 상품, 가격, 유통, 판매 촉진을 브랜딩의 요소로 생각해야 한다.

이제 마케팅 믹스를 브랜딩을 위한 '필요 도구'로 봐야 한다. 그래서

4P의 개념을 새롭게 인지할 필요가 있다. 과거 마케팅 믹스는 각기 제 역할을 담당하면서 소비자의 마음을 사로잡으려고 했고 이 활동이 마케팅의 영역이었다. 하지만 DT 시대에는 브랜딩의 한 요소로 마케팅 믹스가 역할을 하는 과정으로 변경이 된 것이다. 즉 전통적인 마케팅 믹스는 시장을 공략하는 도구였다면, DT 시대에는 브랜딩을 위한 하나의 요소로서 역할이 바뀐 것이다. 마케팅 믹스의 역할을 하나의 단어로 표현하면 '가치'가 될 것이다. 가치는 고객이 느끼는 '경험 가치'로 함축될 것이다. 결국 DT 시대 마케팅 믹스는 '고객의 경험 가치를 창출하기 위한 도구'라 정의될 수 있다.

▲ 그림 1.5 브랜딩의 시대, 마케팅 믹스의 변화

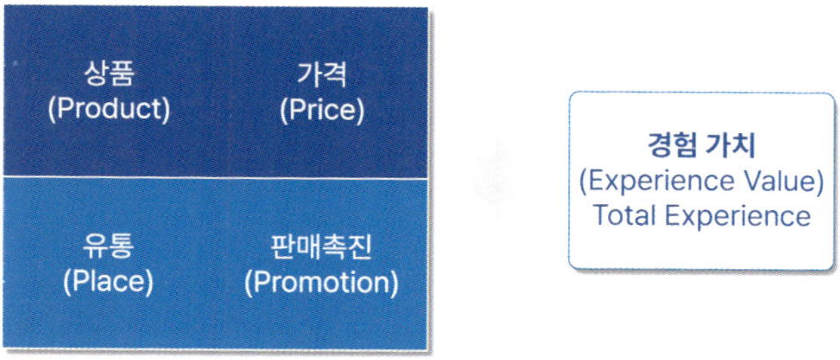

상품 (Product)	가격 (Price)
유통 (Place)	판매촉진 (Promotion)

경험 가치
(Experience Value)
Total Experience

브랜딩은 소비자가 특정 브랜드에 대한 충성Royalty과 신뢰Trust를 유지할 수 있도록 기업 차원에서 브랜드에 대한 가치와 의미를 부여하는 전략이다. 브랜딩 전략에 의거하여 마케팅 믹스도 활용된다. 브랜드를 소비자와 연결하기 위한 과정으로써 컨셉팅Concepting이 필요하고 브랜드와 소비자를 연결하는 도구가 된다. 컨셉팅이란 '소비자의 니즈를 파악하고 자사의 강점이 소비자들의 마음속에 잘 자리잡을 수 있도록 소비자와 브랜드를 연결하는 전략'이다. 컨셉팅에는 '브랜드 아이덴티티', '브랜드 자산', '브랜드 포지셔닝', '브랜드 로고', 'SI' 등의 요소가 있으며 이들이 묶여져서 브랜딩을 구성한다. 또한 컨셉팅은 또 소비자들의 마음을 사로잡는 수단으로서 역할을 하는 것이다.

결론적으로 전통적인 마케팅 믹스는 브랜딩의 한 요소로 역할이 바뀌었음을 말한다. 마케팅 믹스가 경험 가치로 전환되었음을 의미한다. 경험 가치는 4P를 포함하는 전체적인 경험의 총합 Total Experience이다.

1-4 브랜드의 가치, '자기다움'

우리가 위대하다고 생각하는 사람들은 자신의 가치와 철학으로 살거나 살다 간 사람들이다. 우리는 그들이 '가치와 철학'으로 삶을 살았다고 한다. 위대한 브랜드 또한 마찬가지다. 위대한 브랜드들은 브랜드가 가진 '가치와 철학'을 바탕으로 세상의 생태계를 만들어간 브랜드들이다. 위대한 사람이나 브랜드 모두 '가치와 철학'을 생각하고 실천했다. 가치는 '무엇이 옳고 틀린지에 대한 명확한 기준, 어떤 것이 바람직하다고 생각하는 확고한 신념'을 말한다. 가치는 가지기도 어렵지만 지키기는 더욱 어렵다. 그래서 끝까지 가치를 추구하며 지켜온 사람이나 브랜드를 위대하다고 하는 것이다. 더 바디샵의 창업자인 아니타 로딕 Anita Roddick의 말은 '가치를 추구하는 브랜드'가 지녀야 할 태도와 차별화 방식을 명확하게 규정해주고 있다.

"우리가 비즈니스를 하는 방식, 우리가 제품을 만드는 방식, 우리가 원료를 공급받는 방식, 우리가 소중하게 생각하는 가치가 있기 때문에 우리는 그들과 다른 것입니다."

'자기다움'을 구축하는 방법

가치를 추구하는 방식은 '자기다움'을 추구하는 방법이며, 궁극의 차별화를 만들어 가는 방법임도 아울러 설명해주고 있다. '자기다움'은 브랜드가 가지는 가치, 철학. 문화, 비주얼, 스토리, 공간 등 브랜드가 지닌 고유의 정체성이다. 또한 자신의 세계를 구축하는 것이며, 자신의 가치를 증명하는 것이다. 자신의 가치는 어떻게 설정하고 구축할 수 있을까? 가치는 존재하는 이유이다. '무엇을 하는지(What)가 아니라 왜

이 일을 해야 하는지(Why)'에 대한 대답이다. 목숨 걸고 지켜야 하는 무엇이다. 만약 '사업을 왜 하는가?'에 대한 질문을 한다면, 사업을 하는 이유가 '돈을 벌기 위해서'가 아니라 '행복한 세상을 만들기' 위해서라는 철학적 이유가 존재한다는 것으로 설명할 수 있겠다.

'자기다움'의 구축은 우선 '자신을 명확히 알아야 하는 것'으로부터 출발해야 한다. 자신이 하는 사업에 대해, 자신에 대해 질문해야 한다. 질문하고 답하는 과정에서 '자기다움'에 대한 생각들이 정리된다.

1. 사업을 하는 이유는 무엇인가? (혹은 브랜드를 창업한 이유는 무엇인가?)
2. 사업(혹은 브랜드)을 통해서 어떤 가치(의미)를 주고 싶나?
3. 고객은 우리 상품(브랜드)을 왜 사야 하나?
4. 사업을 통해서 세상에 남기고 싶은 의미는(혹은 메시지는) 무엇인가?

이런 질문을 통해서 '자기다움'에 대한 명확한 답을 내어 놓을 수 있어야 한다. '자기다움'은 누구에게 보여주기 위한 것이 아니라 스스로 질문하고 대답할 수 있는 상태가 되는 것을 말하기 때문이다. 질문을 통한 대답을 할 수 있는 상태는 더 이상 남과 비교하지 않아도 되는 단계에 이르렀다는 의미로 해석할 수 있다. 비교와 경쟁은 궁극의 차별화가 아니다. 비교와 경쟁으로 인한 차별화는 타인의 기준에 맞춘 것이다. 브랜드의 '자기 가치'는 사라지게 만들고 외부의 시선에 따라 움직이는 '경쟁 가치'를 양산하게 된다. 비교를 통한 가치 창출이 아니라 나만 가지고 있는 '자기 가치'로 브랜드를 차별화해야 한다. 남들이 가진 것과 비교하게 되면서 '자기다워지는 것'이 아니라 종국에는 남과 같아지게 된다. 비슷하면 사라지게 된다.

브랜드는 상징을 만드는 것이다

'자기다움'을 만드는 것, '어떤 상징이 되어버리는 것' 그리고 '카테고리의 고유명사'가 된다는 것은 브랜드를 만드는 가장 강력한 방법임을 스타벅스와 같은 브랜드를 통해서 간증되었다. 브랜드를 'Identity$^{id\,+\,entity}$'라고 정의했다. 아이덴티티를 구축했다는 말은 '어떤 상징이나 이미지'를 구축했다는 말이다. 아이덴티티는 상품의 우수성을 설명하는 것이 아니라 상품 우수성을 넘은 그 이상의 가치 체계를 가지게 되었다는 말이다. 스타벅스의 제3의 공간, 맥도날드의 놀이터, 블루보틀의 진정성 모두 고객들에게 강력한 이미지를 만들었으며 아이덴티티를 구축했다고 할 수 있다. 고객의 삶에 녹아들어 고객과 감정을 공유하고, 관계를 만들어 가며 브랜드가 추구하는 가치의 메시지를 전달하는 것이다. 아이덴티티는 이런 과정에서 구축되고 완벽한 차별화를 이루게 만든다.

아이덴티티를 구축했다는 것은 '자기다움'을 완성했다는 의미로 해석할 수 있다. '자기다움'을 완성하면 브랜드에게 어떤 이점을 가져다

▲ 그림 1.6 Identity의 정의

$$\textbf{Identity = Id + entity}$$

Ego, 자신, 나 자신 + 실체, 실체의 증명

나를 이루는 모든 것, 자신(ego)의 증명

줄까? 아이덴티티는 '자기다움'이고 남과 다름을 의미하며 차별화가 되었다는 것을 반증한다. 즉 아이덴티티는 궁극의 차별화를 완성하게 해준다. 또 사업을 운영함에 있어서 운영 전반에 관한 지침서가 되어준다. 아이덴티티는 '자기다움을 완성해가는 과정'에서 브랜드의 자산(문화, 공간, 로고, 스토리, 비주얼)이 쌓이게 되며 이렇게 만들어진 '자기다움'으로 시장에서의 지배력인 독점력을 행사할 수 있다. 시장에서의 독점력은 모든 브랜드가 갖고 싶어하는 '시장의 지배력'이다. 결국 아이덴티티의 구축은 사업의 존재 근간이 되어주는 것이다.

▲ 그림 1.7 '자기다움'의 이점

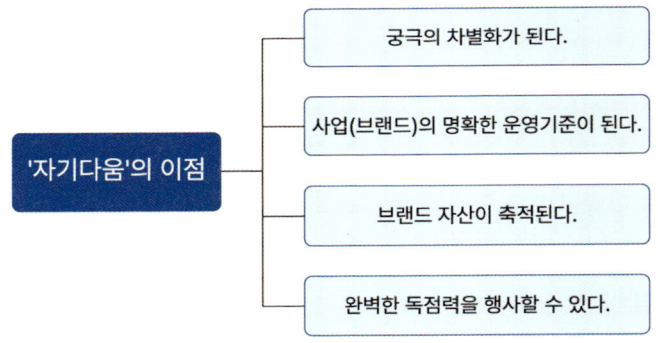

최고의 브랜드는 고객들이 자신과 브랜드를 동일시하는 것이다. 브랜드의 입장에서 보면 브랜드가 고객들의 상징이 되어 주는 것이다. 그래서 브랜드는 사람들의 아이덴티티 구축을 위해서 노력한다. 기능이 아니라 삶의 일부가 되기를 바란다. 브랜드의 꿈은 최고의 상품이 되는 것이 아니라 하나밖에 없는 상징이 되는 것이기 때문이다. 많은 위대한

브랜드들은 우리들의 삶 속에 들어와 나를 대변해주거나, 어떤 상징이 되었다. 상징이 되고, 이데올로기가 되는 것은 브랜드 종국의 목표이다.

▲ 그림 1.8 브랜드의 진화과정

필립 코틀러는 '마켓 3.0'에서 "좋은 브랜드가 된다는 것은 무엇을 남길까를 생각하면 명확해진다. 가치를 천명하고, 그것을 절대로 포기하지 말라."고 했다. 위대한 브랜드로 가는 길은 가치를 가지고 실천하는 것임을 천명한 것이다. 진정한 가치는 '자기다움'에서 나온다.

1-5 단 하나의 이미지와 감정을 담을 도구, 브랜드 아이덴티티

브랜드 정체성을 이미지로 만드는 '브랜드 아이덴티티'

브랜드란 '소비자의 인식 속에 포지셔닝 된 정체성'이다. 정체성 Identity은 브랜드가 지향하는 미래의 이미지이며, 브랜드가 추구하는 방향성이다. 결국 브랜드가 추구하는 방향과 소비자의 인식 속에 자리잡은 브랜드 이미지가 일치될 때 브랜드 정체성이 잘 형성되었다고 할 수 있다. 브랜드가 원하는 브랜드 아이덴티티를 소비자의 인식 속에 잘 이미지화 되도록 커뮤니케이션할 필요성이 있다. '소비자의 커뮤니케이션 툴'을 '브랜드 아이덴티티 구성 요소'라 한다. 브랜드 정체성을 잘 가꾼다는 말은 결국 '아이덴티티 구성 요소'를 잘 활용한다는 의미가 된다. 구성 요소는 유형적인 요소와 무형적인 요소로 나뉘는데 여기서는 유형적인 요소만 다루고 무형적인 요소는 뒤에서 다루기로 한다.

▲ 그림 1.9 브랜드 아이덴티티 시스템

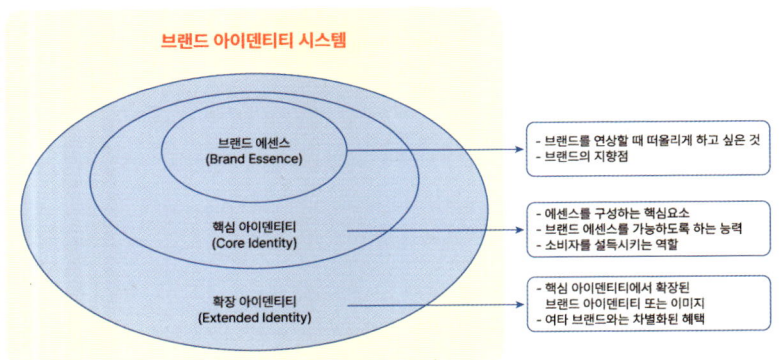

* David. A. Aaker, 'Brand Identity System Model'

아이덴티티의 유형적 구성 요소로는 브랜드 네임·로고·심볼·캐릭터·슬로건·패키지·징글·폰트 등이 있다. 즉 브랜드의 아이덴티티 구성 요소들은 브랜드 아이덴티티identity를 소비자에게 전달하고 표현하는 언어적·시각적 요소들을 말한다. 일반적으로 브랜드의 구성 요소들은 브랜드 인지도의 향상과 긍정적 브랜드 연상을 일으키기 위한 수단으로 사용한다.

데이비드 아커David. A. Aaker 교수는 자신의 저서에서 'Brand Identity System Model'을 제시했는데 브랜드를 연상할 때 떠올리게 하고 싶은 것, 브랜드 지향점을 브랜드 에센스Brand Essence라고 했다. 이에 덧붙여 에센스를 구성하는 핵심 요소를 핵심 아이덴티티라 칭하며, 이는 브랜드 에센스를 실현가능하도록 소비자를 설득시키는 역할을 한다고 했다. 추가로 확장된 아이덴티티를 설명하면서 브랜드 아이덴티티 또는 이미지가 여타 브랜드와는 차별화된 혜택을 주는 것을 의미한다고 설명했다.

▲ 그림 1.10 브랜드 아이덴티티 구성 요소

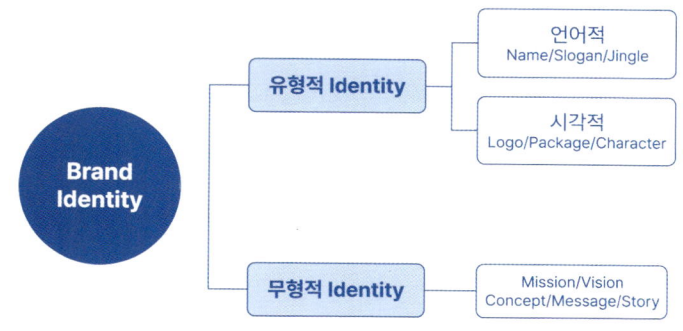

브랜드 아이덴티티 구성 요소들

브랜드 요소는 브랜드의 가치를 전달하고, 브랜드의 가치를 매력적으로 각인시키기 위해서 존재한다. 브랜드의 탄생 배경, 브랜드가 전해야 할 가치, 브랜드가 전해야 할 의미를 잘 이해하고 그에 맞는 요소들을 개발하는 것이 필요하다.

1) 브랜드 네임 Brand Name

브랜드 네임은 브랜드 구성 요소 중 가장 중요한 요소로서 소비자들에게 브랜드 이미지를 인식시키고 고객과 커뮤니케이션하는 역할을 한다. 브랜드 네임은 소비자들에게 경쟁사나 특정 기업의 상품과 서비스와 구별하도록 하고, 숫자·글자·언어 등으로 표현한다. 브랜드 네임을 만들 때 고려해야 할 중요한 요소가 친숙성과 차별성, 독특성이다. 이는 소비자들이 쉽게 받아들일 수 있도록 하는 게 중요하기 때문이다. 브랜드 네임은 브랜드 아이덴티티에서 가장 중요한 요소이므로 뒤에서 별도로 다루도록 하겠다.

2) 로고 Logo

로고는 기업, 상품, 서비스 등의 이름이 독특하게 드러나도록 만들어 상표처럼 사용되는 글자체를 말한다. 로고는 브랜드 네임에 비해서 바꾸기 편한 장점을 가지고 있으나 시간의 흐름에 따라 세련되고 현대적인 이미지를 표현할 수 있도록 지속적으로 변경해야 하는 단점을 지니고 있다. 로고는 '상징과 의미'다. 로고에는 브랜드의 꿈이 담겨 있고, 브랜드의 이야기가 담겨 있으며 브랜드가 지향하는 상징이 담겨 있다. 브랜드 로고를 사용하는 중요한 이유는 소비자들에게 시각적으로 이미지를 쉽게 전달할 수 있고, 깊은 인상을 남길 수 있기 때문이다.

3) 심볼 Symbol

로고와 더불어 기업이나 브랜드를 대표하는 시각적인 상징물이다. 로고가 글자체로 사용되는 시각물이라면 심볼은 기호화된 모양이나 색 등의 시각적인 정보를 담고 있는 것을 말한다.

4) 캐릭터 Character

브랜드를 소비자들에게 나타내거나 인식시키기 위하여 브랜드를 의인화하여 만든 것이 캐릭터이다. 이렇듯 기업은 브랜드를 의인화하여 캐릭터로 표현하여 소비자들이 자신의 상품과 서비스에 대한 이미지를 보다 쉽게 떠오르도록 하는 역할을 한다. 따라서 캐릭터는 친근감을 느낄 수 있도록 제작되어야 하며 브랜드의 인지와 회상, 브랜드의 메시지 및 커뮤니케이션 전달 역할을 수행해야 한다. 하지만 강한 캐릭터 인상과 이미지는 브랜드, 상품과 서비스 등이 전달되지 못할 가능성도 있기 때문에 조심해서 제작해야 한다.

5) 슬로건 Slogan

슬로건이란 브랜드를 설명하거나 브랜드에 대한 정보를 전달하기 위해서 사용되는 두 단어 이상의 문장을 의미한다. 슬로건은 소비자들에게 브랜드가 추구하는 방향을 설명하여 브랜드의 이미지를 전달하는 커뮤니케이션 역할을 하게 되며, 고객 설득의 정보를 담고 있어서 차별화적인 요소를 전달하기도 한다. 슬로건은 또 브랜드 네임, 로고와 심볼 등이 전달하지 못하는 애매모호한 부분을 보다 적극적으로 전달할 수 있는 역할을 수행한다. 슬로건은 설득력과 파괴력을 지녀야 하며, 소비자가 쉽게 받아들일 수 있도록 제작되어야 한다. 슬로건 역시 중요한 부분이므로 뒤에서 별도로 다루기로 한다.

6) 패키지Package

패키지는 한국공업규격(KS)에서는 '유통 과정에 있어 물품의 가치 및 상태를 보호하기 위하여 적합한 재료 또는 용기 등으로 물품을 싸는 방법 및 상태'라 정의하고 있다. 패키지는 제품의 보호, 상품과 서비스의 이미지 전달 등의 역할을 수행한다. 패키지의 디자인은 브랜드를 차별화시키고 브랜드를 고급화할 수 있는 수단이기도 하다.

7) 징글Jingle

징글은 브랜드와 관련한 소리나 음악과 같은 사운드를 의미한다. 징글은 다른 브랜드 구성 요소와 마찬가지로 '브랜드의 인지 작용과 회상 작용'을 하며 소비자들이 외우고 기억하기 쉽도록 제작해야 한다.

브랜드 아이덴티티Brand Identity를 통한 브랜드 차별화Differentiation

브랜드가 가지고 가야 할 요소는 브랜드 정체성Identity과 차별화Differentiation다. 이 2가지 요소가 없다면 브랜드라 할 수 없다. 브랜드라 하더라도 철학과 가치가 없는 명목상의 브랜드일 뿐이다. 브랜드의 정의에 대해서 언급했지만 '다른 기업과 제품, 서비스와 구별되도록 하는 모든 것의 집합'이다. 구별됨을 나타내는 것이 바로 정체성과 차별화이다. 단순하게 구별됨의 의미가 아니라 구별됨 속에 정체성과 차별화가 있어야 하고, 브랜드의 철학과 가치가 고객들에게 전달될 수 있을 때 브랜드라 말할 수 있다. 브랜드 아이덴티티는 소비자가 브랜드와 상품, 서비스에 갖게 되는 '목표 이미지' 즉 '브랜드의 모습과 비전'을 말한다. 이런 일련의 활동들을 커뮤니케이션을 통해서 전달하고 만들어가게 된다.

브랜드 아이덴티티는 제품 위주, 조직과 회사 위주, 의인화된 사람, 가시적 상징으로의 아이덴티티로 나눠볼 수 있다. '제품 속성의 아이덴티티'는 상품의 속성, 상품의 범주, 상품의 품질 등의 아이덴티티로 기능적 속성에 대해 강조하는 아이덴티티를 말한다. '조직과 기업'의 아이덴티티는 상품과 직접 관련이 없는 것으로 조직과 기업의 이미지를 소구하는 것으로 조직과 기업의 문화, 조직과 기업의 긍정적 이미지에 대해서 커뮤니케이션하고 느끼게 하는 것을 말한다. 조직과 기업의 긍정적 이미지를 바탕으로 고객과의 강한 신뢰성을 만들기 위한 아이덴티티라 할 수 있다. 고객들에게 감성적이고 선한 영향력으로 다가가기 때문에 지금의 시대에 적합한 추구 방향이라 할 수 있다. '의인화된 사람'으로서의 아이덴티티는 브랜드를 하나의 개성을 가진 인격체 즉 퍼스낼러티Personality로 의인화해서 소구하는 방법으로 브랜드와 관련된 인간적 특성을 의미한다. 파워브랜드는 이런 의인화된 브랜드 아이덴티티를 가지고 있다. 브랜드가 자신을 대변하고, 브랜드와 자신을 일치시키려는 모습이 모두 이런 아이덴티티라 할 수 있다. '가시적 상징'으로서의 아이덴티티는 브랜드의 로고, 심벌, 이미지, 색상 등 시각적으로 보이는 상징으로써 소구하는 아이덴티티를 말한다. 맥도날드의 '황금 아치', 스타벅스의 '사이렌 문양' 등이 여기에 해당한다. 색상과 심벌은 브랜드를 나타내는 강력한 이미지임으로 브랜드의 퍼스낼러티를 쉽게 연상할 수 있다.

　브랜드는 아이덴티티를 설정한 후, 다양한 채널을 통해 아이덴티티를 전달하는 커뮤니케이션 활동을 하게 된다. 이런 활동 등을 통해서 고객들에게 전달된 이미지가 기업에서 목표했던 이미지와 일치한다면 브랜드 아이덴티티는 성공적이라 할 수 있다. 브랜드 아이덴티티는 '나를 나답게 표현하는 것', '나를 있게 하는 것'으로 표현할 수 있겠다. 목표한 브랜드 아이덴티티가 없다면 브랜드도 없다고 표현하는 것이 맞겠다.

▲ 그림 1.11 브랜드 아이덴티티 목표

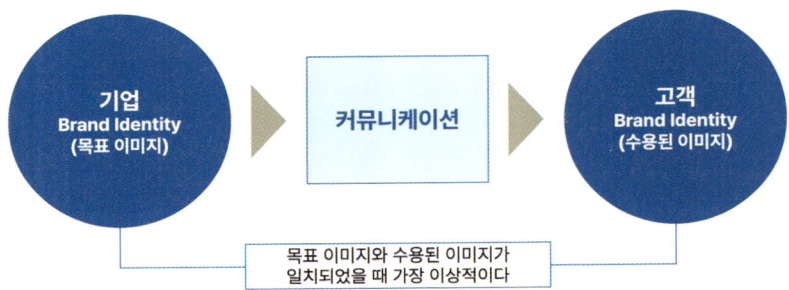

▲ 그림 1.12 '잭 트라우트'와 '스티브 잡스'의 차별화 명언

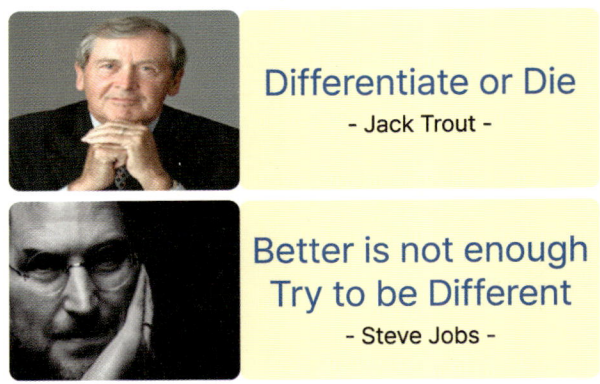

차별화는 마케팅과 브랜딩에서의 핵심 요소다. 경쟁사와 여타의 것들과 구별되는 독특한 특징을 말하는 것으로 자사, 자사의 상품과 서비스를 경쟁사와 다르게 만들고 독특하게 만들고 구별되게 만드는 것을 말한다. 경쟁사에서 제공하지 못하는 특별한 가치를 제공함으로써 고객들이 선택하게 하거나 충성도를 형성할 수 있게 만드는 요소이다. 차별화가 완전하게 이루어지면 가격 프리미엄, 고객 충성도 증가, 지속적인 성장, 시장에서의 마켓 쉐어 Market Share 확장 등 다양한 이점을 제공한다. 마케팅 거장 잭트라우트는 '차별화 하거나 죽거나'라는 말을 남겼고, 애플의 스티브잡스는 '좀 더 나은 것으로 충분하지 않다. 완전한 차별화를 시도하라'라는 명언을 남겼다. 명장이 남긴 차별화에 대한 명언이다.

브랜드의 궁극적인 목표는 '고객들에게 긍정적으로 인지된 이미지'이며 '형성된 이미지가 나를 대변해줄 때' 브랜드는 완성된다고 했다. 브랜드 이미지를 만드는 작업이 브랜딩의 과정이며, 브랜딩을 도와주는 도구들이 바로 '브랜드 아이덴티티'라 할 수 있다. 브랜드 아이덴티티를 기획하고 만들어갈 때 우리가 지향하는 가치와 철학을 담을 수 있는가를 우선적으로 고려해야 하는 이유다. 브랜드는 '단 하나의 이미지', '단 하나의 감정'으로 남는다. 브랜드 아이덴티티는 '단 하나의 이미지와 감정'을 만들어줄 도구가 된다.

1-6 '자기다움'의 표현, 브랜드 개성

나는 왜 브랜드를 소비하는가?

아침에 일어나 향긋한 '샤넬 향수'를 뿌리고 트래디셔널한 '시리즈' 옷을 입고, '아이폰과 애플워치'를 챙겨 집을 나선다. 좋아하는 차를 운전해서 도착한 곳은 '스타벅스'. '스타벅스'의 아메리카노를 한잔 하고 업무를 시작한다. 기록은 '스테틀러 연필'로, 지워지지 않을 기록은 '파버카스텔' 볼펜을 사용한다. 점심에도 역시 주변 맛집에서 식사하는 것을 거르지 않는다. 저녁 약속도 좋아하는 브랜드 음식점이나 핫한 곳으로 예약한다. 주말이면 여지없이 '교보문고 광화문'에 들러 책을 선택하고, 선택된 책과 함께 스타벅스의 아메리카노를 즐긴다. 시간이 허락하면 천천히 내려주는 드립커피를 마시기도 하고, 맛있는 커피가 생각날 때는 '블루보틀'로 향한다. 좋은 영화가 있으면 'CGV'에 들러 영화를 챙기며, 간혹 '나이키 운동화'로 워킹을 즐기기도 한다. 명동에 가면 맛있는 습관이 된 '명동교자'를 탐미하고, 멸치국수가 생각날 때는 행주산성으로 향한다. '롯데자이언츠'를 응원한 지 30년이 넘었고, 직장 생활을 시작했던 '마르쉐(패밀리 레스토랑)'를 잊지 못한다. 홍콩이라는 도시를 가장 사랑하며, 홍콩 영화를 챙겨 보기도 한다. 적어도 내겐 홍콩은 강하게 각인된 '도시 브랜드'다. 이렇게 브랜드를 기억하고, 소비한다. 나만의 브랜드를 나의 라이프 스타일에 구겨 넣어 행복한 생활을 영위한다.

'자기다움'의 표현, 브랜드 개성 Personality

'브랜드는 나를 표현한다'는 브랜드의 효용성, 브랜드와의 자아일체성에 대해서는 많은 이들이 알고 있고, 동의를 한다. 브랜드를 이용하는 대부분의 사람들은 자신의 이미지와 잘 맞고 자신을 잘 표현해주는 브랜드를 선호하고, 선택한다. 브랜드는 나를 표현하는 상징이자 내가 되고 싶어 하는 이상적인 자아이며, 자아의 특정한 차원을 표현하는 수단이다. 브랜드와 고객들이 일치되었을 때 브랜드는 완성된다.

'나를 표현하는 수단'으로써의 브랜드는 브랜드 개성Brand Personality으로 설명될 수 있다. 브랜드 개성은 '어떤 브랜드에서 연상되는 인간 특성들의 집합'을 말한다. 브랜드 개성은 상징적이고 자기표현적인 기능으로 작용하며, 브랜드에 인간적인 개성을 주입함으로써 상징적 표현 수단으로 이용 가능하다. 브랜드(또는 기업)와 소비자 모두 마찬가지다. 브랜드에 인간의 특성을 부여하며 더 이상 상품이 아닌 친구 혹은 파트너로 인식하게 된다. 브랜드 개성과 인간적 특성이 일치할수록 브랜드에 대한 선호도는 더욱 커지게 된다. 따라서 브랜드는 브랜드 개성을 소비자들에게 뚜렷하게 각인시켜 구매 가능성을 높이도록 해야 한다.

▲ 그림 1.13 브랜드 개성의 중요성

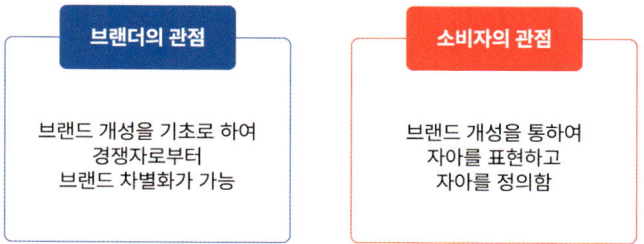

브랜드 개성과 관련된 스탠퍼드 대학 제니퍼 아커Jennifer Aaker, 1997 교수의 연구에서 브랜드 개성 측정 도구BPS, Brand Personality Scale를 제시하였다. 총 60개의 유명 브랜드에 대해 소비자들로 하여금 인간의 성격 특성을 측정하는 114개 항목들로 평가하게 하고, 요인 분석을 통하여 42개 항목으로 압축하고 다시 5개의 차원으로 제시하였다. 5개의 차원은 성실함Sincerity, 흥미로움excitement, 유능함Competence, 세련됨sophistication, 강인함ruggedness이다.

브랜드 개성에 영향을 미치는 요인을 살펴보면 크게 제품 요인, 기업문화, 브랜드 심벌, 기업 후원, 인적 요인 등이 있다.

제품의 속성은 내부적 특성과 외부적 특성이 있으며, 제품이 가지는 제품 속성은 내부적 특성이고, 패키지 또는 디자인 등은 외부적 속성이라 할 수 있다. 제품의 가격, 품질 또한 제품 속성의 강력한 구성 요소이며 브랜드 개성에 큰 영향을 미친다. 두 번째는 기업 문화이며, 이는 기업이 가지는 문화나 경영 철학, 창업자 정신 등이며 브랜드에 강력한 영향을 행사한다. 기업 문화는 내부적으로 직원들에게 자긍심을 불어넣어주며(긍정적일 경우), 외부적으로 형성된 브랜드 연상(이미지)은 기능적 혜택을 넘어서 경험적, 상징적 혜택을 제공하기에 경쟁사들이 모방하기 어려운 특징을 가지고 있다. 세 번째는 브랜드 심벌이다. 브랜드를 외적으로 보여주는 수단이 되며, 브랜드의 개성과 문화를 나타내는 강력한 요소이다. 심벌은 제품의 속성을 연상시키게 하며, 연상의 다양성을 확보하고, 브랜드에 대한 호감을 높이는 역할을 한다. 네 번째 후원 요소이다. 후원은 브랜드를 확장시키는 데 효과적인 역할을 하며, 후원을 통해 생긴 연상 이미지는 브랜드와 고객 간의 관계를 깊이 있게

▲ 표 1.2 제니퍼 아커 교수의 브랜드 개성 항목 및 요인(요인 분석)

브랜드 요인	형용사 특징	브랜드 요인	형용사 특징
성실함 (Sincerity)	정직한(honesty)	유능함 (Competence)	성공적인(successful)
	다정한(friendly)		믿음직한(reliable)
	건전한(wholesome)		지적인(intelligent)
	친근한(friendly)		안전한(secure)
	진실한(sincere)		전문적인(technical)
	본래의(original)		선두의(leader)
흥미로움 (excitement)	사실의(real)	세련됨 (sophistication)	매력적인(charming)
	과감한(daring)		여성스러운(feminine)
	멋진(cool)		우아한(upper class)
	상상력의(imaginative)		화려한(glamorous)
	독특한(unique)		부드러운(smooth)
	유행선도적인(trendy)	강인함 (ruggedness)	거친(tough)
	젊은(young)		남성적인(masculine)
	현대적인(contemporary)		외향적인(outdoorsy)
			튼튼한(rugged)

만들고, 후원 대상이 가시화됨으로써 원하는 개성을 얻을 수 있고, 브랜드 이미지를 우호적으로 만들 수 있다. 다섯 번째는 인적 요인으로, 최고경영자, 직원, 광고모델, 사용자 등을 통해서 전달되는 이미지이다. 브랜드를 만드는 사람, 운영하는 사람, 사용하는 사람들에 의해서 브랜드 개성을 영향을 받을 수밖에 없다.

▲ 그림 1.14 브랜드 개성의 측정

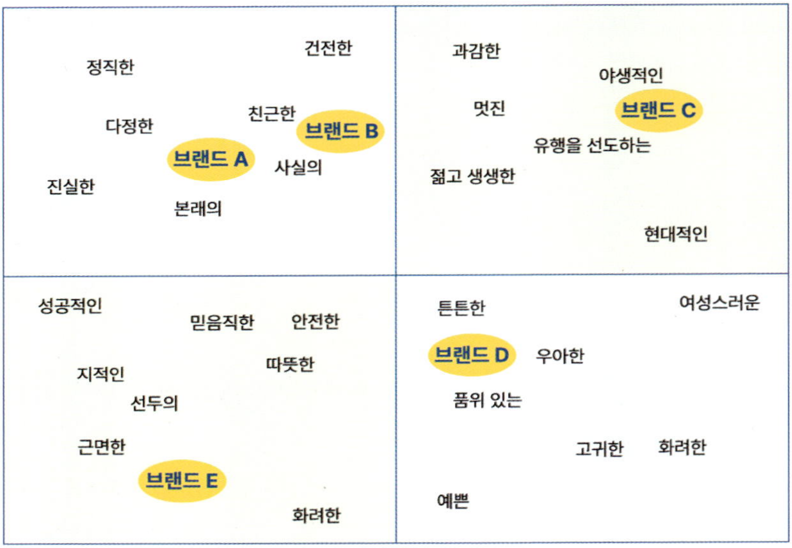

정직한　　　　건전한 　　　　　친근한 다정한　　　　　　브랜드 B 　　　브랜드 A　사실의 진실한 　　　　본래의	과감한 　　　　　야생적인 멋진　　　　브랜드 C 　　　유행을 선도하는 젊고 생생한 　　　　　　　현대적인
성공적인 　　　믿음직한　안전한 지적인　　　　　따뜻한 　　　선두의 근면한 　　　브랜드 E 　　　　　　화려한	튼튼한　　　　　여성스러운 　　브랜드 D　우아한 　　품위 있는 　　　　　　고귀한　화려한 예쁜

　　다양한 방법으로 표현된 브랜드 개성은 결국 브랜드 포지셔닝과 연관된다. 브랜드를 의인화해서 브랜드 개성을 만들고 만들어진 브랜드 개성은 고객들에게 영향을 미치며 결국 브랜드가 고객들에게 각인되고, 인식되는 포지셔닝이 형성된다. 따라서 브랜드 개성과 브랜드 포지셔닝은 상호 밀접한 연관 관계를 가지며 브랜드에서 바라고 만들고 싶어 하는 브랜드 포지셔닝을 위해서는 브랜드 개성을 잘 연출할 필요성이 있다고 하겠다.

▲ 그림 1.15 브랜드 개성과 브랜드 포지셔닝과의 관계

우리 브랜드를 성격으로 표현하면 어떨까?,
우리 브랜드를 사람으로 의인화하면 어떨까?
우리 브랜드를 잘 나타내는 연예인은 누가 있을까?

왜 그 사람이 우리 브랜드를 표현한다고 생각할까? 등의 질문을 던지면 우리 브랜드가 어떤 사람인지를 명확히 알 수 있다. 어떤 브랜드인지 표현해보면 우리 브랜드를 더 정확히 알 수 있지 않을까? 또 어떤 브랜드로, 사람으로 기억되게 하고 싶은지 알 수 있지 않을까 한다.

1-7 브랜딩의 목표, 파워브랜드

브랜딩의 궁극적인 목적은 브랜드(또는 브랜드의 상품과 서비스)를 고객의 머릿속에 심고자 하는 이미지와 고객이 생각하는 브랜드(상품과 서비스)에 대한 이미지를 일치시키는 것이다. 앞서 이를 관리하는 것이 브랜드 매니지먼트Brand Management라 정의했다. 브랜드는 자사의 상품과 서비스가 가지고 가야 할 이미지, 추구하는 방향 즉 정체성을 보유하고 있다. 자신의 정체성이 고객이 생각하는 이미지와 일치시키기 위해 부단한 노력을 한다. 브랜드 매니지먼트는 정체성과 차별화를 통해서 이미지를 만들어가는 작업이기 때문이다. 브랜드의 목적이며 브랜딩의 목표다.

고객들은 브랜드를 이미지로 소비한다. 브랜드를 인지하는 소비를 하기 시작했다. 또한 MZ세대를 중심으로 기업과 브랜드의 윤리성, 공정성을 바탕으로 소비를 하기 시작했고 그런 브랜드에 환호하기 시작했다. 이미지를 형성하기 위한 노력이 필수인 시대가 되었다. 그런 강력한 브랜드 이미지의 최종 목적지는 어디일까? 그건 브랜드와 나(소비자)를 일치시키는 '브랜드 동일화'다.

브랜드는 고객의 충성도에 기반하여 유지되고 성장한다. 충성도는 브랜드에 대한 호감에서 비롯되는데 이는 고객의 마음을 이해하고, 라이프 스타일을 살펴보는 것으로 시작한다. 브랜드는 고객들이 말하는 것보다 말하지 않는 것을 헤아리고, 그들의 마음속에 존재하는 것을 그들의 관점에서 바라봐야 한다. 이러한 관점은 관계가 되며, 관계는 호감이 되고 충성도로 나타난다. 충성도는 브랜드의 강력한 자산이다. 브랜드 인지도Recall와 브랜드 연상Recognition은 자산을 구성하는 핵심이다.

▲ 그림 1.16 브랜드 자산과 브랜드 인지도

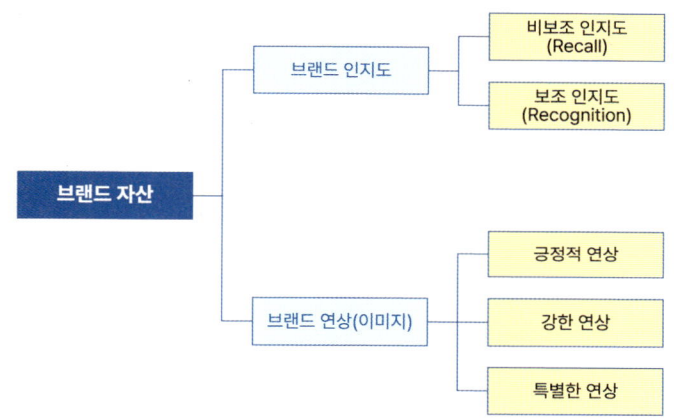

브랜드 인지도를 구성하는 '비보조인지도와 보조인지도'

브랜드를 안다는 것, 즉 브랜드를 인지하는 것과 인지하지 못한다는 것의 차이는 매우 크다. 브랜드를 단순히 인지하고 있다는 것만으로 브랜드에 미치는 영향이 크기 때문이다. 따라서 소비자들이 브랜드를 '인지하고 안 하고'의 문제는 브랜드를 관리하는 입장에서 중요한 포인트이며, 브랜드 전략을 풀어내기 위한 중요한 숙제인 것이다.

'브랜드 자산'은 크게 '브랜드 인지도'와 '브랜드 연상(이미지)'으로 나뉜다. 브랜드 인지도는 다시 '비보조인지도(브랜드 회상, recall)'와 '보조인지도(브랜드 재인, recognition)'로 나뉜다. 비보조인지도는 브랜드가 속한 제품의 카테고리에 대한 욕구가 발생하거나, 구매를 해야 할 상황이 발생했을 때 여러 브랜드 중에서 특정 브랜드가 연상되는 것을 의미한다. 즉 외부의 도움없이 스스로 생각나는 또는 생각해낸 기억을 말한다. 보조 도구없이 생각이 일어났기에 '비보조인지도'라 말하는 것이다. 한편 '보조인지도'는 다른 보조 도구, 즉 외부적인 단서의 도움으로 브랜드를 기억해내는 것이다. 즉 "스테이크는 어느 음식점이 맛있지?"라는 질문에 특정 브랜드가 생각났다면 이를 '보조인지도'라 할 수 있다.

브랜드 이미지는 연상과 연결성으로 설명된다

'브랜드 이미지'에는 연상과 연상들의 연결성으로 살펴볼 수 있는데 '브랜드 연상'은 다시 브랜드 긍정적 연상과 강한 연상, 특별한 연상으로 나눠볼 수 있다.

브랜드를 평가할 때 '브랜드가 긍정적이다, 부정적이다'는 말로 평가를 하기도 한다. 긍정적이면 브랜드에 +(플러스)요인이 되고, 부정적이면 -(마이너스) 요인이 된다. 긍정적인 요소들이 많을수록 브랜드에 대한 이미지가 긍정적이 되며, 브랜드를 생각할 때 좋은 브랜드로 평가하게 되는 것이다. 강한 연상은 브랜드를 생각할 때 쉽사리 떠오르는 브랜드 연상을 의미한다. 브랜드를 생각하면 연관되어서 떠오르는 강력한 이미지를 강한 연상으로 볼 수 있다. '아웃백'이란 브랜드를 생각하면 '부시맨브레드'가 떠오르듯 브랜드를 생각했을 때 강력하게 떠오르는 브랜드 연상을 말한다. '특별한 브랜드 연상'이란 경쟁 브랜드가 가지고 있지 않는 속성과 특징을 자사 브랜드만 가진 경우로 말할 수 있다. 경쟁 브랜드가 가지고 있지 않은 속성을 가짐으로써 자사 브랜드만 생각하면 떠오르는 연상들이 바로 '특별한 브랜드 연상'이라고 할 수 있다.

'브랜드와의 연결성'은 소비자들이 브랜드를 생각하면 어떤 연결성을 가진 생각을 하게 되는데 이를 '브랜드 연결성'이라고 할 수 있다.

즉 '딘타이펑'이라는 브랜드를 생각하면 대만, 홍콩 등의 이미지가 떠오르고 대만의, 홍콩의 레스토랑 하면 '딘타이펑'이 떠오르는 그런 연결성을 가지게 된다. 이런 연상을 '브랜드 연결성'이라고 한다. 이 브랜드 연상과 연결성 모두 포함해서 '브랜드 이미지'라고 하며 브랜드 이미지는 브랜드 자산을 구축하는 요소다.

▲ 그림 1.17 브랜드 연상

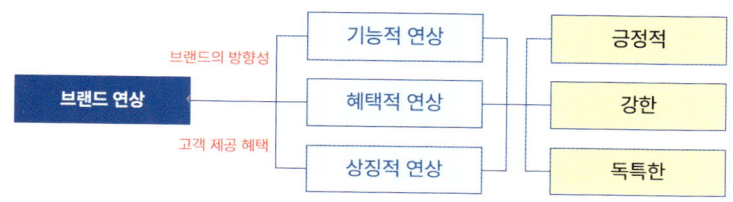

브랜드 연상(이미지)의 또 다른 연상

브랜드 연상은 다시 기능적 연상, 혜택적 연상, 상징적 연상으로 구분되어진다.

첫 번째 '기능적 연상'은 상품과 서비스를 제공하는 모든 업(業)에서 기본이 되는 핵심적인 상품이 가지는 고유한 성능에 대한 연상이다. 기능적 특징은 브랜드의 기본이 되므로 이 특징이 고객들에게 긍정적으로 연상되게 하려면 기능적인 요구에 충실해야 한다. 기능적 특징은 가능하면 독특해야 하고, 호의적이어야 하며, 강도 있게 구성해야 한다는 것이다. 쉬운 듯 하면서 가장 어려운 부분이고, 지키기가 쉽지 않는 연상이 기능적 연상이다.

두 번째는 혜택관 관련된 '혜택적 연상'이다. 사람들은 속성으로부터 혜택을 추론한다. 속성을 생각하게 되면 속성으로부터 파생되는 혜택은 생각하는 것은 너무 당연한 말이다. 따라서 브랜드는 특정 방향으로 고객의 혜택을 유도해주는 것이 바람직하다. '이 브랜드를 소비하면서 직접적으로 받게 되는 혜택은 어떤 것이며, 이 혜택은 타 브랜드에서 제공할 수 없는 것인가?'에 대한 대답이 될 것이다.

세 번째는 '상징적 연상'이다. 브랜드가 제공하는 '기능적 연상'과 '혜택적 연상'에서 확장된 다양한 상징과 경험에 대한 '브랜드 연상'을 말한다. 브랜드가 상징적이라 함은 브랜드가 가지는 기능과 혜택에서 벗어나 자아self를 표현해주는 도구가 되며, 사회적 지위와 소속감 등을 대변해주는 역할을 한다는 것이다. 브랜드가 이런 역할을 한다는 것은 브랜드의 궁극적인 목표를 일정 부분 달성했다고 볼 수 있다. 많은 명품 브랜드들은 상징성을 가지고 있다고 볼 수 있다. 모두 그렇지 않지만 많은 브랜드들이 '자아 표현의 도구가 되자'는 목표를 가지고 있다. 어떤 상징성을 띠는 브랜드가 되었다는 것은 이미 '파워브랜드'가 되었다고 판단할 수 있겠다.

'브랜드 연상'을 소비자 입장에서 보면 크게 긍정적positive과 부정적negative으로 나뉠 수 있다. '긍정적'과 '부정적'인 연상은 대부분 경험에서 파생되는 것이며, 브랜드는 '소비자들의 경험'을 관리해줄 필요가 있다. 경험은 '소비자가 브랜드를 이용할 때 느끼는 지적, 상징적 즐거움 또는 오감의 즐거움'을 말한다. 최근 브랜드와 소비자의 관계적 중요성이 부각되고, 소비자의 경험이 공유되고 확산되는 측면에서 본다면 그 중요성이 더 크다고 할 수 있다. 기업의 입장에서 보면 강력하고, 긍정적인 이미지를 형성할 필요가 있고, 이를 관리할 필요가 있다.

브랜딩 프로세스Process와 파워브랜드

브랜딩의 과정은 총 5단계로 나눠서 설명할 수 있다.

첫째, '브랜드 무인지 단계'다. 이때에는 기업과 브랜드의 활동이 없는 상태로 브랜드로써의 존재 가치가 없는 상태다. 브랜드의 필요성을 느끼면 고객과의 커뮤니케이션을 시작해야 하는 단계로 볼 수 있다.

둘째, '브랜드 초기 인지 단계'다. 기업과 브랜드는 고객과 커뮤니케이션을 시작한다. 기업과 브랜드가 고객들에게 메시지를 전달하고, 이미지를 전달하기 위한 초보의 단계라 할 수 있다. 이 시기 소비자들에게는 '보조인지' 정도의 브랜드 인지가 생기게 된다.

셋째, '브랜드 유지 단계'로 소비자들의 브랜드에 대한 평가가 긍정적인 상태로 흐르기 시작하며, 브랜드에 대한 '비보조인지' 정도의 약한 브랜드 인지도가 생기는 시기다. 브랜드에 대한 명확성이 생기기 시작하고 타 브랜드와 구별되기 시작하는 단계라 할 수 있다. 브랜드의 입장에서는 더 강력한 메시지와 이미지를 전달하기 위한 노력을 기울여야 하는 시기이며, 이 시기 브랜드의 차별화를 위한 노력을 경주해야 한다.

넷째, '브랜드 충성화 단계'다. 소비자들은 브랜드를 '베스트 브랜드'로 인식한다. 소비자와 브랜드와의 연결 고리를 가지기 위해서 연결성을 가지는 이미지를 전달해야 한다. 그래야 보다 강력한 브랜드 차별화가 이루어지기 때문이다. 브랜드의 입장에서는 연결 고리를 찾기 위한 노력이 가장 필요한 시기이기도 하다.

다섯째, '브랜드 동일화 단계'이다. 브랜드와 자신을 동일화시키는 단계다. 모든 브랜드가 꿈꾸는 브랜드의 최종 목적지다. 소비자들은 자신과 브랜드를 동일화하며 브랜드와 완전한 결합체가 된다. 브랜드에 대해 열광하면서 팬이 된다. 이렇게 형성된 팬이 모여 '팬덤'을 형성하는 단계까지 이르게 된다. 브랜드에 대한 커뮤니티도 이 시기에 형성된다. 더 이상 브랜드에 대해서 언급할 이유가 없어지고, '나의 브랜드'가 되는 것이다. 우리가 최근 말하는 '애플빠' 등의 용어가 브랜드와 소비자가 결합된 상태를 언급하는 단어로 명명되었다.

브랜딩의 목표는 결국 브랜드와 소비자(고객)가 '브랜드 동일체'가 되는 것이라 할 수 있겠다.

▲ 그림 1.18 브랜딩의 목표

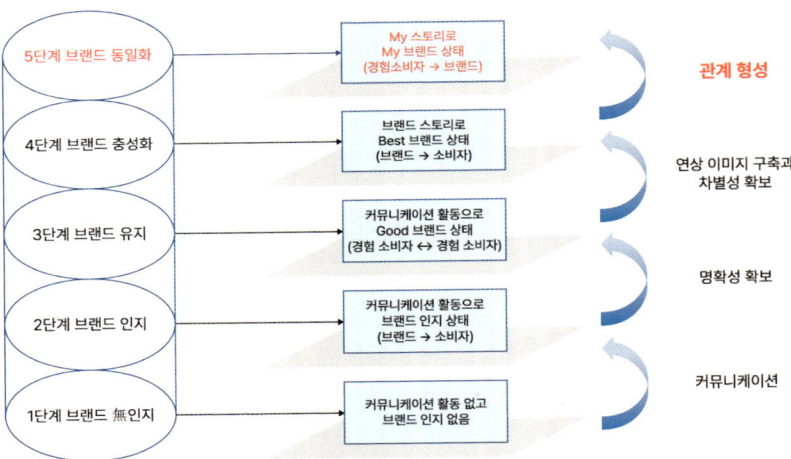

브랜딩의 목표가 달성되고, 브랜드와 나를 일치시키는 동일화를 가지는 소비자가 많아지면 브랜드는 '파워브랜드'가 된다. 파워브랜드는 여러 가지로 강력한 힘을 가지며 다양한 혜택도 누리게 되는데 강력한 브랜드가 주는 혜택은 다음과 같다.

① 마케팅 활동의 효율을 높여주고, 작은 마케팅과 브랜드의 활동에도 효과가 즉시 나타난다.
② 형성된 브랜드 인지도로 인해 매출과 이익을 높여준다.
③ 가격에 대한 저항력도 줄어들고 가격 프리미엄까지 제공해준다. 즉 가격 인상에도 소비자들은 덜 민감하며, 가격 인하에 따른 충분한 매력을 더 느낀다.
④ 브랜드에 대한 부정적 이슈가 생겨도 팬이 되어서 이를 막아주는 브랜드 수호자 역할을 하는 팬들이 있다.
⑤ 상품과 서비스에 대한 믿음, 상품과 서비스에 대한 매력을 증진시켜 준다. 경쟁사와 비슷한 형태의 상품과 서비스에도 더 열광하고 관심을 가지게 된다.
⑥ 브랜드를 운영하는 입장에서도 보다 높은 우위의 협상력을 가지게 된다.

'파워브랜드'가 되고자 하는 이유가 바로 여기에 있다. 파워브랜드가 최종점에 이르렀을 때 '브랜드의 아우라'가 생겼다고 한다. 우리 음식점, 외식업이 바로 브랜딩이 되어야 하고, 파워브랜드가 되어야 하는 이유가 여기에 있다.

1-8 경험 경제의 시대, 무엇을 팔 것인가?

이성보다 감성이 소중한 시대

경쟁이 갈수록 심화되고 고도화되고 있다. 시장에서의 기술은 상향 평준화되어 본질적인 상품과 서비스의 기능만으로 차별화가 어려워지고 있는 형국이다. 정보는 넘쳐나며 소비의 과정을 거치지 못하고 버려지는 정보가 무수하다. 또한 정보는 쉽게 공유되고 확산된다. 공급과 수요는 균형을 맞추지 못하고 과잉 공급되고 있으며, 소비자들의 욕구는 다양화되고 고도로 진화되고 있다. 이러한 시대적 흐름에 본원적인 상품과 서비스로 차별화하는 데 한계가 있다고 본다. 이러한 연유로 소비자들은 상품과 서비스 자체가 아닌 상품과 서비스를 구성하는 감성적이고 경험적인 요소를 더욱 선호하게 되었다. 경험이란 '상품과 서비스를 구매하고 소비하는 과정으로 소비자가 상품이나 서비스를 구매하면서 느끼고 체험하게 되는 총체적 활동'을 말한다. 즉 소비자가 어떤 브랜드의 구매를 위한 사고부터 구매 후의 행동까지 일련의 활동으로 정의될 수 있다. '경험 경제'는 여기에서 출발한다. 상품과 서비스의 차별화가 어려워진 상황에서 소비자들은 경험적인 서비스를 구매하는 것에 가치를 두는 것이다. 소비자의 입장에서의 구매는 '얼마나 색다른 경험을 제공하는가'에 포커싱focusing되어 있다.

미래학자 롤프 옌센Rolf Jenson은 "고객의 구매 결정은 이성적 이유보다는 감성적 요인에 따라 이루어지며, 사람들은 상품에 담긴 감성, 가치, 이야기를 구매한다. 따라서 기업은 제품 자체의 기술적 우수성이나 편리함보다는 이야기와 신화를 만드는 데 주력해야 경쟁력을 확보할 수 있다."라고 말했다. 이제 기업과 브랜드는 기능적 편익이나 우수성을 내세워 판매 전략을 소구하기보다 소비자들이 어떤 경험을 하게 할 것인지에 대해 고민하고 제시해야 할 것으로 보인다. 단순히 식사의 기능만, 메뉴와 서비스만 앞세운 음식점보다 오감을 자극하는, 경험요소가 충분히 갖춰진 음식점을 찾기 마련이다. 음식점의 메뉴와 서비스가 중요하지 않다는 이야기가 아니다. 음식점의 핵심 역량인 메뉴와 서비스의 본원적인 요소에 음식점이 제공하는 경험적 요소가 더해졌을 때 그 가치가 빛을 발한다는 것을 의미한다. 오래된 음식점에 가서 "별 맛이 없는데.", "예전보다 못한 것 같애."라는 말은 맛이 변했다는 의미보다 시대의 흐름인 '경험'과 '경험 경제'의 부재에서 기인할 확률이 높다. 그만큼 시대가 변했고, 변화를 추구해야 할 시기에 도달한 것이다.

변화된 소비 기준 '경험'과 '가치 소비'

시대의 상황이 투영하듯 '소유보다 경험'을 추구하는 시대를 살고 있다. MZ세대의 절박함과 취향에서 시작되었다고 할 수 있으나, 비단 MZ세대만은 아닌 것 같다. 삶의 질이 높아지고, 삶을 운영하는 행동이 이미 경험을 추구하고 있는 것 같으며 모든 세대에 걸쳐서 이런 현상이 보여지고 있다. 그런 시대상은 소유할 수 없음의 절박함, YOLO^{You Only Life Once}, 성년중불래(盛年不重來, 젊은 시절은 다시 오지 않고 세월은 나를 기다리지 않는다.)를 추구하는 시대인들의 삶과 무관하지 않다고 볼 수 있다. 시대를 소비하고 있는 사람들에게 불안과 불만은 늘 함께 해야 하는 상태로 존재하고 있으며 불안과 불만은 '우리'보다 '자기'를 중심에 놓고 소비하는 현상으로 나타나고 있다. 경험의 고도화된 단계가 바로 '개인화된 소비', '소비의 개인화'다. 그래서 '우리보다 자기',

'소유보다 경험'이라는 시대적 현상으로 일반화되었다. 외식업도 예외는 아니다. '경험적 요소'가 다분히 섞여 있는 음식점이 선택받고 공유된다. 그러고 보면 음식점의 성공 요인은 '핵심 경험'을 관리하는 것에 있다고 하겠다.

이런 배경에 시대 흐름의 분석과 소비의 주체자로 등장한 MZ세대 또는 '디지털 네이티브'들의 소비 성향을 파악할 필요가 있다. 기성세대와 디지털세대의 소비 성향은 확연하게 다르다. MZ세대를 중심으로 살펴보자. MZ세대들의 소비 기준은 절대적으로 자기 만족을 위한 것으로 기준점을 설정한다. 구매 스타일에 있어서도 '소유보다는 경험'을 선호한다. 소비 항목도 기성세대와는 확연히 다르다. 기성세대가 쇼핑, 상품을 주로 소비했다면 MZ세대들은 경험을 기반으로 한 '여행과 공간'에 대한 소비를 선호한다. 집과 차에 대한 소비 성향도 마찬가지다. 기성세대들은 소유에 중심을 두는 반면 MZ세대는 경험을 소중하게 생각한다. 그래서 '집, 차' 등을 '소유보다 경험체'로 사고한다. 또한 구매의 기준은 '가격이나 보편적인 것'이 아닌 '독특한 것과 또 스토리가 남다른 것'을 선호한다. 가치를 느끼지 못하는 것에는 철저히 절약하고, 가치와 철학이 존재하는 곳에서는 가격의 높낮이에 의미를 두지 않는다. 이를 '가치 소비'라 한다. '가치 소비'에 대한 기준을 음식점으로 대입시켜보면 '강한 개성과 독특함이 존재하는 음식점'을 선호하는 것으로 나타난다. 프랜차이즈 음식점보다는 개성 있는 음식점, 가치와 철학이 있는 음식점을 선호하는 것이다. 골목길의 이색적인 골목음식점을 찾는 이유가 바로 색다른 경험에 기인한다고 보면 되겠다.

▲ 표 1.3 기성세대와 MZ세대의 소비방식 비교

구분	기성세대	MZ세대
구매 기준	타인까지 의식하면서 구매	자기 만족을 위한 구매
구매 Style	소유	경험
중요 소비 항목	쇼핑, 상품	여행, 공간
취향	보편적인 것	독특한 것
가격	가격에 민감	가격보다 스토리 선호
식당에 대한 생각	프랜차이즈 선호	개성있는 음식점
디지털에 대한 생각	온라인, 오프라인 구분하여 생각	온라인, 오프라인 경계 없음
커뮤니케이션 방식	일방향 커뮤니케이션	쌍방향 커뮤니케이션

경험적 가치를 핵심 역량으로 비축해야 한다

사업을 하는 사업가라면, 기업을 운영하는 경영자라면, 음식점을 운영하는 사장님이라면 이제 경험에 대한 단어와 경험에 대한 이해가 필수적이다. 경험의 정의는 '소비자가 상품이나 서비스를 구매하면서 느끼고 체험하게 되는 총체적 활동'을 말한다. 즉 소비자가 어떤 브랜드의 구매를 위한 사고부터 구매 후의 행동까지 일련의 활동을 말하는 것이다. 여기서 고객 경험은 서비스와는 다르다. 서비스는 기업이나 브랜드 입장에서는 제공해야 하는 일반적이고도 의무적인 사항이다. 반면 경험은 고객을 소비 과정에서의 참여자로 보고 상호작용을 통해서 교감을 이루어 나가는 것을 말한다.

경험을 소중하게 생각하는 MZ세대(비단 MZ세대만이 아님)에게 이런 일련의 느낌과 경험을 관리해주는 것은 판매자 입장에서는 더욱 소중하게 되었다. 그럼 '핵심 경험'이라는 것은 무엇을 말하는가? 판매자가 가지고 있는 핵심 역량을 소비자에게 제공할 가치로 전환하여 핵심적으로 경험하게 하는 '경험의 총합'이라고 설명할 수 있다. 즉 경쟁사가 모방하기 힘들고 어려운 핵심적인 경쟁력을 고객들이 경험하게 하는 것이 '핵심 경험'이라고 말할 수 있다.

'핵심 역량'은 경쟁사가 가지지 못한 그래서 모방하기도 어려운 핵심 경쟁력을 뜻한다. '핵심 역량'은 결국 '핵심 가치' 또는 '핵심 고객 경험'으로 전달되며 결국 고객 만족으로 이어진다. 고객 만족은 고객 재방문, 고객 충성도를 높이는 동인이 되는 것이다. 따라서 기업이나 브랜드의 입장에서 '핵심 역량'을 정의하고, '핵심 역량'을 고객 가치와 의미로 전환하여 제공하는 것이 가장 중요한 임무라 하겠다. 반면 고객들의 좋은 경험은 기억과 추억이 되며, 브랜드에 대한 우호적인 이미지를 가지게 된다. 경험마케팅의 한 부분으로 '브랜드 익스피어런스 Brand Experience'라 한다.

경험을 파는 시대가 도래한 것이다. 경험은 가치와 진정성을 느낄 수 있는 '감정적 경험'을 의미한다. 감정적 경험은 브랜드를 이용하면서 느낄, 이용하고도 느낄 수 있는 '경험의 여정'이다. 결국 브랜드는 '감정적 경험의 여정'을 팔아야 한다.

CHAPTER 2

육감의 경험을 디자인하다

육감으로 브랜드를 충분히 경험할 수 있도록 해야 한다. 만족한 경험은 강렬한 기억으로 저장되고, 저장된 기억은 긍정적 이미지로 저장될 것이다. 고객의 감성을 녹이는 공간과 경험을 제공하는 브랜드만이 미래의 식당에서 성공할 수 있다.

육감의 경험을 디자인하다

2-1 시공감각적 서사: 모티프Motif로 출발하자

장사든 사업이든 모든 시작에는 의미가 담겨 있다. 회사를 다니다 은퇴를 하고 제2의 인생을 살기 위해 시작한 장사, 생계를 유지하기 위해서 장사를 시작했던 사연 등 모든 사건과 사람에게도 그 출발선상에는 '어떤 의미'가 담기기 마련이다. 인생의 시작도, 장사의 시작도, 사업의 시작도 마찬가지다. 모든 출발점, 그것이 모티프Motif다.

시공감각적 서사, 모티프란?

모티브(이하 모티브)는 어떤 공간과 시간, 사건과 인물의 시작점이다. '움직이게 하다' 의미의 라틴어 'motivum'에서 시작되었으며 현대에 와서 모티브motive와 모티프motif로 사용되고 있다. 모티브는 어떤 행동에 대한 동기나 원인 내지는 어떠한 글에 대한 출발점을 의미한다. 반면 모티프는 '어떤 이야기를 구성하고 있는 여러 개의 화소(話素)' 즉 이야기의 구성을 의미하며, 어떤 이야기를 구성하는 데 중요한 요소가 되는 단위를 가리키는 말이다. 2가지 단어가 주는 의미는 유사성이 있으면서도 다른 뜻을 내포하고 있다. 하지만 현대에 와서 유사의 의미로 쓰이고 있다. 두 가지 뜻 모두 '창작과 표현의 제작 동기, 동인, 원동력'을 일컬으며 창작하고자 하는 대상이나 체험, 표현의 의도가 유발되는 테마나 소재를 나타내기 때문이다. 또 작품에 표현되는 내용의 중심을 이루는 제재나 모양, 근간을 포함하고 있기도 하다.

모티브는 어떻게 활용하나?

저자의 경우 음식점을 론칭하거나 브랜딩할 때, 또는 리브랜딩할 때 최우선 고려 사항이 바로 '모티브Motif'다. '모티브'는 바로 음식점의 출발점이기 때문이다. 창작자가 고객들에게 나누고 싶은 이야기, 선사하고 싶은 이야기, 전해주고 싶은 경험 모두가 바로 모티브에서 시작된다. 음식점의 요소를 잘게 나누어 보면 더 쉽게 이해된다. 모티브는 음식점을 구성하는 화소(話素)로 살펴볼 수 있다. 인테리어, 식자재, 고객용 기물, MD(진열 방법), BGM(음악), Goods(굿즈), 메뉴, 서비스 등이 음식점을 구성하는 화소들이다. 이런 화소들을 열거하고 보면 공간, 시간, 사건, 인물 등으로 분류되어진다. 인테리어나 음악에 시대와 시간을 입힐 수 있고, 기물과 메뉴에 사건과 경험을 입힐 수 있다. 더러 기물에 시간을 입히기도 하고 굿즈와 서비스에 상황이라는 경험을 입히기도 한다.

저자는 음식점(브랜드) 기획 시 선행하는 과제로 '모티브'를 선정한다. 시간과 공간을 가지고 고객들에게 어떤 핵심 경험을 제공할 것인지를 생각하는 과정을 브랜드 기획 단계에서 우선적으로 검토하고 기획한다. 얼마 전 론칭한 '아시안음식점'에는 '베트남의 Street'라는 공간을 옮겨왔다. '베트남 거리에서 만난 현지인 맛집'이라는 컨셉을 입혔다. '베트남의 시간과 공간'을 브랜드에 고스란히 입힌 것이다. 이것이 바로 모티브다. 기물은 동남아 현지에서 제작하였고, 음악은 휴양지에서 듣는 빠른 템포의 음악을 선정하였다. 이것 역시 화소이며 모티브다. 음식점이라는 브랜드를 구성하는 화소(내지 요소)에 공간, 시간, 사건, 인물들을 대입하여 브랜드적 경험을 창출하는 것이 바로 모티브라 할 수 있다.

▲ 그림 2.1 홍콩을 모티브로 한 음식점들

* 왼쪽 위부터 '아트몬스터 강남'·'웍셔너리 도산'·'창창 창신점'·'자미더홍 대학로' 순

모티브를 입힌 식당 브랜드들

앞의 사진은 '홍콩'이라는 공간적 배경을 모티브로 활용한 음식점 브랜드들이다. 수제맥주집 '아트몬스터', 홍콩 인테리어와 식사 메뉴로 인기를 끌고 있는 '웍셔너리'와 레트로한 홍콩의 분위기를 모티브로 한 '창창', '홍콩 거리의 음식과 술'을 주제로 운영하고 있는 요리주점 '자미더홍', 이 모두 홍콩이라는 공간적 배경을 모티브로 하여 식당 브랜드로 승화시킨 예들이다.

* 위로부터 평화연남, 풍림다방, 담양죽순추어탕, 온천집, 키보재즈킷사, 버거드조선 순

'평화연남'은 90년대의 시간을 옮겨 놓았다. 90년대의 음악과 인테리어, 친숙한 메뉴로 고객들의 취향을 저격하고 있다. 제주에 위치한 '풍림다방'은 '90년대 가정집'이라는 시간과 공간을, '담양죽순추어탕'

은 식자재에 담양이라는 지역을 담았다. '온천집'은 일본의 로칸이라는 공간을 재해석했고, 신사동에 위치한 '키보재즈킷사'는 일본의 카쿠우치(술집에서 서서 마시는 문화)와 일본 노동자들이 다니는 선술집을 주제로 메뉴와 공간을 기획했다. 종로 사직로에 위치한 '버거드조선'은 구옥의 예스러움은 살리면서 버거라는 양식 메뉴를 입힌 공간이다.

* 종로의 미국식 버거 전문점, '자이온'

한옥이 즐비한 종로의 골목길에서 위치한 '자이온 종로점'은 미국 남부의 공간, '미국식 버거'를 선사한다. 스테인리스, 오크 나무, 가죽 소재와 컬러들이 주는 이국적인 느낌은 꼭 재즈를 들으며 햄버거를 즐겨야 할 것 같은 착각에 빠지게 만든다.

▲ 표 2.1 식당 브랜드의 Motive

공간
시간
사건
인물

* *우리 식당의 모티브를 작성해보자.*

    우리 음식점은 어떤 모티브를 가지고 있을까? 창업 시 고객들에게 '어떤 의미와 이야기'를 주고자 했을 것이다. 이를 [표 2.1]에 옮겨보자. 옮기고 적으면서 이를 더 강화할 전략도 찾아보자. 없다면 앞으로 만들어가야 할 과제로 생각하고 기술해보면 좋겠다.

2-2 비일상적 경험을 제공하자 - 여행과 같은 음식점

최근 들어 '소비자 물가 지수'의 상승, '외식 소비 지수' 상승이라는 단어가 뉴스나 매스컴을 통해서 지속적이고 반복적으로 회자되고, 재생산되고 있다. 경기가 좋지 않아 살기가 어려워졌다는 이야기다. 또 쓸 돈이 없다는 말로도 표현할 수 있겠다. 결국 이런 흐름은 순환 구조로 보면 경기가 위축되고, 경제가 어려워진다는 이야기다. 배추 한 포기와 사과 2개가 1만원이 넘는다는 뉴스가 상황을 대변하고 있다.

소비자 물가 지수와 외식 소비 지수

'소비자 물가 지수(네이버 지식백과)'는 소비자가 구입하는 상품과 서비스의 가격 변동을 측정하기 위한 지표이다. 일상 소비 생활에 필요한 상품 및 서비스를 구입하기 위해 지불하는 가격의 변동을 측정해주는 '소비자 물가 지수'는 일반 국민들의 일상생활에 직접 영향을 주는 중요한 경제 지표 중 하나이다. '소비자 물가 지수'는 경기를 판단하는 기초 자료로 활용되거나, 화폐의 구매력 변동을 측정할 수 있는 대표적인 물가 지표로서 매년 정부의 재정과 금융 정책이나 기업의 노사가 임금 협상의 기초 자료로 널리 이용되고 있다.

'소비자 물가 지수'는 통계청에서 매월 작성하여 공표한다. 통계청은 현재 전국 37개 도시에서 481개의 상품 및 서비스 품목을 대상으로 소비자 구입 가격을 조사하여 기준시점인 2010년의 소비자 물가 수준을 100으로 한 지수형태로 작성, 공표하고 있다. 조금 복잡하지만 물가 지수 계산식은 다음과 같다. (우리나라는 대부분의 국가들과 마찬가지로 기준 시 수량으로 물가 지수를 산출하는 라스파이레스 방법을 이용한다.)

▲ 그림 2.1 소비자 물가 지수 계산식

$$L_{0,t} = \frac{\sum (P^t Q^0)}{P^0 Q^0} \times 100 = \sum W^0 (P^t/P^0) \times 100, \quad W^0 = \frac{P^0 Q^0}{\sum (P^0 Q^0)}$$

L: 지수, P: 가격, Q: 수량, 0: 기준시점, t: 비교시점, W: 가중치

외식 물가도 고공행진 중이다. 통계청 조사 결과를 보면 대부분의 지역에서 낮게는 7%, 높게는 9% 이상의 '외식 물가 지수'를 보여주고 있다. 서민의 대표적인 음식인 짜장면도 7% 넘게 오른 것으로 조사되고 있고, 냉면도 이와 흡사하다. 또한 비빔밥, 삼계탕은 물론 라면과 김밥도 마찬가지다. 김밥의 경우 즐겨먹는 '야채김밥'이 평균 2천 8백으로 조사되었고, 3천 원 시대가 곧 도래할 것으로 보여진다.

'소비자 물가 지수'와 '외식 소비 지수'가 이렇게 높아지면 당연히 외식경기는 위축될 수밖에 없다. 코로나19로 장시간 어려움에 직면했던 음식점들이 회복 기세를 보이나 했더니 다시 물가와 경기가 발목을 잡는 상황이 되어 버렸다.

'어떤 고객 편익을 제공할 것인가'가 문제의 핵심

이와 같은 상황은 지속적이고 수시로 발생하는 경기 현상의 한 흐름이다. 장기 불황에 빠진 한국경제는 이 현상이 지속적, 반복적으로 나타날 것이다. 방법을 찾아야 현상을 극복할 수 있다. 고객 편익과 기능의 관점에서 사안을 바라보는 원초적인 물음으로부터 출발해야 한다. 고객들이 상품과 서비스를 구매하는 이유는 크게 4가지 기능적 편익, 경제적 편익, 경험적 편익, 상징적 편익으로 분류된다.

'기능적 편익'이란 상품이나 서비스를 소비하고 사용함으로써 얻는

직접적인 편익을 말한다. 1차적인 편익이지만 편리함, 상품과 서비스가 가지고 있는 고유한 기능과 혜택에 기인하는 편익이라 할 수 있다. '경제적 편익'은 구매 비용과 관련된 것으로 상품과 서비스를 구매할 때 경쟁사보다 낮은 가격으로 구매하여 혜택을 보는 것을 말한다. '경험적 편익'이란 소비자가 상품과 서비스를 구매함으로써 느끼는 즐거움, 쾌락 등 긍정적 감정의 혜택을 말하며 정서적으로 접근한 편익을 말한다. 마지막으로 '상징적 편익'은 매슬로우의 욕구 5단계설 중 하나인 '인정의 욕구'에 해당하는 편익이다. 사회적으로 인정받고 싶고, 주변으로부터 인정받고자 하는 욕구를 해결해주는 편익이라 하겠다. 대표적인 것이 바로 '명품 구매'라 할 수 있다.

편익을 언급한 이유는 '지금도 진행 중이고, 미래에 크게 진행될 것으로 판단되는 양극화에 대한 설명, 양극화를 준비하는 음식점의 모습은 어떤 기능을 갖추어야 하는가'를 설명하기 위함이다. 물가는 지속적으로 고공 행진을 할 것이며, 결국 외식 소비를 둔화시킬 것이라는 결론이다. 짧게도 보아도 그렇고, 길게 보아도 마찬가지다. 현상을 타개하는 방법으로 사람들은 외식의 횟수를 줄이게 될 것이고, 음식점의 매출과 이익, 운영에 직접적인 영향을 주게 될 것이다. 외식의 횟수가 줄어든다는 것은 외식 장소의 선택 또한 특별해진다는 것을 의미하며, 외식 경험을 특별한 것으로 간주할 생각이 높아진다는 것이다. 달리 말하면 일상적인 경험 말고, 비일상적인 경험을 요구할 것이라는 말로 설명할 수 있겠다. 또 앞서 설명한 기능 중에 '기능적', '경제적 편익'보다 '경험적 편익'과 '상징적 편익'을 더 선호할 경향이 크게 될 것이라는 판단이다.

비일상적 경험 제공하는 음식점이 되어야…

우리 모두가 일상적인 경험을 하고 살아간다. 특별하다는 것은 비일상적이라는 의미다. 외식을 한다는 것은, 사람을 만나고 음식을 먹는다는 것(혼자의 시간을 갖거나 혼밥을 하는 경우도 마찬가지다.)은 특별하며, 비일상적인 경험을 하고 싶다는 말로 설명될 수 있다. 일상적으로 겪게 되는 것들이 아닌 일상에서 벗어난 시간과 경험을 갖고자 하는 의미로 대변된다. '비일상을 어떻게 정의할 것인가'는 우리의 몫이다. 음식점에서 어떤 방식으로 '비일상적 경험'을 줄 것인가도 우리의 역할이다.

기능적 혜택을 제공하는 것 역시 음식점의 역할이다. 또 기능적 혜택으로 운영되는 음식점도 다수다. 하지만 기능적 혜택과 경제적 혜택을 제공하는 음식점들은 미래의 외식 시장에서는 한계점에 종착할지 모른다. 따라서 기능과 경제적 혜택만을 강조하는 시야에서 벗어나 감성적 편익에 더 치중하며 운영해야 한다. 이 모든 설명이 '음식점의 비일상의 제공'이라 할 수 있겠다. 스타벅스의 제3의 공간은 이런 의미를 충분하게 설명해준다. 집, 회사의 일상 공간을 벗어난 제3의 공간 그게 비일상의 제공이었다. 스타벅스의 성공에는 여러 가지 요인이 뒷받침되었겠지만 바로 '비일상을 제공하고, 비일상을 경험하게 한 것'이지 않을까 생각한다.

요즘 많은 브랜드들이 자연으로 돌아가고 있다. 파주의 특산물이 '자연 속으로 들어간 대형 카페'라는 말도, 스타벅스나 여타 브랜드들이 자연으로 들어가는 것도 '비일상적 경험'을 설명한다. 파주에 위치한 '모쿠슈라Mochuisle(스코틀랜드 게일어로 '나의 사랑, 나의 가족'이라는 뜻)'는 산과 대형 호수를 끼고 있어 완연한 자연 속의 느낌을 재현한다. 사랑하는 사

* 위는 파주의 모쿠슈라, 아래는 스타벅스 부산 기장임랑원점

람과, 가족과 일상을 떠나 행복한 시간을 보내라는 의미가 공간에 담겨져 있다. '스타벅스 기장임랑원점' 또한 마찬가지다. 기장의 '임랑해수욕장'을 앞에 두고 한적한 곳에 위치해 있다. 넓은 공간에 단층으로 단아하게 지어진 공간은 '자연을 즐기라'는 의미로 받아들여진다. 효율성, 생산성보다 고객들에게 감정과 감상을 주기 위해 만들어진 공간으로 보인다. 모두 자연을 통해 비일상적 감정과 감성을 제공하고 있다. '뷰 맛집', '음악 맛집', '인테리어 맛집', '기물 맛집' 등의 말도 '비일상적'이라는 말의 다른 형태를 설명하는 말들이다. 고객들에게 회자되고 재생산되는 이유가 새로운 경험, 비일상적 경험을 제공하기 있기 때문이다.

이런 구도는 더욱 심화되리라 생각한다. 양극화는 미래의 큰 조짐이다. 양극화 속에는 '비일상적 경험을 어떻게 고객들에게 전달할 것이냐는 문제를 내포하고 있다. 우리 음식점은 어떤 비일상을 제공하고 있는지 돌아봐야 한다.

   듣지 못했던 음악을 듣고,
   보지 못했던 공간을 경험하고,
   느끼지 못했던 비주얼을 경험하고,
   맛보지 못했던 음식을 음미하는
   그래서 집과 회사에서 마주하지 못했던 비일상을 제공하는 것, 그것이 미래의 음식점이 해야 할 역할일 것이다.

2-3 공간과 경험을 팔다

경험이란 '소비자가 상품이나 서비스를 구매하면서 느끼고 체험하게 되는 총체적 활동'을 말한다. 즉 소비자가 어떤 브랜드의 구매를 위한 사고부터 구매 후의 행동까지 일련의 활동을 말하는 것이다. 지금의, 미래의 주소비자인 MZ세대는 이색적인 경험, 특별한 경험, 자신만이 향유하는 경험과 더불어 자신의 취향에 맞는 경험을 선호한다. 따라서 브랜드에서, 음식점에서 이러한 경험을 제공해주는 것은 사업의 필수적인 요소가 되었다. 핵심 경험은 '판매자가 가지고 있는 핵심 역량을 소비자에게 제공할 가치로 전환하여 핵심적으로 경험하게 하는 경험의 총합'이라고 설명할 수 있다. 즉 경쟁사가 모방하기 힘들고 어려운 핵심적인 경쟁력을 고객들이 경험하게 하는 것이 '핵심 경험'이라고 말할 수 있겠다. 음식점에서 이런 경험 중 공간 경험을 중시하는 트렌드가 자리를 잡아가고 있다.

삼다수를 유통하는 기업 광동제약은 홍대 앞에 '삼다코지'라는 카페를 열어 제주의 분위기를 느끼게끔 공간을 기획했다. 모든 음식과 음료는 삼다수로 만들며, 제주를 느낄 수 있도록 제주의 오브제를 활용해 공간을 꾸몄다. 공간적 모티브가 제주인 것이다. 제주의 돌담, 제주의 하르방, 제주의 야자수를 인테리어에 녹여 냈다. 고객들이 인스타워시|Insta-Worthy('인스타그램에 올릴 만한'의 뜻) 할 수밖에 없는 공간이다. 메뉴 또한 '제주햇살스무디', '제주사계절 브랜드 티세트', '곶자왈 크림 라떼' 등 제주를 주제로한 음료와 디저트를 판매하고 있다. 제주를 모티브로, 제주라는 시간과 공간을 판매하고 있다. 제주라는 공간은 단순히 공간의 의미가 아니라 휴식의 의미이며, 여행의 의미, 나아가 추억이라는

* '제주'라는 공간을 담은 카페 '삼다코지'

메시지를 전달하기에 충분하다. 공간을 팔면서 감성을 팔고 있다. '삼다코지', 이름만으로도 '쉼과 여행'을 느낄 수 있다.

　제주를 여행하다 우연히 발견한 제주의 '모카다방'. 황금색도, 노란색도 아닌 그 중간의 색감을 띠고 있는 모카커피의 향수. 색깔만으로도 '맥심커피(모카커피)'를 떠올리게 한다. 운전하다 순간 급브레이크를 밟았다. 사람을 멈추게 하는 브랜드의 강한 브레이크성 자극을 준 것이다. '맥심커피'는 우리에게 익숙한 커피다. 부모님은 '맥심커피', '모카커피'를 즐기던 세대다. '모카커피'는 익숙함이자 친숙함이다. 그리고 과거에 대한 향수다. 향수와 친숙함을 '뉴트로와 레트로'로 잘 녹여 냈다. 커피 자체를 놓고 보면 헤리티지가 명확한 브랜드다. '모카다방'을 즐기기 위해서 문을 열고 들어갔다. 햇살과 바다와 라면과 맥주와 모카

* 제주 서귀포시에 위치한 '모카다방'

커피를 그렇게 느끼고 나왔다. 따뜻한 햇살에서 부모님을 추억하고, 맥심을 추억하고, 제주라는 공간을 추억한 것이다. 올드함에서 벗어나 새롭고 세련된 모습으로 전달되는 '브랜드 헤리티지Brand Heritage'는 반하기에 충분하다.

제주 이야기의 마지막 공간은 서귀포에 위치한 '테라로사'다. '테라로사'를 안 것은 강릉 방문에서였다. 강릉의 '테라로사'는 '미술관 같은 커피 공장'이라는 컨셉으로 숲 속에 존재했다. 숲과 각종 연장과 구식의 제품들로 가득 채워진 공간은 커피 이상의 매력을 제공하는 곳이다.

'테라로사'가 제공하는 공간미의 절정은 '테라로사 서귀포점'이라는 생각이다. 이곳은 '테라로사'의 엘레강스 즉 우아함을 전하는 그리고 제주를 전하는 2가지 면모를 갖춘 카페다. 문을 열고 들어간 입구, '잘

* 제주 서귀포에 위치한 '테라로사 서귀포점'

따둔 감귤'이 반갑게 맞이했다. 하나씩 먹으라는 듯 소박하게 테이블 위에 올려 놓았다. 넓은 공간, 아담한 룸과 같은 공간, 넓게 틔어 개방감을 주는 계단식 좌석 등 나무랄 것이 없다. 절정의 미는 외부공간이다. 제주의 돌담으로 둘러싸인 그리고 손에 닿을 듯한 감귤나무 옆 좌석은 커피와 제주가 절묘하게 어우러진 모습이다. 이것은 공간을 경험하고 브랜드를 경험하게 하는 최고의 작품이 아닐까 생각한다.

  홍콩을 주제로 하면서 홍콩의 차문화와 디저트 문화를 전파하는 곳도 있다. 흑석동 골목에 위치한 '오후홍콩'도 그러하다. 외부의 초록색 대기 의자와 흰색 타일은 뽐내지 않으면서 홍콩을 느끼게 한다. 내부의 의자도, 조명도 모두 홍콩의 '미도카페'를 연상케 하고 있다. 브랜드의 공간 경험(익스피어런스)을 제공하고 있다. 체인점으로 운영되는 '홍콩다

* 홍콩을 모티브로 한 카페(위 흑석동의 '오후홍콩', 아래 '홍콩다방')

방' 역시 초록색, 빈티지한 소품으로 공간을 경험하게 하고, 홍콩의 디저트인 '까이단자이'라는 빵과 '밀크티'를 제공하며 홍콩을 경험하게 하고 있다. 또 일산에 위치한 '청킹에쏘' 역시 홍콩을 인테리어 소재로 삼은 홍콩카페다. (저자의 생각으로 홍콩의 '청킹맨션'과 에스프레소에서 '에쏘'를 따와 '청킹에쏘'라 하지 않았을까?) 인테리어는 가장 홍콩스럽다. 메뉴 역시 '홍콩토스트', '밀크티', '청킹라떼' 등 홍콩의 메뉴가 대표적이다.

지금의 시대, 메뉴와 서비스는 평준화되고, 평준화된 메뉴와 QSC로 고객의 마음을 사로잡는 것은 어렵게 되었다. 뒷장에서 상세히 언급하겠지만, QSC+5S(안심, 공간, 감성, 경험, 스토리)를 실천해야 한다. 그 실천 중 감성과 공간과 스토리라는 3가지의 주제가 포함되어 있다. 이제 공간에서, 감성에서 브랜드를 충분히 경험할 수 있도록 해야 한다. 만족한 경험은 강렬한 기억으로 저장되고, 저장된 기억은 브랜드의 긍정적 이미지로 저장될 것이다. QSC라는 본질을 바탕으로 하고, 고객의 감성을 녹이는 공간과 경험을 제공하는 브랜드만이 미래의 식당에서 성공할 수 있다.

2-4 핵심 경험 3가지만 작성할 수 있으면 음식점은 성공한다

모방할 수 없는 핵심 경험을 보유해야 한다

경험이란 '소비자가 상품이나 서비스를 구매하면서 느끼고 체험하게 되는 총체적 활동'을 말한다. 지속적으로 언급하는 부분이다. 즉 소비자가 어떤 브랜드의 구매를 위한 사고부터 구매 후의 행동까지 일련의 활동을 말하는 것이다. 지금의, 미래의 주소비자인 MZ세대(& Zalpha세대)는 이색적인 경험, 특별한 경험, 자신만이 향유하는 경험과 더불어 자신의 취향에 맞는 경험을 선호한다고 언급했다. 이를 '개인화된 소비', '소비의 개인화'라고도 언급했다. '소비의 개인화'는 취향으로 나타나고, 취향은 결국 경험의 소비로 확산된다. 브랜드에서 경험이 중요한 이유다. 브랜드에서 경험을 지속적으로 언급하게 되는 이유가 된다. 앞서 언급했지만 경쟁사가 모방하기 힘들고 어려운 핵심적인 경험을 제공하는 것을 '핵심 경험'이라고 한다. 핵심 경험은 공간적인 면도 있지만 공간 내에서 발생하는 인테리어, 오브제, 음악, 기물, 유니폼, 문장, 분위기 등 모든 콘텐츠를 포함한다. 최근 젊은 세대를 중심으로 회자되고 있는 '뷰맛집, 감성맛집, 음악맛집, 인테리어맛집, 기물맛집' 등도 경험을 소중히 생각하는 취향과 트렌드, 즉 '핵심 경험'을 대변하는 용어라고 생각할 수 있다. 따라서 음식점에서, 경쟁사에서 모방하지 못하는 경험을 제공해주는 것이 사업의 핵심 요소가 되었다.

이렇듯 고객들이 경험해야 할 '핵심 경험'을 잘 전달하는 것이 필수인 시대에 살고 있다. 주 소비층이 기성세대가 아니고 MZ세대(& Zalpha세대)로 전환되었다. 그들이 가장 소중하게 생각하는 것이 바로 경험과 독특함, 철학 즉 가치 소비다. 음식점들도 이들의 소비 성향을

▲ 그림 2.2 음식점의 핵심 경험 관리

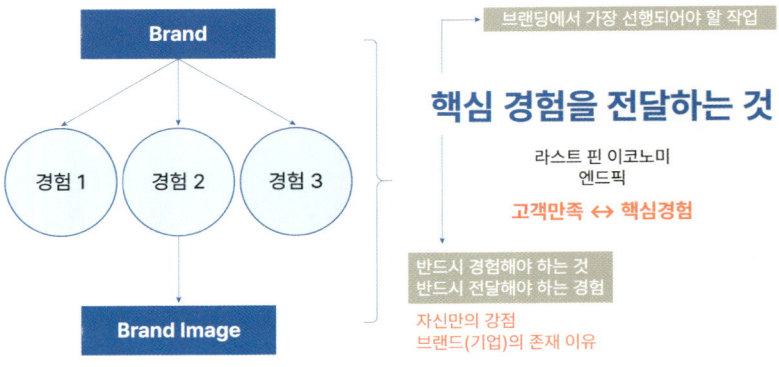

* 뷰(View)를 통해 색다른 경험을 제공하는 음식점들(왼쪽 위부터 마포의 'IOU(ⓒIOU)', 오른쪽 위 부산 영도의 '스릴온더빈', 강원도 고성의 '스위밍 터틀(아래)' 순)

인정하고 소비자들에게 이를 전달할 필요가 있다. 따라서 우리 음식점의 '핵심 경험'이 무엇인지를 생각하고, 이를 다시 기술해보고, 이를 더욱 강화하는 전략을 사용해야겠다. '우리 음식점에 들어오면 이 경험은 꼭 하고 나가야 돼'라는 '핵심 경험'을 작성해보자. 만약 3가지 정도만 작성할 수 있다면 우리 음식점은 반드시 성공할 것이다.

경험을 제공하고, 오감을 선사하는 음식점

마포구에 한강변에 위치해 한강 뷰view를 보면서 양식을 즐길 수 있는 '아이오유IOU'라는 레스토랑은 뷰를 즐길 수 있는 음식점으로 유명하다. 이곳의 핵심 경험은 '뷰'다. 물론 메뉴와 서비스를 전제로 한 것이지만 많은 연인과 가족들은 뷰를 경험하기 위해서 이곳을 방문한다. 부산 영도에 위치한 테마파크 중 일부인 '스릴온더빈'이라는 카페 또한 '뷰 맛집'으로 통한다. 한적한 곳에 위치해서 누가 찾겠나 싶지만 아름다운 '바다 뷰'와 '재즈 공연'은 전율을 돋게 한다. 강원도 고성의 '스위밍 터틀'은 '바다를 품은 뷰 맛집'으로 통한다. 통창으로 구성된 이곳은 모든 좌석이 바다를 향해 있다. 오로지 '바다만 보다가 가라'는 무언의 압력까지 느끼게 된다. 모두가 '뷰의 가치'를 선사하며 많은 이들의 사랑을 받고 있다.

용리단길에 위치한 '효뜨'는 '인테리어 맛집'이다. 베트남 스트리트와 베트남 시장과 거리를 연상하게 하는 인테리어로 젊은 세대의 사랑을 받고 있다. 외부의 파사드, 내부의 포스터와 액자, 하물며 테이블, 의자, 숟가락, 앞접시까지도 베트남의 모습을 그대로 재현했다. 이곳의 핵심 경험은 '베트남 여행의 추억과 여행에서 맛본 베트남의 현지 음식', '우리의 뇌에 저장된 베트남 거리'일 것이다. 서울 강남 압구정로에 위치한 '롱시암'은 태국을 주제로 한 음식점이다. 태국의 전통적인 문양과 색감을 사용하여 현지의 느낌을 강화했고 숟가락, 젓가락, 기물까지도 아시아 현지의 제품을 사용했다. 또 태국에 와 있는 듯한 착각을 일으키는 인테리어, 태국에서만 맛볼 수 있는 음식과 음료를 그대로 재현한 '인테리어 맛집', '분위기 맛집'이다.

'기물 맛집'으로 통하는 '도산분식'은 과거의 중식당 기물을 분식에 녹여냈다. 과거를 소환했고, 추억을 소환해서 기물에 색다른 의미를 입혔다. 많은 사람들이 환호하며 사진으로 남기고 있다. 속초의 '하마 식당'은 메뉴 3가지만 판매하는 식당이다. 좌석도 넉넉하게 배치했다. 효율성을 강조하지 않았다. 이곳에 들어가면 '다른 고객의 식사에 방해되지 않도록 조용히 식사해달라'는 문구가 적혀 있다. 세심하게 고객의

* '인테리어 맛집'(왼쪽 용리단의 '효뜨', 오른쪽 압구정로에 위치한 '롱시암')

식사 시간을 책임지고, 음식을 경험하게 하는 주인장의 마음이 은근히 좋아지는 음식점이다.

* '기물 맛집'으로 통하는 도산공원에 위치한 '도산분식'

* 세심하게 고객의 시간을 경험할 수 있는 속초의 '하마식당'

* 참여와 감각적 경험을 선사하는 음식점(위 은진포차(ⓒ은진포차, ㅁㄹㅋ7), 아래 강남에 위치한 '퍼스트커피랩')

　고객들이 생산에 직접 참여하거나, 직접적인 경험을 하게 하는 음식점들도 지속적으로 생겨나고 있다. 영등포 문래동에 위치한 '은진포차'는 고객들이 직접 식자재를 선택하고, 조리 방법도 선택해서 주문할 수 있도록 하고 있다. 또 근무하는 직원들은 그날그날의 식자재의 상황에 따라 메뉴의 조합을 바꾸거나, 조리 방법을 바꾸어서 고객들에게 제공하고 있다. '이모카세(오마카세에서 파생된 말로 '이모가 직접 조리해준다'는 의미로 포차 등에서 사용되는 용어)'의 전형적인 유형이다. 서울 강남에 위치한 '퍼스트커피랩'은 '파도치는 카페'로 유명하다. 영상을 통해서 파도가 재현되지만 실제 바다에 와 있는 듯한 감각을 제공한다. 외부의 테라스도 여유로운 해변으로 구상되어져 있고, 내부는 '파도치는 모래사장'을 연상케 한다. 많은 연인들이 바다의 감각과 감상을 위해서 이곳을 찾는다.

추운 겨울 굳이 바다로 가지 않아도 이곳에서 '파도치는 바다의 풍경'을 감상하고 느낄 수 있다.

아날로그 문화도 감성과 경험이 된다

레트로, 뉴트로, 아날로그 그리고 감성을 넘어선 '갬성'까지, 우리 주변에서 흔히 접하게 되는 단어들이다. 디지털에 익숙하고, 디지털이 환경을 감싸고 있기에 레트로와 아날로그가 그리워지도록 만드는 것은 아닐까 싶다. 편하기 위해서 익숙해졌고, 익숙해지면 문화가 되어버린다. 다시 그 문화가 지겨워지면 새로운 문화가 형성된다. 그렇게 태어난 것이 지금의 레트로와 아날로그가 아닐까? 아날로그는 오래전부터 존재해왔던 하나의 현상이고 문화다. 아날로그를 제대로 느낄 수 있는

* '오랜된 유럽의 우체국'을 소환한 퇴계로의 '메일룸'

'메일룸'이라는 카페가 있다. '메일룸'이라는 네임에서 연상되듯 우편이라는 콘텐츠를 활용하고, 우체국을 소환해서 '오래된 우체국'이라는 컨셉으로 카페를 꾸몄다. 제대로 된 아날로그 감성이 사람들을 마구 끌어들인다.

'메일룸'은 총 3층으로 구성되어 있다. 1층은 '주문 공간과 스탠딩바'가 결합되어져 있다. 유럽의 문화, 이태리의 문화를 도입했다. 1층에서 주문서를 작성해야 한다. 주문서는 진짜 편지를 쓰는 듯 하다. 메뉴판과 주문서를 받아 주문할 메뉴를 작성한다. 작성된 주문서를 직원에게 건네 주면 진동벨과 함께 우편함 열쇠를 건네 준다. 주문한 후 '스피크이지바(불특정 다수에게 공개되어 있지 않고 홍보도 하지 않는 비밀스러운 가게를 지칭하는 말)' 형태로 제작된 문을 밀고 들어가면 뒷 공간이 나온다. 뒷 공간은 철저히 주문 공간과 분리되어 있고, 분리된 공간이 2층과 3층으로 연결되어 있다. 진동벨이 울리면 열쇠 번호에 맞는 우편함을 열고 메뉴를 받아서 2층~3층으로 올라가서 카페를 즐기면 된다. 2층과 3층의 인테리어는 '앤티크 가구와 소품'으로 채워져 있고, 다양한 굿즈 Goods들이 진열되어 있다. 책상, 우편과 관련된 다양한 소품들과 문구류들은 유럽 지성인의 집에 와 있는 듯한 착각에 빠지게 한다. 오래된 우체국, 유럽의 감성, 디지털화된 시대에 아날로그의 우편 등은 육감으로 모든 감성을 느끼게 한다. 레트로, 아날로그, 유럽 문화는 이곳의 핵심 경험이 된다.

오감이 중시되는 시대

이제 '맛이 전부'인 시대는 가고 오감이, 육감이 음식점의 맛임을 중명하는 시대가 왔다. 음식과 서비스로부터 공간에 녹여낸 모든 콘텐츠가 감성이 되고, 감정이 되며 경험으로 귀결되어야 한다. 음식점의 모든 콘텐츠에서 경험을 제공해야 한다. 브랜드의 모든 경험에서 충분한 만족감을 선사하겠다는 의무감을 가져야 한다. 또한 만족감을 가진 고객들과 지속적인 관계를 위해 노력하는 것이 비즈니스의 근간이 된다고 본다. 홍성태 교수의 책 '모든 비즈니스는 브랜딩이다'를 빗대어 보면 '모든 콘텐츠는 경험이 되어야 한다'고 말할 수 있겠다. '왜 맛있을까'의 저자 찰스 스펜스는 "오감은 분리되어 있지 않고 서로 연결되어 상호작용한다. 단지 그중 시각의 영향력은 가장 클 뿐이다."고 했다. 음식점이라는 비즈니스가 어떻게 해야 성공할 수 있는지를 생각해볼 수 있는 대목이다.

위에서 제시된 우리 음식점의 3가지 핵심 경험을 작성해보도록 하자. 굳이 '공간 경험'으로 함축할 필요는 없다. 메뉴 경험, 서비스 경험, 인테리어 경험, 공간 경험 등 모든 콘텐츠를 포함한 것이다. 우리 음식점을 구성하고 있는 모든 콘텐츠를 핵심 경험으로 바꿀 수 있는지도 검토해보았으면 한다.

2-5 나를 표현하는 가장 아름다운 방법, 브랜드 네이밍

나를 표현하는 방법, 브랜드 네이밍 Brand Naming

소비자를 유혹하고, 사로잡기 위한 가장 좋은 전략은 '좋은 브랜드 네이밍'을 만드는 것이다. 브랜드 네임은 이름과는 구별된다. 이름은 '사물이나 현상을 서로 다른 것끼리 구별하여 부르는 호칭'을 말하며 브랜드 네임은 시장에서 사용되는 상업적 용도의 이름, 협의로는 상표 등록이 이루어진 이름을 의미한다. 네이밍은 1970년경 마케팅 용어로 사용하면서 회사, 제품, 영화 등의 제목이나 이름을 의미하는 브랜드의 명칭, 즉 브랜드 네임을 개발한다는 뜻으로 사용해 오다 이것이 발전하여 현재의 '브랜드 네이밍'으로 사용되고 있다. 어떠한 제품에 어울리는 이름을 붙여주는 것을 '네이밍'이라 하며, 브랜드와 이미지를 합성한 것으로 브랜드의 명칭, 시각적·잠재적 이미지, 가치, 회사명, 상품까지도 포함하는 포괄적 의미를 가지는 것을 '브랜드 네이밍'이라 한다.

'브랜드 네이밍'은 브랜드 아이덴티티를 구성하는 핵심적인 요소로써 소비자들에게 브랜드 이미지를 인식시키고 고객과 커뮤니케이션하는 역할을 한다. 또 경쟁사나 특정 기업의 상품과 서비스와 구별하도록 만들어준다. '브랜드 네이밍'을 작성할 때는 '브랜드가 무엇을 줄 것인지'에 대해 명확하게 제시하고, 브랜드가 제공하는 상품과 서비스의 상징성과 특성이 포함되어야 하며, 의미를 담고 있어야 한다. 특색을 갖춘 '브랜드 네이밍'을 위해서 숫자, 글자, 언어를 이용하여 조합하고 사용할 수 있으며, 고객들이 브랜드를 쉽게 기억하고 받아들일 수 있게 하기 위해서 친숙하고, 차별화되며, 독특한 개성이 묻어나게 하는 것이 좋다.

잭 트라우트Jack Trout는 "가장 중요한 마케팅 결정은 브랜드 네이밍"이라며 네이밍을 강조했다. 브랜드 네이밍은 소비자가 상품을 이해하고 판단하는 첫 번째 기준이며 상품의 정체성과 품격을 나타낸다. 또 브랜드의 컨셉과 대표 상품, 타깃 등을 함축적으로 설명해주는 것이 '브랜드 네이밍'이다. 또한 '브랜드 네이밍'은 법적으로 권리를 보호받을 수 있도록 작성되어야 한다. 즉 네이밍 자체가 권리를 행사할 수 있어야 한다는 것이다. 또 기업과 상품의 정체성, 비전, 가치, 철학이 함축적으로 담겨 있어야 한다. 법적인 권리, 기업과 브랜드의 정체성을 담지 못하는 네이밍은 말 그대로 작명에 지나지 않는다. 브랜드 네이밍의 필수적인 필요성이며 목적성이다.

브랜드 네이밍 작성 원칙

결국 '브랜드 네이밍'은 타 브랜드와 차별화를 기본으로 하며 기억하기 쉽고, 우리의 정체성을 나타내는 개성을 표현해야 한다. 또한 컨셉과의 적합성, 발음의 편리성, 부정적인 의미의 배제, 기억의 용이성, 디자인 적합성, 상표 등록 여부 등을 모두 고려해서 작성되어야 한다. 프랭크 델라노Frank Delano('브랜드 네이밍'의 저자)는 차별성, 독특성, 정체성을 나타낼 수 있는 네임을 만들기 위한 '네임을 만드는 7가지 원칙'을 제시했다.

- 그 제품만이 가지는 핵심, 독특한 면, 정신 등을 표현할 수 있어야 한다.
- 고객의 주목을 끌 수 있어야 하고 분명한 이미지가 있어야 한다.

▲ 표 2.2 브랜드 네이밍 작성 원칙

작성 원칙	사례
한글을 외국어로 소리 나는 대로 의미를 변경하거나 혹은 외국어를 한글로 소리 나는 대로 표기	물→아쿠아, 도시→씨티, 건강→헬쓰, 용à 드래곤
단어와 단어의 연결	• 뒤로 확장(기존 이름+α) • 오뚜기 마요네즈 골드, 현대 쏘나타 골드 • 가운데로 변화를 모색(기존 이름+α+기존 이름) • 한경희 스팀 청소기, 대우 공기방울 세탁기 • 앞으로 변화를 줌(α+기존 이름) • 쇠고기 다시다, 고밀도 슈퍼타이
영문 이니셜추출	• Kenturkey Fried Chicken→KFC • International Business→IBM • General Motors→GM • Sunkyung→SK
유명한 대상을 직접 표현하거나 의인화를 통한 자기소개	예 만리장성, 아마존, 알라딘, 경복궁
유행어 활용	찬호박, 국진이빵, 블루오션+α, 레드오션+α, 월드콘
발음이 좋은 것을 그대로 표현	Tico, Sony, Kodak, Cocomo, Nubira
자연현상이나 사물과 연결	무지개, 오렌지, 에버그린, 청정원
문장으로 작성하여 축약	• Korean Can Do→KORANDO • High Five of Teenager→HOT
이름의 대폭적인 축약	• 한국전기통신공사→한국통신 • 한국화약그룹→한화
특정인, 혹은 단체명 사용	안철수 연구소, 파스퇴르, DHL, 맥도널드, 포드자동차, 베르사체
반복 또는 거꾸로 사용	통키통키, 틴틴, 봉봉, 꾸쉬꾸쉬, 쌕쌕
국어와 외국어를 혼합	보령누크

* 김정일, '히트상품을 위한 브랜드 네이밍'에서 저자가 발췌하여 정리.

- 제품의 품질이 뛰어나다는 인상을 심어줄 수 있어야 한다.
- 단순하게 만들어야 한다.
- 시청각적인 요소를 활용하여 브랜드가 고객의 마음속에 각인되게 만들어야 한다.
- 브랜드가 겨냥한 목표집단의 이미지에 일치하여야 한다.
- 제품의 성능에 대해 주장할 때는 신뢰가 생기게 해야 한다.

또 '히트상품을 위한 브랜드 네이밍'의 저자 김정일은 '네이밍 작성 원칙'을 표 2.2와 같이 제시하고 있다.

네이밍의 종류

네이밍의 종류로는 '설명적, 기술적 네이밍', '연상적, 암시적 네이밍', '추상적, 상징적 네이밍'으로 분류한다.

'설명적, 기술적 네이밍'은 브랜드를 쉽게 이해할 수 있는 장점을 가진 기법으로 브랜드의 제품과 서비스를 직접적으로 설명하는 방법이다. 브랜드 네임이 길 수 있다는 단점을 가지고 있으나 직설적이어서 많이 사용하는 방법이다. '김밥천국', '백종원의 홍콩반점', 프랜차이즈 브랜드 '도야짬뽕' 등이 '설명적, 기술적 네이밍'에 해당한다.

'연상적, 암시적 네이밍'은 브랜드의 특성과 이미지를 연상 작용으로 설명해 주는 방법으로 사람들이 연상 작용을 하게함으로써 사람들의 지각에 영향을 주고 브랜드의 인식과 호감이 증가하는 데 긍정적인 영향을 주는 기법이다. 다만 부정적 연상이나 이미지와 연관될 수 있어 조심스럽게 다뤄야 하는 방법이다. 한식당인 '양반댁', '최대감집'이나 '도쿄야시장' 등이 '연상적, 암시적 네이밍'에 해당한다.

'추상적, 상징적 브랜드 네이밍'은 상징적인 단어를 사용해서 네이밍을 작성하는 방법이다. 모방하기 어렵고 차별성을 가질 수 있다는 장점이 있으나 소비자들이 네이밍을 통해서 브랜드나 상품, 서비스를 유추할 수 없는 경우도 있어 다소 조심스럽게 다뤄야 하는 방법이다. 브랜드가 성공해서 상징성을 띨 수도 있고, 유추나 연상이 잘돼 좋은 브랜드가 만들어지는 경우도 있다.

▲ 그림 2.3 브랜드 네이밍 사례

브랜드 네임의 유형
1) 지역명을 활용한 네이밍

가장 오래되고 전통적인 기법이다. 브랜드라는 개념이 도입되기 전부터 사용되어 왔으며 손쉽게 작성할 수 있어 최근에는 기피하는 기법이기도 하다. 또한 타 브랜드와 구분이 어려워지고 동일 또는 유사 상호에 의한 법적 보호를 받기가 어려워 지명을 사용한 방법은 점차 줄어들고 있다. 앞에서 예시로 든 '신의주찹쌀순대', '파리바게트'가 지역명을 활용해서 네이밍한 경우다.

2) 인명을 활용한 브랜드 네임

앞에서 예로 든 '선명희피자'의 경우가 인명을 활용한 방법이다. 브랜드를 만든 사람, 브랜드를 이끄는 사람의 이름을 네이밍하여 소비자들에게 최고의 상품이나 서비스를 제공하겠다는 의지를 드러낸다. 또한 쉽게 작성할 수 있다는 장점, 브랜드에 대한 자부심 등을 포용할 수 있어 긍정적인 네이밍 방법이라 할 수 있다.

3) 영문 또는 이니셜로 이루어진 브랜드 네임

많은 대기업들이 활용하는 기법으로 SK, CJ 등이 사용한 기법인 이니셜을 활용한 네이밍이며, 뚜레쥬르는 '매일매일'의 의미를 담은 불어를 활용한 네임 기법이다. 글자를 줄여서 사용하는 방법은 강력한 이미지 전달 능력을 가지고 있으나, 신생 브랜드에는 적합하지 않는 방법이다. 외국어로 브랜드 네임을 만들 경우 고급스럽고 이국적인 이미지를 전달할 수 있어 베이커리나 카페 등 문화와 상관없이 통용되는 메뉴일 경우 사용하기에 적합하다.

4) 고유어를 활용한 브랜드 네임

고유어를 사용해 통용되는 브랜드 중 최고의 유명세를 자랑하는 브랜드는 '비비고'일 것이다. '비비고'는 한식의 세계화에 맞춰 만든 비빔밥 전문점의 브랜드였으나 현재 CJ의 식품 브랜드로 자리매김하고 있다. 세계화 추세로 고유어 사용이 줄어들고 있으나 '비비고'와 같이 제품, 식품의 특성을 잘 반영할 수 있고, 편안하고 부드러운 우리말을 사용해 좋은 이미지를 만들 수 있으며 쉽게 기억될 수 있다는 장점이 있다.

5) 한자를 이용한 브랜드 네임

많은 한식당들이 한자를 활용해서 네이밍을 한다. 전통성을 강조하고, 의미를 함축해서 전달하며, 고전적이고 지적인 이미지를 전달하기에 적합한 방법이다. 경주의 한정식집 '진수성찬(珍羞盛饌)', 체인브랜드인 한정식 '용수산(龍水山)' 등이 한자를 이용한 브랜드 네임이다.

한자를 네임으로 사용한 브랜드 중 최고의 작품을 장흥에서 만났다.

* '장흥삼합'으로 유명한 '문수헌(問水軒)'

'장흥삼합(키조개, 표고버섯, 한우)'을 내어 놓는 '문수헌(問水軒)'은 '자연에게 물어보고, 물에게 답하는 집'이라는 의미로 지었다. 사장님의 철학적 고뇌가 느껴지는 네임이다. 인근에 '평화저수지'가 있고 자연이 병풍처럼 펼쳐져 있다. 이를 네임에 녹인 것이다. 내부 룸 이름도 좋다. 공자의 제자 '자로와 안연'을 사용했다. 장흥의 식재를 활용하고, 자연을 배경 삼아 지은 '브랜드 네임'과 '로컬리즘'이 돋보이는 음식점이다. 사장님의 삶이 네임과 공간에 그대로 드러나 있다. 공간은 사람을 닮는 것이 맞다.

6) 숫자를 활용한 브랜드 네임

최근 들어 가장 많이 사용하는 기법이다. 문자와 숫자를 결합한 브랜드 네임은 상표 등록이 용이하다는 부분도 있어 증가 추세에 있다. 숫자는 논리성, 정확성, 비교 가능성을 가지고 있어 다른 제품이나 서

* 문자와 숫자를 결합한 브랜드 네임(목포에 위치한 해물찜 전문점 '락식향950', 순천에 위치한 닭코스 요리 전문점, '더미주농원120')

비스와 차별을 드러내고 이미지 전달이 빠르고 제품의 특징을 함축적으로 전달할 수 있다는 장점을 가지고 있다. 목포에 있는 '해물찜 전문점, 락식향950'과 순천의 '닭코스요리 전문점, 더미주농원120' 등이 문자와 숫자를 결합한 브랜드 네임이다. 많은 소비자들이 숫자에 대한 궁금증을 가지게 하는 효과도 있다.

최근 브랜드 네이밍의 트렌드는 길게 쓰거나, 아주 짧게 만드는 경향을 보이고 있지만 성공한 많은 브랜드들을 살펴보면 3자나 4자 정도가 많다. 이는 발음하기 쉽고, 기억하기 쉽다는 장점을 지니고 있기 때문 아닐까 싶다.

▲ 그림 2.4 4자로 표현된 브랜드 네이밍

브랜드 네이밍의 원칙 4가지

브랜드 네이밍을 작성할 때 4가지 원칙이 있는데 이를 'RCVV 원칙'이라고 한다. 기억하기 쉬워야 하며Remember, 부르기 쉬워야 하고Call, 브랜드의 가치를 담아야 하고Valuable, 미래 지향적이어야Visionary 한다는 원칙이다. 상품이나 상호 등은 귀에 잘 들어와야 하며, 새롭고 독특하고 신선해서 쉽게 기억할 수 있도록 작성되어야 한다. 또한 부를 때 편안하게 발음할 수 있고 누구나 부르기 쉬워야 한다. 네임에는 반드시 기업이나 상품 등의 가치와 철학을 담고, 브랜드의 미래 가치를 포함해 지속 발전 가능성을 염두에 두고 작성되어야 한다. 이를 네이밍 작성의 4가지 원칙, 'RCVV원칙'이라고 한다.

이외에도 많은 사례와 원칙, 이론들이 존재한다. 브랜드 네이밍을 작성할 때 기억해야 할 중요한 요소는 네이밍을 통해서 '우리가 무엇을 하는 곳이고, 무엇을 상징하며, 무엇을 고객들에게 전할지를 잘 표현하는 것'이라 할 수 있다. 이 부분을 생각하면서 제시된 다양한 방법과 원칙을 활용하여 '좋은 브랜드 네이밍'을 만들어 소비자들의 마음을 유혹했으면 한다.

2-6 마음을 사로잡는 문장 슬로건, 욕망을 뒤흔드는 컨셉 메시지

마음을 사로잡는 한 문장, 슬로건

　슬로건Slogan은 정치 영역부터 상업적 영역까지 분야를 상관하지 않고 사용된다. 짧고 단순하며 단정적으로 만들어진 슬로건은 호소력 짙은 감정을 전달하기 때문이다. 짧은 문장으로 구성된 슬로건에 사람들은 정서적 움직임을 보이거나 욕망의 꿈틀거림을 느끼게 된다. 사람이 논리적인 판단만을 하지 않는다는 반증이며 정서적인 반응이 강하다는 표식이기도 하다. 슬로건이란 '일반 대중의 행동을 조작하는 선전에 쓰이는 짧은 문구'를 말하는 것으로, 스코틀랜드의 군인들이 사용하던 군사 용어다. 위급할 때 집합 신호로 사용하던 소리Sluagh-ghairm를 슬로건이라고 명명한 데서 시작된 말이다.

　마케팅은 철저하게 설득하는 작업이다. 설득 작업은 상품과 서비스를 통하거나 커뮤니케이션 형태로 진행된다. 상품과 서비스가 긴 시간과 노력을 통한 설득 작업이라면, 커뮤니케이션은 단기적이고 직접적인 설득 작업이다. 특히 상품과 서비스가 상향 평준화된 시대에 상품과 서비스의 설득보다 커뮤니케이션의 설득 작업이 더욱 중요해지고 있다. 슬로건은 대체로 짧은 문구형이나 대구형으로 리듬감을 주어 만들며 간단하고 기억하기 좋게 만든 언어적 표시가 된다. 결국 브랜드 슬로건이라 함은 브랜드를 설명해 주고 브랜드를 알리고 브랜드에 관한 정보를 제공해 주는 압축된 커뮤니케이션 언어를 말한다. 소비자들에게 브랜드의 의미와 브랜드 연상을 쉽게 인지시키기 위한 목적으로 브랜드 슬로건을 작성하게 된다.

　'본죽'을 생각하면 왠지 모르게 속이지 않을 것 같고, 좋은 재료를 사용할 것 같고, 맛있게 만들 것 같은 생각이 든다. 오랫동안 '본죽'이 보여준 행보도 있겠지만, '자연의 신선한 재료에 정성을 담는다'는 기업의 슬로건에 기인한 부분도 적지 않다. "본죽, 거기 맛도 좋고, 건강한 느낌이 들잖아", "본죽 재료 좋은 거 쓰지" 등, 고객들의 메시지는 허투루 나온 말이 아니다. 어떤 차별화된 브랜드만의 이미지를 만드는 것은 브랜드 커뮤니케이션의 목적과 목표다. 우리 고객들이 어떠한 관점으로 우리 브랜드를 바라보게 만들 것인가? 이 관점의 틀이 바로 슬로건이다.

▲ 그림 2.5 프랜차이즈 브랜드의 슬로건

슬로건의 기능

슬로건의 가장 주요한 기능은 소비자들의 욕구를 자극해서 구매로 전환시키는 데 있다. 소비자들의 이상과 욕구를 자극하고, 상품의 매력을 호소하며 소비자들의 감성에 다가가는 메시지가 슬로건이며 슬로건의 주 기능이다. 슬로건은 소비자들의 마음을 유혹하는 것으로 평가받고, 구매 전환율로 평가받는다. 슬로건은 감성 자극과 구매 전환이라는 주요 기능을 가지고 있지만 이외에도 커뮤니케이션, 상품의 장점과 브랜드 이미지 전달, 브랜드의 인지도 향상, 경쟁사와의 차별화 등의 기능도 가지고 있다.

주기능
① 고객에게 매력적인 브랜드 메시지 전달
② 고객의 이상과 욕구를 자극하며 구매 전환 유도

부가 기능
① 메시지를 통한 제품 및 브랜드에 대한 정보 전달
② 상품과 서비스에 대한 주목도 집중
③ 장기 기억 보존을 통한 브랜드 인지도 향상
④ 타 브랜드와의 차별성 강조
⑤ 소비자의 논리적 구매 사유 제공
⑥ 직접적인 구매 권유

좋은 브랜드 슬로건이란 어떤 것인가?

브랜드의 슬로건은 반드시 브랜드의 정신과 가치, 철학을 담아야 한다. 그것이 첫 번째다. '아웃백스테이크하우스'는 'No Rules, Just Right(규칙 그런 거 없어, 자신의 취향대로 즐기는 거야)'라는 슬로건을 사용한다. '자신만의 관점으로 자유롭게 즐기는 거, 이것이 아웃백만의 룰'이라는 것을 여실히 보여주고 있다. 이렇게 브랜드 슬로건은 자신들의 철학과 가치를 담고 있어야 한다.

두 번째, 슬로건은 청자, 즉 고객의 입장에서 규정되어져야 한다. '서브웨이Sub-Way'의 'Eat Fresh(신선함을 즐기세요)' 슬로건은 고객의 입장에서 규정된 문구다. '자신들은 좋은 재료를 선별하고 고객은 취향대로 고른 재료를 먹게 한다'는 관점은 고객의 입장에서 규정된 슬로건이라 할 수 있다. KFC 역시 'Finger Lickin's Good(다 먹고 나서 손가락을 빨 정도로 맛있어)'라는 슬로건을 사용한다. 이 문구는 코로나19 상황에서 위생적인 문제로 일부 논란이 있었으나 고객의 입장에서 간결하게 잘 만들어진 슬로건이라 하겠다.

세 번째 쉽게 이해할 수 있고 공감할 수 있는 문장이어야 한다. 뚜레쥬르는 불어의 '매일매일'이라는 의미이며, 슬로건은 'Have a Good Bread(느리고 건강한 빵)'다. '매일매일 직접 구워서 좋은 빵'을 만든다는 뜻으로 제작되었다. 오랜 시간 동안 브랜드 이미지를 전달하기 위하여 노력하고 실제 그러한 이미지가 형성되었다. 브랜드에서 슬로건을 실천하고 고객들은 그 이미지를 전달받은 것이다. 슬로건과 현실 상황이 맞지 않아 공감력이 떨어지고 부정적인 이미지를 형성한 사례도 적지 않다. 결국 브랜드는 이미지로 회자된다. 슬로건과 현실이 일치할 때 긍정적 이미지가 쌓이는 것이다.

브랜드를 만들고 브랜딩을 하기 전의 선행 변수는 전략의 기획이 아니라 기업과 브랜드의 정체성, 철학을 확립하는 것이다. 그 후 정체성과 철학에 맞는 슬로건을 만들어야 하며 슬로건에 맞는 행동을 쌓아가면서 신뢰를 만들어야 한다. 좋은 브랜드도, 좋은 슬로건도 마찬가지로 '해야 할 것과 하지 말아야 할 것'에 대한 명확한 기준을 만들고 이를 실천하며 방향을 제시하는 것이다. 올바른 방향은 직원들의 행동 지침이 되며, 고객들은 브랜드에 대한 신뢰감을 가지게 된다.

좋은 슬로건의 작성 방법

잘 작성된 슬로건은 소비자들의 마음을 설레게 한다. 잘 작성되었다는 것이 다소 모호하나, 소비자들의 마음을 설레게 하고, 욕망을 자극할 수 있는 문장이라면 잘 작성되었다고 볼 수 있다. 좋은 슬로건이 되려면 짧은 문장으로 기억하기 쉽게 작성되어야 한다. 또 브랜드의 철학과 가치가 지니는 의미를 담아야 하며 장기간 사용할 수 있도록 강력하고 포괄적인 슬로건을 만드는 것이 필요하다. '사나이 울리는 신라면', '일요일엔 오뚜기 카레', '눈으로 마시는 맥주, 카프리', '청정라거 테라', '빵의 문화가 시작되는 곳, 고려당' 등 우리가 기억하는 좋은 슬로건들이 즐비하다.

욕망을 뒤흔드는 한 마디, 컨셉 메시지 Concept Message

영화 '말모이'에 "말은 흩어지고, 글은 남는다."는 명대사가 나온다. 조선어학회 사건을 배경으로 한 이 영화는 글의 중요성을 강조하고 있다. 글은 신중하며 오래 남기 때문이다. 최근에는 '말보다 글로 또는 이모티콘으로 자신의 의사를 표현하는 것이 좋다'는 조사 사례들이 속속 등장하고 있다. 사랑의 세레나데보다 진심을 담은 한 장의 편지가 프로포즈의 성공 확률을 더 높일 수 있다는 의미로 해석할 수 있겠다. 말은 흩어지지만 글은 남기 때문이고 오래 기억되기 때문이다. 글을 읽고, 글에 유혹되며, 글을 보고 구매한다. 듣는 시대에서 보는 시대로 급격하게 이동했다.

길을 걷다 이 한 문구에 현혹되어 음식점으로 들어간 적이 있다. 통상적으로 외부 파샤드를 통해 브랜드의 분위기를 감지하고, 간판을 통해 브랜드 네임과 컨셉을 전달받는다. 길을 걷다가 '돈식당'이라는 브랜드 네임과 '급냉삼겹살 전문점'이라는 컨셉 메시지를 접하게 되었다. 브랜드 네임은 어떤 메뉴를 주로 하는지를 충분히 전달하였다. '급냉삼겹살 전문점'이라는 컨셉 메시지는 유혹을 넘어 매혹적이기까지 했다. 보통은 '냉삼'이라는 말로 '냉동 삼겹' 메뉴를 설명한다. 여기에는 냉(冷) 한 글자를 덧붙여 '급냉'이라는 언어로 정제하고, '신선함'이라는 이미지를 전달했다. 글 한자가 너무 신선한(fresh한), 품질 좋은 냉삼을 느끼게 한다. 글의 위력이다. '냉삼겹'과 '급냉삼겹'은 차원이 다른 메시지다. 글의 위력을, 컨셉 메시지의 위력을 느꼈다. 글은 이렇게 유혹하며 매혹적이다.

* 급냉삼겹살전문점 '돈식당'의 간판

'컨셉 메시지Concept Message'는 우리 브랜드가 어떤 메뉴를 만들고, 어떤 정체성을 가졌는지를 설명하는 언어다. '컨셉 메시지'는 브랜드에 대한 보조적인 설명을 담아야 하고, 무엇을 하는 곳인지 정체성을 담아야 하며, 브랜드의 가치와 철학을 동시에 담아야 한다. 정제된 언어로 모든 것을 담는 작업은 쉽지 않는 작업이다. 좋은 컨셉 메시지를 작성하기 위해서는 우선적으로 브랜드에 대한 이해를 필요로 한다. 브랜드가 가진 비전, 미션, 철학과 가치에 대한 이해가 선결적으로 이루어져야 하고, 브랜드에 대한 이해를 바탕으로 상품과 브랜드를 연결할 수 부분을 찾아야 한다. 컨셉 메시지는 장기성을 바탕으로 작성되어져야 한다. 컨셉 메시지를 자주 바꾸면 소비자들에게 혼란을, 브랜드는 방향성을 잃게 된다. 지속적이고 장기적으로 사용할 수 있는 정제된 언어

* '서울 마포에 위치한 '든든', 반주식당'이라는 컨셉 메시지를 내세웠다.

가 '컨셉 메시지'로서 적합하다. 마지막으로 '컨셉 메시지'는 재미와 흥미를 유발할 수 있도록 작성해야 한다. 재미와 흥미를 유발하지 못하는 메시지는 진부하면서 기억하기도 어렵기 때문이다.

컨셉 메시지는 문장이나 단어로 구성되는데 통상적으로 4개~6개 단어로 구성되어졌다. 6개 단어 이상을 벗어나면 기억하기 쉽지 않고 메시지의 명료함이 떨어진다. 압축하고 함축해서 작성할 수 있다면 최대한 적은 단어를 활용해서 작성하는 것이 좋겠다.

앞의 사진은 홍대 인근에 위치한 '든든'이라는 음식점이다. 전체적인 컨셉은 '전통 요리 주점'이다. 맛도, 서비스도, 분위기도 매력적인 공간이다. 이곳의 가장 큰 매력 요소를 꼽으라면 '반주식당'이라는 컨셉 메시지다. '반주식당'이라는 컨셉 메시지는 두 글자로 만들어졌다. 압축하고 함축해 컨셉을 명확하게 전달해준다. 반주는 '식사에 술을 곁들인다는 의미'다. '요리도, 식사도 가능하고, 주류도 가능하다'는 의미를 동시에 담고 있다. 반주라는 메시지를 통해 정체성을 분명하게 전달한다. 아래의 '든든한 한 끼를 대접하겠습니다' 역시 브랜드 슬로건으로 손색이 없다. 이 매력적인 메시지들은 기억에서 사라지기 어렵다. 이렇게 압축하면서 정체성을 드러내고 우리를 설명하는 문장을 만들어야 한다.

좋은 메시지를 만들기 위해서는 브랜드에 대한 이해, 고객에 대한 이해가 필수적이라 했다. 브랜드가 지향하는 바를 명확히 정의하고, 브랜드를 이용하는 타깃 고객을 정의하고, 이들의 라이프 스타일을 파악해야 한다. 선제적 작업이다. 이후 브랜드와 브랜드 네임과 브랜드와 관련된 모든 키워드를 추출하고, 추출한 키워드를 연결해서 조합하는 작업을 진행해야 한다. 조합된 문장 또는 단어를 정제화 시키고, 압축해서 함축적인 단어나 문장을 만들어야 한다. 그럼에도 쉽지 않은 작업이다. 언어는 오래 기억되고 남으나 정제된 언어를 만드는 것은 장고의 시간, 축적의 노력이 필요한 일이기 때문이다. 모든 크리에이티브한 작업이 그렇다.

2-7 유혹하는 컬러, 맛있는 공간

브랜드에서 컬러Color의 의미

샤넬의 설립자 가브리엘 샤넬은 "세상에서 가장 좋은 색은 당신에게 잘 어울리는 색입니다."라고 말했다. '우리 브랜드와 가장 잘 어울리는 컬러(색, 이하 컬러)'라는 말은 어떤 의미일까? 브랜드가 추구하는 가치와 철학, 우리 브랜드를 이용하는 고객들이 원하는 지향성을 아우를 수 있는 컬러Color를 말하는 것으로 보인다. 컬러는 브랜드를 표현하고, 브랜드의 이야기를 들려주며 브랜드의 철학과 정신을 보여주는 하나의 도구이며 고객을 나타내는 상징이기 때문이다. 컬러는 선정한다는 것은 단순히 하나One of Them를 선택Choice한다는 것이 아니라 다양한 의미를 표현하는 방법을 설계하는 것이다. 그런 의미에서 '컬러는 언어'라고 할 수 있다.

사람들은 오감을 통해서 외부 정보를 받아들이며 정보는 형태, 컬러, 문자 순으로 인식한다. 또 외부 정보 중 87%를 시각을 통해서 받아들이며, 시각 정보의 60%를 컬러로 인지한다. 이만큼 컬러는 판단의 중요한 근거를 제시한다. 컬러는 다른 상품과 차별화하는 방식으로도, 타 브랜드와 구별하는 요소로서도 작용하며 구분된 요소는 이미지로 저장된다. 컬러가 브랜드에 필요한 이유다. 사람들은 이렇듯 컬러를 받아들이고 이미지로 저장하며 소비하는 과정을 거친다. 남겨진 이미지와 컬러는 특정 브랜드를 연상하게 하며, 자신이 좋아하는 브랜드라면 강한 신뢰를 남기게 된다. 색은 브랜드에 대한 강한 긍정적인 이미지의 요소로도 활용될 수 있다.

사람들의 구매 행위는 이성적인 것보다 감성적인 끌림에 의해서 작용한다는 이론은 이미 많은 연구를 통해서 증명되었다. 데일 카네기 Dale Carnegie는 "사람을 다룰 때는 논리의 동물을 상대하는 게 아니라는 걸 기억하라. 우리는 감정의 동물을 상대하고 있다."고 말하며 논리나 이성보다 감정의 영역을 더 소중한 커뮤니케이션 툴로 사용해야 한다고 언급했다. 따라서 소비자의 생각을 지배하는 것보다 마음을 지배하는 것이 훨씬 효과적이다. 필요에 의한 소비보다 욕망에 의한 소비가 훨씬 강한 시대에 살고 있다. 이때 유용한 것 중 하나가 컬러다. 컬러는 감성이나 메시지를 전달하는 데 효과적인 수단이며 마음을 지배하는 데 크게 기여한다. 감성에 민감한 브랜드일수록 장고해야 할 요소가 컬러다.

또 컬러는 브랜드의 상징, 가치, 철학을 나타낸다. 컬러가 지닌 의미

* 강화도에 위치한 '타르트 전문점' '강화끼까'

를 브랜드의 로고Logo와 VCVisual Communication에 활용해야 한다. 레드가 상징하는 의미, 블루가 전해주는 느낌, 옐로우가 전달하는 메시지를 파악하고 브랜드에 담는 것이 중요하다. 브랜드에서 선택하는 컬러는 Identity Color(주 컬러), Auxiliary Color(보조 컬러), Back ground Color(배경 컬러)로 나눌 수 있다. 주로 주 컬러는 5%~10%, 보조 컬러는 20%~30%, 배경 컬러는 50~60% 정도 사용한다.

강화도에 위치한 '타르트 전문점', '강화까까'다. '강화까까'는 노란색을 브랜드 컬러로 선정해서 사용하고 있다. 방문했을 당시 '행복'이라는 단어가 밀려왔다. 옐로우 즉 노랑색은 '즐거움, 희망, 행복'을 표현해주는 컬러(물론 주의, 경고의 메시지를 담기도 한다)다. 어린 아이들에게 노란 옷을 입히는 이유도 여기에 있다. '까까'는 과자나 군것질 거리를 뜻하는 단어다. 타르트를 과자로 해석하고 '까까'라는 네임을 붙였으니 의미의 풍만함을 느끼게 된다. '과자를, 타르트를 통한 행복감의 전달'이 브랜드의 핵심 메시지가 아닐까 생각해봤다. 이렇게 브랜드 컬러는 의미를 전달하는 주요 커뮤니케이션 수단이다.

'서브웨이'의 브랜드 컬러는 그린과 옐로우다. 옐로우보다는 그린을 더 많이 사용하고 있는데 그린은 '자연, 신선함, 건강함'을 의미하는 컬러다. '좋은 식자재를 선별하여 신선함을 제공한다'는 브랜드의 철학을 컬러에 담아 내었다. 실제 '매일매일 갓 구운 빵'을 제공하는 등의 노력을 통해 브랜드 가치를 실천하고 있다. 또한 자연을 위해 일회용품을 줄이고, 재생용기를 사용하는 등 자연 친화적인 활동 등도 병행하고 있는데, 이런 활동들은 그린이라는 컬러와 잘 매칭된다. 이미지와 현실이 일치할 때 고객들은 브랜드의 이미지를 건강하게 느낀다.

* 서브웨이(Sub-way)의 브랜드 컬러는 그린(Green)이다

컬러는 브랜드의 룩 앤드 필Look & Feel

브랜드 컬러는 브랜드의 이미지를 시각적으로 보여주는 강력한 디자인 요소다. 컬러에 의미를 담고, 이야기를 담고, 가치와 철학을 담으면 브랜드의 '룩 앤드 필Look & Feel'이 완성된다. 브랜드의 '룩 앤드 필'은 컬러 뿐만 아니라 디자인, 이미지, 타이포그래피Typography 등의 요소가 어우러져 만들어지지만 가장 강력하게 영향력을 행사하는 것은 컬러다. 브랜드의 '룩 앤드 필'은 고객들이 브랜드를 인지하고, 느끼고, 기억할 수 있는 하나의 장치가 된다. 결국 브랜드 컬러는 브랜드를 차별화된 이미지로 인지하고, 구매를 결정하고 충성도를 갖게 하는 결정적인 역할을 하는 도구가 되는 것이다. 그래서 사용하는 모든 컬러에는 의미가 있고, 역할이 있고, 상징이 있다.

▲ 그림 2.6 컬러의 역할

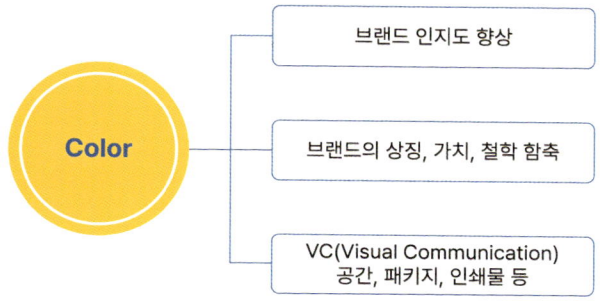

컬러를 구성하는 요소와 컬러의 역할

컬러의 톤이란 명도와 채도를 합친 개념이다. 밝고 어두움인 명도와 맑고 탁함인 채도의 혼합으로 모든 컬러는 톤에 따라 가볍게 또는 무겁게, 부드럽게 또는 딱딱하게 느껴지는 성질을 갖는다. 또 유광glossy와 무광matt으로도 컬러에서 느끼는 성질도, 감정도 달라진다. 컬러의 쓰임은 컬러가 갖는 시각적 특징, 심리적 영향, 상징적 의미 등을 고려해 사용되어야 한다. 컬러는 공간, 맛, 시간, 심리적 효과 등에 영향을 미치기 때문에 추구하는 방향과 목적에 맞는 컬러를 선택해야 의도한 목적을 달성할 수 있다. 심리학적 원색의 개념을 심리학자 캐런 할러 Karen Haller가 설명해주었다. 심리학적 원색은 빨강, 노랑, 파랑, 초록이다. 빨강은 신체에 영향을 미치며, 노랑은 감정에, 파랑은 지성에, 초록은 신체, 감정, 지성의 균형에 영향을 미친다고 했다. 기본적으로 컬러가 주는 영향을 파악해서 활용하면 된다.

▲ 표 2.3 컬러의 어원, 특징, 성격, 상징

컬러 (color)	어원	성격	활용
Red (빨강)	붉음을 뜻하는 라틴어 'Ruber'에서 유래	• 열정, 사랑, 용기, 관능적 • 명예, 자부심, 자긍심 • 재미, 화려함	• 빠른 움직임이 강조되는 매장 • 고급스러움을 강조하는 브랜드 (딥 레드) • 권위를 나타내고자 하는 상품과 브랜드
Blue (파랑)	중세 영어 'bleu, blewe'에서 유래	• 순수, 신뢰, 성실 • 조화, 평화 • 안정, 모범적인, 비범함, 자신감	• 믿음(신뢰)을 주고자 하는 브랜드 • 따뜻함을 강조하는 브랜드 • 편안하게 쉴 수 있는 공간
Green (초록)	고대와 중세 영어 단어 'grene'에서 유래	• 건강, 자연, 성장, 젊음 • 휴식, 쉼 • 균형, 조화	• 심리적 안정감이 필요한 매장 • 집중력이 요구되는 공간 • 신뢰를 주고자 하는 상품이나 브랜드
Yellow (노랑)	고대 영어인 'geowe'에서 유래	• 유쾌, 경쾌, 낙관, 긍정 • 즐거움, 희망 • 친근함, 따뜻함	• 즐거움, 희망, 행복을 전해주고 싶은 브랜드 • 주목성, 명시성이 필요한 소재 • 밝고 따뜻한 분위기를 연출하고픈 공간
Orange (주황)	산스크리트어 'naranga', 고대프랑스어 'orenge'에서 유래	• 친밀함, 따뜻함 • 밝고 활동적임, 파워풀함 • 벽화, 혁신, 창조	• 밝고 따뜻한 분위기 연출 • 변화, 혁신, 창조, 차별화를 추구하는 브랜드 • 밝고 생기있는, 재미를 추구하는 공간
Purple (보라)	'Violet(제비꽃, 수줍어하는)'에서 유래	• 우아함, 고급스러움 • 환상적, 낭만적 • 세련됨, 신비로움	• 고급스럽고 신비함을 추구하는 브랜드 • 혁신적인 분위기를 연출하는 산업 분야 • 세련되고 우아한 분위기가 필요한 공간
Black (검정)	인도유럽 조어인 '블엑(bhleg)'에서 유래	• 심플함, 우아함 • 권위, 명예 • 모던함, 뛰어남, 세련된, 시크한	• 가장 독보적임을 나타내는 명품 브랜드 • 아늑함을 주고자 하는 공간 • 심플함과 우아함을 주고자 하는 공간

White (하양)	고대 영어인 'hwit'와 산스크리트어인 'sveta'에서 유래	• 순결, 순수, 우아함 • 시작, 새로움 • 단아함, 미니멀, 절제	• 순수, 순결, 단정함을 추구하는 상품이나 브랜드 • 전문적인 느낌을 전해야 하는 공간 • 정서적으로 안정된 분위기를 연출해야 하는 공간

컬러의 활용

브랜드 컬러는 선택하는 것이 아니라 설계하는 것이다. 브랜드의 스토리와 가치를 전달할 수 있는 컬러를 선택하고 제품의 기능과 콘셉트를 뒷받침해줄 수 있는 기획 단계를 거치며 브랜드의 차별화를 지지해줄 수 있는 근거를 만들 수 있다. 컬러는 공간과 음식의 맛에도 영향을 미친다.

EBS의 한 프로그램에서 '빨간 방과 파란 방 실험'을 진행했다. 실험 대상자들을 두 그룹으로 나누어서 한 그룹은 빨간 방에, 한 그룹은 파란 방으로 나누어 배치하고 20분이 경과하면 나오라는 실험을 진행했다. 그 결과 빨간 방에 투입되었던 대상자들은 평균 16분이 경과한 후 나왔고, 파란 방의 대상자들은 평균 24분만에 나왔다. 인터뷰의 내용도 흥미롭다. 빨간 방에 투입된 대상자들은 '정신 없어요. 어지러워요. 답답해요. 눈 아파요. 나오고 싶어요'를 말했고, 파란 방의 실험자들은 '부드러워요. 느긋해요. 차분해지는 것 같아요. 맑아요. 졸려요'를 언급했다. 이 실험은 컬러가 시간의 흐름과 심리 상태를 지배함을 의미한다. 그렇다면 빨간색은 회전율을 필요로 하는 레스토랑에, 파란색은 좀 더 오래 쾌적하게 식사할 수 있는 공간에 활용해야 함을 말해준다. 패스트푸드 브랜드에 빨간색을 많이 사용하는 이유가 식욕을 자극한다는 의미 외에도 빠른 회전율로 매출을 극대화하기 위한 선택임을 반증한다. 패스트푸드의 생명력은 시간에 기인하기 때문이다.

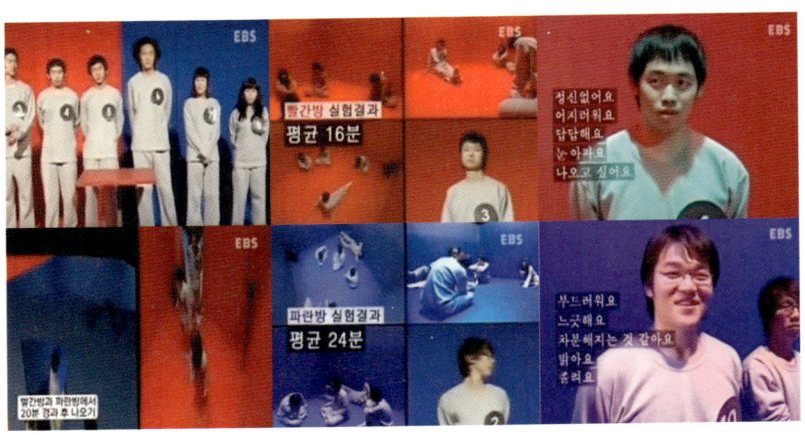

* EBS의 빨간 방 VS 파란 방 실험(ⓒEBS)

커피 맛과 관련된 실험에서도 흥미로운 결과가 제시되었다. 같은 원두로 내린 4개의 커피를 유리컵에 담았다. 그리고 유리컵 옆에는 딥 브라운, 레드, 블루, 옐로의 4가지 다른 컬러의 패키지 캔을 옆에 두고 4개의 독립된 부스에 놓고 실험 대상자들에게 커피를 마시게 한 후 맛에 대한 평가를 하게 했다. 대상자의 73%가 풍미와 향이 아주 강한 커피로 '딥 브라운 패키지 캔'을, 84%가 풍미와 향을 약간 진한 커피로 '레드 패키지 캔'을, 79%가 풍미와 향이 약간 흐린 커피로 '블루 패키지 캔'을 87%가 풍미와 향이 아주 흐린 커피로 '옐로 패키지 캔'을 꼽았다. 컬러가 맛에 영향을 미친다는 것을 설명해주는 실험이다.

실험에서 확인된 바와 같이 컬러는 심리에 영향을 미치며 공간, 시간, 맛, 가격에도 영향을 준다. 우리가 추구하는 브랜드의 방향, 상품의 특징, 공간의 의미 등을 가장 잘 나타낼 수 있는 컬러는 어떤 컬러인가를 생각해야 한다. 의미에 맞는 컬러를 선정하고 브랜드의 네임, 로고, 심볼, 인테리어, 각종 비주얼 커뮤니케이션 도구에 어떤 컬러를 활용하여 브랜드의 생각과 철학을 전달할 것인지를 고민해야 한다. 브랜드는 고객들의 호감과 충성도를 먹고 자란다. 호감과 충성도의 시작은 감정이다. 감정은 브랜드 아이덴티티의 요소들로부터 생성된다. 컬러는 브랜드 아이덴티티의 귀중한 요소이다. 결국 컬러를 선정하고 관리한다는 의미는 호감과 충성도를 관리한다는 의미와 같다. 컬러가 중요한 이유다.

2-8 점포의 이미지를 결정하는 SI^{Store Identity}의 구성

Brand는 차별화와 정체성을 통해서 고객들에게 Image화 된다. 특정 브랜드에 대한 선호는 이미지화된 것으로 고객들에게 판단받게 된다. 차별화는 '타 브랜드가 가지지 못한 우리 브랜드만의 개성과 장점'으로 명명할 수 있고, 정체성은 '나를 표현하는, 나만 가진 자기다움'으로 정의할 수 있겠다. 브랜드 정체성^{Brand Identity, BI}이란 '브랜드의 자기다움'으로 표현할 수 있다. 브랜드 이미지를 높이고 소비자들에게 브랜드 이미지를 강하게 인식시키는 작업이며, 이를 시각적으로 체계화, 단순화하고 체계적인 관리를 통해서 상품 전략에서 판매 전략까지 구체화시켜 브랜드에 대한 선호도를 높이는 활동을 하게 된다. 이런 일련의 활동을 'BI^{Brand Identity} Build-Up Process'라 한다. '브랜드의 자기다움'을 나타내기 위해서 브랜드의 구성 요소(색깔, 캐릭터, 징글, 브랜드 네임 등)를 이미지화하고 관리하는 것이다.

BI가 브랜드의 정체성을 말한다면 SI^{Store Identity}는 점포의 정체성 즉 '점포의 자기다움'으로 표현할 수 있다. SI의 구성 요소는 공간 인테리어, 오브제^{Objet}(인테리어 소품), 조명, 음악, 기물, 분위기 등 다양하다. 고객들에게 SI를 전달함으로써 소비자들은 점포를 이미지화하고 점포에 대한 선호 또는 비선호의 의미를 가지게 된다. SI를 구성하는 핵심적인 요소 유니폼^{Uniform}, 조명^{Lighting}, 음악^{BGM} 3가지에 대해서 살펴보자.

직원과 고객을 모두 만족시켜야 할 유니폼

음식점의 SI 중 유니폼^{Uniform}은 직원과 고객의 만족이라는 양면성을 가진 요소이다. 유니폼의 의미는 '하나의 형상' 또는 '하나의 형태'를 의미하는 라틴어에서 유래했다. 즉 유니폼은 사람들을 하나로 묶어주고, 연결해주는 의미를 내포하고 있다. 유니폼을 입는다는 것은 의복을 입는다는 단순함이 아니라 소속감을 가지게 하며, 정체성을 다지고 표현하는 수단이 된다. 즉 '전체가 하나의 목적을 가지고 움직인다는 의지의 표현'이라고도 볼 수 있다.

이런 의미로 본다면 직원들이 유니폼을 입는다는 것은 2가지의 의미를 가진다고 할 수 있다. 직원들의 입장에서는 브랜드와 점포의 정체성을 대변하는 것이고 자부심을 나타내는 증명의 요소가 된다. 고객의 입장에서는 고객과 직원을 구별하는 요소, 고객 서비스 차원의 표식이 되는 것이다. 유니폼은 직원의 입장과 고객의 입장 2가지 요건을 다 충족하고, 직원과 고객 모두를 만족시키는 것으로 형상화되어야 한다. 결국 유니폼은 특정 정체성을 드러내는 것이며, 자부심의 발로이기도 하고, 세련됨의 표식이기도 하다.

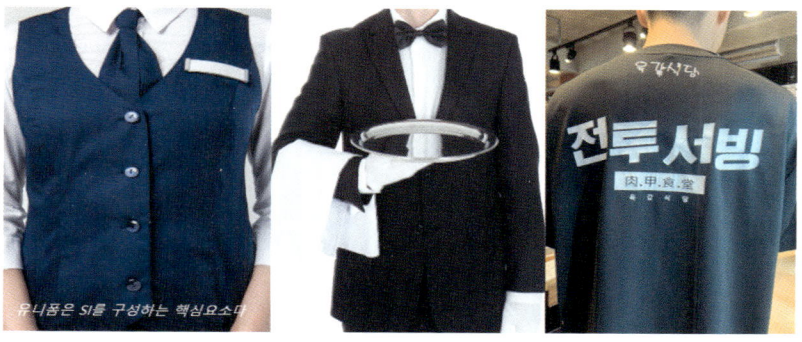

* '육갑식당'의 직원이 '전투서빙'이라는 글이 새겨진 유니폼을 착용하고 있다. '전투서빙'이라는 단어를 유니폼에 새김으로써 '고객 서비스에 대한 정체성'을 표현하고 있다.

브랜드와 마찬가지로 유니폼은 음식점의 정체성을 나타내고, 직원 만족과 고객 만족을 동시에 실현시키는 도구임은 분명해 보인다. 우리 음식점이 타깃으로 하는 고객들, 우리 음식점이 지향하는 가치와 철학, 우리 음식점이 추구하는 서비스 방식 등이 유니폼에 녹아 나야 한다. 또한 직원들의 입장에서는 입기 편하고, 고객 서비스를 응대할 준비를 하며, 직원들의 자부심과 정체성을 대변하는 역할을 해주어야 한다. 이런 의미적인 요소를 담은 것이 유니폼이라 하겠다.

그동안 유니폼을 단순하게 입는 행위적인 절차, 고객과 직원을 분리하는 수단으로만 생각했다면 고객과 직원을 모두 만족시킬 수 있는 유니폼은 어떤 것인지 '의미를 가진, 정체성을 띠는 유니폼'은 어떤 것인지, 고심해서 제작하면 어떨까 한다.

2-9 맛깔스런 식사의 조건 – 조명Lighting System

조명Lighting의 역할

조명은 음식점의 컨셉을 설정하는 데 필수적이다. 음악과 더불어 분위기를 만들고 상황을 만들어 주는 핵심 포인트라 할 수 있다. 음식점의 분위기mood를 정하고, 음식과 음료를 맛있게 보이도록View point 하며, 음식점의 스타일style을 결정한다. 즉 음식점의 전체적인 분위기를 만들어 고객들의 훌륭한 식사 경험을 제공하는 것이 조명 시스템의 목표라 하겠다. 조명에 따라 따뜻하고, 차갑고, 편안하고, 안락하고, 활기차고, 활발하고, 맑고, 밝은 등의 분위기를 연출할 수 있다. 또 '트렌디하고, 레트로하고, 고급스럽고, 올드하고, 도시적이고, 시골스럽고, 프리티하고, 이국적이고' 등의 느낌을 연출할 수도 있다. 따라서 음식점의 컨셉과 밀접한 관련이 있는 것이 조명이다. 조명이 컨셉인 이유다.

빛은 시각으로 분별할 수 있다. 가장 먼저 접하게 되는 정보가 시각이며, 빛은 시각에 먼저 도달한다. 사람은 80%의 정보를 시각으로 받아들인다. 따라서 음식점의 컨셉을 빛을 통해 먼저 느낀다. 이건 내부에서 뿐만 아니라 외부에서도 마찬가지다. 빛의 온도, 빛의 조도, 빛의 높낮이, 빛을 비추는 방법, 조명의 기구 등 '어떤 것을 선택하느냐'에 따라 음식점의 분위기는 완연하게 달라진다. 어떤 분위기를 연출하고, 어떤 컨셉을 지향하며, 어떤 메뉴로 어떤 고객을 상대할 것인가에 따라서 조명과 조명 도구의 사용이 달라지는 것이다. 어떤 조명 도구를 사용하고, 어떤 조도와 온도를 선택해야 우리 점포의 컨셉과 가장 일치하는지 검토하고 결정해야 하겠다. 조명 컨셉은 '조명으로 완성되는 음식점의 최종적인 분위기'라 정의할 수 있겠다.

조명의 3요소

음식점에 대한 고객들의 인상은 빛(조명)의 3요소의 대비 정도에 따라서 결정된다. 3요소는 전반적인 빛ambient light, 초점을 만들어 주는 빛focal light, 반짝임이 있는 빛sparkle 세 가지를 어떻게 대비시켰는가에 따라서 같은 공간이라도 음식점에 대한 고객들의 인상은 전혀 달라질 수 있다(진익준, '창업성공의 인테리어').

전반적인 빛은 부드럽고 은은하게 느껴지는 조명을 말한다. 전반적인 빛에 대비해서 초점이 되는 빛의 차이는 고객들에게는 밝기의 대비로 느껴지게 된다. 빛의 대비(밝기 대비)는 특유의 공간 인상을 만들어 내기 때문에 음식점 인테리어를 계획할 때 매우 중요하게 다룬다. 아울러 반짝임이 있는 빛은 음식점의 공간 인상을 쾌적하게 느껴지도록 만드는 하이라이트 역할을 한다. 따라서 음식점은 조명의 3요소가 어떤 영향을 미치는지 잘 알고 음식점 컨셉에 맞게 대비시켜야 한다. 전반적인 빛은 말 그대로 은은한 빛ambient light이기 때문에 강한 그림자를 만들지 않아서 사물의 형태와 부피를 없애 버리는 특징이 있다. 사물이 갖는 독특한 성질을 잃게 만든다. 전반적인 빛은 사람과 사물의 중요성을 지워버리며 위안을 주고 휴식하게 만드는 힘이 있다. 은은한 빛으로 가득 찬 카페와 같은 공간에서 사람들은 긴장이 풀어지며 휴식을 경험하게 되며 기분이 좋아지게 된다.

반면에 초점을 만들어 주는 빛focal glow은 직접적이고 밝은 중심점을 점포에 만들어 낸다. 고객들이 주목해야 할 부분, 음식점이 강조하고 싶은 부분을 두드러지게 만든다. 초점을 만들어주는 빛은 흥미를 자아내기 때문에 고객들의 시선을 고정시킨다. 음식점에서 중요한 것과 그렇지 않은 것들을 구별시키며 사람과 사물의 우선순위를 정해준다. 초점을 만들어주는 빛으로 인해 공간 내에 위계가 생겨나는 것이다. 초점을 만들어주는 빛은 카메라의 렌즈와 조리개처럼 가까운 것과 먼 것, 중요한 것과 그렇지 않은 것들을 구별시킨다. 초점을 만들어 주는 빛으로 인해서 공간감 즉 공간의 깊이가 지각되게 되는 것이다.

한편 반짝임이 있는 빛sparkle은 보석처럼 감정을 고조시키는 효과를 지니고 있다. 반짝임이 있는 빛은 사람들의 몸과 영혼을 자극하고 마음을 환기시키며 호기심을 일깨운다. 모든 감각이 증대되어 기분이 전환되거나 흥겨워진다. 식욕을 비롯한 모든 종류의 욕구를 자극하고 각성시키므로 식탁 위나 거실의 조명은 반짝임이 있는 빛이 많이 사용된다.

색온도와 조도

'색온도'란 발광체의 온도를 나타내는 것으로 '캘빈Kelvin'으로 표시하며, '조도(照度, Intensity of Illumination)'는 단위 면적이 단위 시간에 받는 빛의 양을 말하는 것으로 '룩스Lux'로 표시된다. 일반적으로 조명 시스템을 위해서 이 2가지를 고려해서 세팅한다. 음식점을 따뜻하고 아늑하거나, 활기차고 쾌활하게 만드는 것 역시 색온도와 조도를 통해서 구축한다.

노란색은 따뜻한 색채의 스펙트럼에서 가장 밝은 색이며 태양과도 가장 닮아 있는 색으로 명랑하고 쾌적한 분위기를 연출하며 부드러움과 다정함, 따뜻함을 느낄 수 있는 색상이다. 이런 이유로 음식점에서 난색 계열(3000K)을 많이 사용한다. 횟집이나 카페테리아의 경우 활기차고 싱싱함을 강조하기 위해서 밝은 색온도와 높은 조도를 사용하고, 고급 레스토랑이나 스테이크 하우스 등은 따뜻한 느낌을 주기 위해서

▲ 그림 2.7 색온도

호박색 빛	부드럽고 하얀 빛	밝은 하얀 빛	중립적인 하얀 빛	서늘한 하얀 빛	낮의 햇빛	흐린 하늘 빛
2100K	2700K	3000K	4000K		5000K	6500K
은은하고 아늑한 분위기	편안하고 일상적인 빛	편안한 분위기	신선하고 상쾌한 분위기	밝은 분위기	활기찬 분위기	한층 더 밝은 분위기

낮은 색온도의 조명은 따뜻하면서 안락한 공간 분위기를 만들어준다

높은 색온도의 조명은 시원하면서 활기차고 밝은 공간을 만들어준다

색온도	색상	내용
6500K	주광색 (형광등색)	• 밝은 느낌이 강하고 깨끗하게 보이게 하여 집중이 되는 색 • 가정이나 사무실, 병원 등에 많이 사용됨 • 푸른 색을 가지고 있어 상대적으로 차가운 느낌이 들고, 눈의 피로감도 있음.
4000K	주백색	• 주광색과 전구색의 중간색 • 적당히 밝으면서도 적당히 따뜻한 색깔의 주백색 • 레스토랑, 카페, 호텔 등에서 많이 쓰는 색상 • 단가가 비싸며, 많이 보급되어 있지 않음
3000K	조명색	• 따뜻한 느낌을 주는 색상으로 심리적 안정감을 느낄 수 있음 • 음식을 좀 더 맛있게 해줄 뿐만 아니라 아늑한 분위기를 연출 • 침대 옆 무드등, 거실 간접등, 레스토랑, 카페 등에서 많이 사용 • 상대적으로 어두운 느낌이 강함

3000K 이상의 색온도와 낮은 조도를 사용한다. 또 상황에 따라 색온도와 조도를 조정하기도 한다. 화합의 목적, 사교의 목적인 공적인 장소에서는 조도를 높이고, 심리적인 거리감을 유지하고, 사람들을 분리시키거나, Private한 공간을 연출할 때에는 조도를 낮추어서 세팅한다. 상황과 분위기에 따라, 우리가 지향하는 컨셉에 따라 색온도와 조도를 다르게 선택해야 한다.

현대인들의 조명에 대한 감각이 발달되어 있어 예민하게 반응한다. 음식점도 상황과 분위기에 따라서 선택하고 결정한다. 선택에 있어서 핵심은 연출된 이미지다. 연출된 이미지 중 조명은 큰 역할을 한다. 조명이 전체적인 분위기를 결정할 수 있기 때문이다. 음식점의 조명은 우리가 추구하는 컨셉과 스타일을 구현해내는 역할을 하고, 고객의 훌륭한 식사 경험에 영향을 미친다. 우리 음식점의 전반적인 조명 컨셉을 점검해보면 어떨까 한다.

▲ 그림 2.8 표준 조도표

장소	장소의 밝기(Lux)
객실, 화장실, 현관	150 ~ 200 ~ 300
조리실, 식탁, 계산대	300 ~ 400 ~ 600
진열대	600 ~ 1,000 ~ 1,500

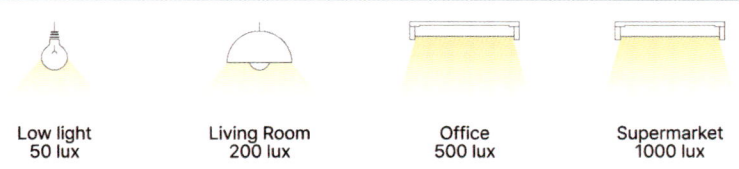

Low light   Living Room   Office   Supermarket
50 lux   200 lux   500 lux   1000 lux

2-10 배경 음악BGM이 식사를 완성한다

맛은 오감의 영역

많은 연구를 통해 '맛은 오감에 의해서 완성된다는 것'이 밝혀졌다. 오감은 시각, 청각, 미각, 후각, 촉각을 일컫는다. 맛에 대한 오감의 비중은 시각이 87%, 청각이 7%, 촉각이 3%, 후각이 2%, 미각이 1%라는 연구 결과도 있다. 맛에 가장 큰 영향을 미치는 것이 시각이며, 다음으로는 청각이다. 맛은 객관적인 사실과 주관적인 사실의 조합에서 완성된다고 보는 것이 타당하겠다.

여기서 질문할 수 있다. '그러면 시각적인 정보(음식의 모양, 담음새, 기물 등)만 관리하면 되지 않겠느냐?'는 것이다. 이 질문에 대한 답은 뇌의 구조가 설명해준다. 청각은 뇌의 '대뇌 변연계limbic system(신경 전달과 정보 처리, 감정 조절, 운동 제어, 학습과 기억을 담당)'가 담당하는데 뇌의 원초적인 부분과 직접 연결되어 정서에 영향을 미친다. 반면 눈은 '대뇌 변연계'와 가장 먼 쪽에 위치하고 있어서 정서보다는 객관적 사실에 주목한다. 따라서 시각은 균형과 질서, 객관적 사실이라는 측면성이 강하고, 눈은 정서와 감정에 영향을 미치는 요소로 주관성에 가깝다고 볼 수 있다. 또 후각인 냄새와 미각인 맛은 원시적인 감각으로 뇌의 관점에서 보면 후각과 미각이 대뇌피질에 이르는 감각은 총 50% 정도에 불과하다. 맛은 시각과 청각이 우위에 있으며 후각과 미각은 시각과 청각에 비해서 열등하다. '맛은 오감으로 완성된다'는 말은 정확한 사실이다.

청각, 배경 음악이 중요한 이유

음악은 귀로 듣고 판단하는 청각의 영역이다. 또 청각은 감정의 영역이며, 정서의 영역이다. 음악은 다양한 기능을 한다. 사람을 흥분시키기도 하고, 이완시키기도 하며 슬프게도 기쁘게도 한다. 드라마와 영화에서 배경 음악OST을 생각하면 쉽게 이해할 수 있다. 주요 장면에서 배경 음악은 감정을 정점에 치닫게 만든다. 음악이 감정의 영역인 이유가 여기에 있다. 감정과 깊숙이 닿아 있다. 귀로 듣는 음악이 식사를 완결 시켜 주는 역할을 하는 이유다. 청각(음악)은 주관적이고, 감정의 영역이며, 4가지 감각은 객관적이고 이성적인 영역이다.

음식점에서 BGM^{Back Ground Music}(배경 음악)은 어떤 역할을 할까? 몇 가지 사례를 통해서 살펴보자.

배경 음악과 케이크 맛에 대한 연구

2011년, 유명 Chef인 '블루 멘탈'과 영국의 항공사인 '브리티시 에어웨이'가 '배경 음악과 음식 맛의 관계'에 대한 연구를 진행했다. 고객들을 두 그룹으로 나누고 한 그룹에는 인도풍의 음악을 들려주고, 또 한 그룹에는 이탈리아 오페라 음악을 들려주었다. 두 그룹에는 동일한 케이크가 제공되었다. 두 그룹이 느낀 맛의 차이는 어땠을까? 인도풍의 음악을 들으면서 케이크를 먹은 그룹은 케이크가 부드럽고 촉촉하였으나 크림이 부족한 느낌이었다고 언급하였고, 이탈리아 오페라 음악을 들으면서 케이크를 먹은 그룹은 크림이 훨씬 더 풍부하게 느껴졌다고 언급했다. 같은 음식도 듣는 음악에 따라 차이가 남을 밝힌 연구다.

플로리다 대학교^{University of South Florida}의 디파얀 비스와스^{Dipayan Biswas} 박사는 '카페 음악의 연구'에서 음악의 볼륨이 55데시벨 미만이면 음식을 선택할 때 더 신중하고 좋은 음식을 선택할 가능성이 높아지고, 볼륨이 70데시벨 이상이면 달거나 기름진 음식을 선택할 가능성이 높다고 제시했다. 또 높은 볼륨의 음악은 사람들을 긴장시키고 불안하게 만들며 더 많은 설탕, 소금, 지방이 함유된 음식을 선택할 가능성이 높다고 제시했다. 이는 찰스 스펜스Charles Spence의 연구 결과와 일치한다. 찰스 스펜스는 음악의 높은 음은 단맛을 높이고, 낮은 음악은 쓴맛을 더 많이 느끼게 한다고 했다.

음악의 속도는 음식을 먹는 속도와도 연관되어 있다. 빠른 템포의 음악을 들으면 음식을 좀 더 빠르게 섭취하고, 클래식이나 재즈와 같은 음악은 음식 먹는 속도를 늦추는 역할을 한다. 카페와 다이닝 레스토랑에서 클래식과 재즈를 틀어 놓는 이유이며, 패스트푸드와 비스트로에서 빠른 템포의 음악을 트는 이유이기도 하다. 음악은 또 구매 금액과도 연관되어 있다. 클래식과 째즈를 배경 음악으로 사용하면 풍부하고 우아한 감정을 선사해서 더 좋은 요리, 더 비싼 요리를 주문하는 등 구매력이 크게 증가한다. 빠른 음악은 이와 반대로 해석하면 된다.

우리 음식점과 가장 잘 어울리는 음악은

음식의 맛은 주변 환경에 의해서 결정된다는 사실은 이와 같은 연구에 의해서 밝혀졌다. 제공되는 음식과 잘 어울리는 배경 음악을 선택하면 같은 음식이라도 더 맛있게 느낄 수 있고, 좋은 배경 음악을 선택하면 부족한 음식을 완성시켜줄 수도 있다. 또한 배경 음악은 음식점의 분위기와 이미지를 만들고 컨셉을 완성하는 도구로도 활용될 수 있다.

음악의 장르는 발라드, 댄스, 랩, R&B, 록과 메탈, 째즈, 클래식, 로큰롤 등 헤아릴 수 없을 정도로 다양하다. 장르의 무궁무진함을 보여주는 프로그램이 KBS-N 채널의 '20세기 히트송'이다. 다양한 시대의 음악을 장르를 색다르게 해석하여 창출하고 결합하여 새로운 장르를 보여준다. 장르의 다양함을 보여주는 프로그램이다. 장르가 무궁무진하다는 것은 사람의 감정이 다양함을 의미한다. 음식과 음식점의 컨셉도 다양하다. 또 음식과 음식점이 추구하는 방향성도 모두 다르다. 우리 음식점이 추구하는 방향이 무엇인지, 어떤 고객들을 주고객으로 생각하는지, 어떤 분위기를 연출하기를 원하는지에 따라 음악을 선택해야 한다. 음악을 선택할 때 고려해야 할 요소는 우리의 주고객층, 고객들이 지출하는 비용, 모임의 목적, 음식의 카테고리, 테이블 회전 속도 등 운영, 음식점의 이미지 등이다. 정답은 없다. 다만 다양한 요소를 반영하여 배경 음악을 선택해야 하고, 선택된 배경 음악은 우리 음식점의 이미지와 컨셉에 부합해야 한다. ('가사가 있는 음악은 대화를 방해한다'는 사실은 고려해야 한다.)

한 가지 기억할 것은 '배경 음악은 맛을 완성하는 도구'라는 사실이다.

▲ 표 2.4 배경 음악(BGM) 선정 고려 사항

주요 고객	음식 종류(컨셉)	음악 장르 고려 사항
주부 모임	분식	템포(빠른, 느린)
비즈니스 고객	패스트푸드	장르
가족 식사	캐주얼 이탈리안	발라드, 댄스, 랩, R&B, 째
연인과의 데이트	한정식	즈, 클래식, 로큰롤
맞선	호텔 파인다이닝	가사의 유무
접대	카페	
학색 or 친구 등	한식(육류, 치킨 등)	

▲ 그림 2.9 SI 구성 요소 샘플

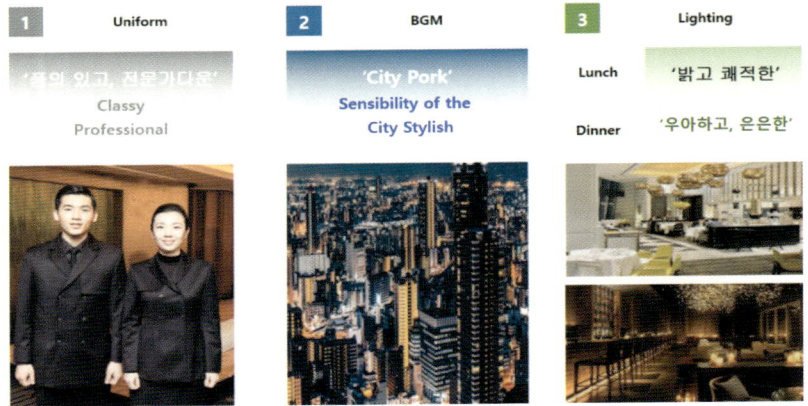

▲ 그림 2.10 SI 구성 요소 기록하기

지금까지 SI를 구성하는 주요 요소에 대해서 살펴보았다. 이를 토대로 하여 우리 점포의 SI를 구성해보았으면 한다. [그림 2.9]는 '스테이크 하우스' 브랜드를 기획할 당시 작성한 'SI 구성 요소 샘플'이다. SI 구성 요소 샘플을 보고, 우리 점포의 SI는 어떻게 구성하는 것이 좋을지 기록해보자.

2-11 지글지글 소리를 팔아라

1997년 홍콩이 중국으로 반환되면서 중국의 특별행정자치구가 되었다. 홍콩 사람들은 중국인이 아닌 홍콩인으로 정치적 권리를 주장하며 '민주화 시위'를 진행하였으나 중국의 힘을 넘지는 못했다. 그 결과 많은 홍콩인들은 캐나다 등 북미, 유럽으로 이민을 떠났다. 이색적인 일이 일어났다. 캐나다에 사는 홍콩인들이 가장 많이 구입한 테이프가 '음악'이 아니라 '홍콩의 소음'을 녹음한 테이프라고 한다. 톤이 높은 사람들의 소리, 유동 인구가 많은 번화가의 소리, 길거리의 많은 음식점들이 내는 소리를 녹음한 테이프를 구매한 것이다. 조용한, 너무도 조용한 캐나다에서 홍콩인들은 홍콩의 소리를 그리워하고, 조용한 캐나다의 소리에 불안했던 것이다. 소리는 사람의 뇌를 자극하고, 사람의 마음을 움직이는 요소임을 이 사례는 명확하게 설명해주고 있다.

맛있는 소리를 팔다

우리 모두가 주변 환경에 영향을 받을 수밖에 없다. 먹는 행위에 있어서는 더욱 그러하다. 지인을 만나기 위해서 한 음식점을 방문했다. 먼저 도착해서 20분 정도의 시간을 보내는 동안 '주방의 정리하는 소리'에 기다림의 시간이 불쾌했던 경험이 있다. 주방의 달그락거리는 소리, 기물이 부딪히는 소리, 도마에 칼질을 하는 소리 등은 불쾌한 경험을 제공했다. 좋은 식사 경험에도 부정적 영향을 준다. 주방에서 뚝딱거리며 일하는 소리는 단맛을 감소시킨다는 연구 결과도 나와 있다. 스테이크 전문점을 운영할 때 '돌판 스테이크'를 판매했었다. 주방에서 구워진 스테이크를 제공하는 것이 아닌 스테이크 원육과 돌판을 제공하여 고객들이 테이블에서 직접 굽는 방식이다. 많은 고객들이 테이블로 가져가는 동안 관심을 가지게 되고, 주문한 고객 역시 '스테이크 구워지는 소리'에 즐거운 반응을 보였다. 한동안 브랜드를 먹여 살리는 효자 메뉴가 되었다. 중식당을 운영하면서도 '해물누룽지탕'은 고객들의 테이블에서 직접 부어주는 퍼포먼스를 하게 한다. 고객들 앞에서 주물로된 기물과 소스가 결합되면서 '치~익' 하는 소리에 고객들은 감탄을 연발한다. 메뉴를 파는 것이 아니라 소리를 파는 것이다. 소리에 영향을 받을 수밖에 없는 인간의 환경이 과학적으로 증명된 것으로 볼 수 있다. 어떤 소리가 음식 맛을 올리고, 어떤 소리가 음식 맛을 내리는지 궁금해진다.

소리는 맛에 영향을 미친다

P&G가 연구한 '프링글스 감자칩'의 실험에서도 씹을 때의 소리를 증폭하는 것만으로 소리가 없을 때보다 15% 더 바삭거리고 신선한 느낌을 준다는 연구 결과를 제시했다. 들리는 소리, 입안에서 느껴지는 소리가 더 맛있게 만든다는 연구 결과다. 마지막 순간에 구운 씨앗을 샐러드 위에 올리거나 스프에 바삭한 빵 조각(그루통)을 올리고, 햄버거 안에 양상추나 작은 오이를 넣어 씹히는 소리, 즉 음향학적 요소를 추가해주는 것은 먹는 경험을 훨씬 더 즐겁게 해준다고 한다. (찰스 스펜스, '왜 맛있을까') 입안에서 느껴지는 '바삭, 오독, 톡톡, 촉촉' 등은 음식을 매력적으로 만들어주는 것임에 틀림이 없어 보인다.

음식의 맛은 오감으로 느낀다고 했다. 음식의 맛, 냄새, 접시에 담긴 모양(플레이팅), 식감 그리고 소리까지 모든 감각을 동원한다. '오감은 분리되어 있지 않고 서로 연결되어 상호작용한다'고 앞서 언급했다. 그중

* '치~~익'하고 나는 소리, 불을 이용해서 시각으로 느끼는 소리, 가마솥으로 끓여내는 국밥을 보여주는 모습, 모두 음식의 맛을 자극하는 오감의 요소들이다.

소리는 음식을 맛있게 먹기 위한 매력적인 역할을 한다. 스테이크가 지글지글 거리며 구워지는 소리, 맥주 거품이 쏵하고 이는 소리, 감자칩의 튀겨지는 바삭거리는 소리, 누룽지탕이 팬에 달궈지면 끓는 소리 등은 음식을 더 맛있게 만들어준다. 휠러는 저서 '잘 팔리는 문장'에서 '스테이크 대신 지글지글 소리를 팔아라'라고 조언하며 고기의 품질 강조보다 고기를 구울 때 나는 지글지글 소리가 훨씬 더 입맛을 자극한다. 지글지글 소리는 소리가 가졌던 양보다 훨씬 더 많은 스테이크를 판다'고 언급했다. (멜라니 뮐, 다이아나 폰 코프, 음식의 심리학) 소리가 음식을 더 맛있게 하는 원동력임을 확인할 수 있는 대목이다.

많은 연구 결과와 실험에서 어떤 소리를 듣고 음식을 먹는지에 따라 음식의 맛과 식감, 풍미에 영향을 미친다는 사실이 드러났다. 어쨌든 우리는 소리에 영향을 받을 수밖에 없고 소리를 들으면서 음식을 먹는다. 고객들에게 어떤 소리를, 어떤 자극을 주어서 음식을 더 맛있게 느껴지도록 할 것인지는 우리의 몫이 아닐런지 생각해보자. 우리 음식점에서 소리를 통해 고객의 긍정적 자극을 줄 수 있는 것들은 없는지도 살펴보자.

2-12 향기가 매출에 미치는 영향

MZ세대의 맛에 대한 평가 기준

최근 '맛이 전부인 시대는 지났다'는 말이 많이 회자되고 있다. 특히 MZ세대들은 '오감을 통한 만족'을 맛으로 규정한다. 물론 오감 중 입으로 느끼는 미각은 무시할 수 없는 최고의 지표임을 두말할 나위 없다. 그럼에도 젊은 층의 맛에 대한 평가는 오감을 총동원한다. 오감은 미각, 청각, 시각, 후각, 촉각이다. 음식점을 평가할 때 미각은 으뜸 요소이다. 그 요소를 부정할 이유도, 명분도 없다. 다만 나머지 4개의 감각이 미각을 보완해줘야 비로소 오감이 완성되고, '음식점 평가의 긍정율이 완벽해진다'는 의미로 보면 되겠다.

그럼 사람들은 어떤 감각에 가장 많이 영향을 받을까? 대부분의 사람들이 70%를 시각으로 평가한다. 시각이 70%이고, 나머지 30%가 4개의 감각을 구성하고, 평가한다. 음식점에서도 시각적인 요소가 중요한 이유다. 보기 좋게 담긴 음식이 훨씬 더 좋은 평가를 받는 이유다. 다음은 음식점의 향기다. '이미지는 힘이 세지만, 향기는 오래간다'는 말이 있다. 결국 향기는 기억에 오래 남아 음식점과 브랜드에 오랜 기억 속에 저장하며 구매로 연결하는 역할을 해준다. 브랜드들이, 기업들이 고유의 향을 사용하는 이유가 여기에 있다. TV 프로그램 '전현무계획'에 나온 곽튜브는 군대 복무 시 먹었던 감자탕집에서 식사를 하며, 향기를 맡으니 군대 생각이 추억처럼 떠오른다고 했다. 향기가 추억을 자극하고 그 시절의 맛을 불러오는 것이다. 미국의 속담 중 '집을 팔고 싶으면 빵 굽는 냄새를 풍겨라.'는 말이 있다. 집을 구하려는 사람이 왔을 때, 빵 굽는 냄새가 나면 그 온화한 향기, 다정한 가정의 분위기가 연상되어 집을 구매할 확률이 높아진다는 의미를 담은 속담이다.

향기와 매출 상관관계

'화장품 가게의 매출과 향기의 상관관계에 대한 연구'에 의하면, 향기와 매출은 서로 깊은 상관관계가 있는 것으로 나타냈다. 향기가 없이 가게를 운영했을 때의 매출을 A, 라벤다 향을 가게에 뿌리고 가게를 운영했을 때를 B로 설정하고(각각 한달을 기준) 향기와 매출의 상관관계를 조사했다. 라벤다 향을 뿌리고 운영했을 때 가게의 매출은 정확히 '향기가 없을 때'보다 2배의 매출을 나타냈다. 그만큼 향기는 고객의 구매 행위와 밀접한 연관이 있음을 나타낸 것이다. 센트에어Scent Air(향기 연구 기업)의 연구에서도 마찬가지로 브랜드 고유의 향은 판매량을 11%를 늘리고, 음식 만족도를 8% 높이며, 고객 만족도는 20%까지 높인다는 연구 결과를 발표했다.

이 밖에도 음식점의 향기에 대한 사례는 너무 많다. 치킨집에서 치킨 튀기는 향을 외부 발산했을 때 치킨 판매량은 늘어났으며, 음식점에서 레몬 향기를 뿜었을 때 생선 요리를 주문하는 비율이 높아졌고, 한 서점에서 커피 향기를 뿜어 내었을 때 책의 주문량이 더 늘어났다. 이러한 사례는 모두가 인정하고, 경험했던 사례들이다. 실제 사람들은 향기에 영향을 받고, 향기에 의해 구매 행위까지 연결함을 알려준다.

사람의 감정은 냄새에 의해서 영향을 받는다. 모든 일상 생활에서 대부분이 마찬가지다. 음식점도 일상 생활의 한 부분이다. 향기가 있는 음식점과 향기가 없는 음식점은 매출과 고객 만족도에 영향을 받을 수밖에 없다.

▲ 그림 2.11 향기와 매출의 상관관계

$$y = a(x) + b$$

y 매출
x 향기

매출 <----> 향기

- 우리 음식점은, 우리 브랜드는, 우리 기업은 좋은 향기를 가지고 있는 브랜드인가?
- 우리 사무실은, 우리 가정은 또 효율성을, 아늑함을 느끼기에 충분한 향기를 가지고 있는가?

일상에서도, 음식점에서도 향기를 뿜는 곳이 되어야 하지 않을까 한다.

2-13 의미를 담는 작업, 컨셉Concept

컨셉, '모두가 공감하는 의미를 부여하는 작업'

컨셉Concept(콘셉트, 이하 컨셉으로 명명)이란 '존재의 의미'를 나타내는 말이다. '존재의 의미' 즉 '나는 왜 살고 있냐?'는 물음에 대한 답이다. 컨셉이라는 말은 흔하게 사용되고 흔하게 듣는다. 그럼에도 '컨셉이 무엇이냐?'고 질문하면 답하기는 모호하다. 이 모호한 것이 컨셉이다. 컨셉은 정의 내리기 어렵다. 컨셉은 논리적인 것이 아니라 다분히 비논리적인 감각과 감정의 영역이기 때문이다. 그러면서도 "이번 프로젝트 컨셉이 무엇이냐?", "인테리어 컨셉이 뭐냐?", "유니폼 컨셉은?", "이번 프로모션 컨셉은"과 같은 컨셉이라는 말을 무수히 사용하고 있다.

컨셉은 라틴어에 어원을 두고 있다. '모두가 공감하는 것을 잡다'는 의미다. 즉 모두가 공감하는 것을 만들어 가는 과정이 바로 컨셉이라 할 수 있다. '모두의 컨셉'이라 표현하는 것도 좋겠다. 기업도, 브랜드도, 고객도 모두가 공감할 수 있는 무엇, 이것이 바로 컨셉이다. '모두가 공감한다'는 의미는 '모든 것에 의미를 부여했다'는 뜻이기도 하다. 그래서 컨셉은 '모두가 공감하는 의미를 부여하는 작업'이라 표현할 수 있겠다. '완벽한 컨셉'은 다른 것과 구별되게 하고, 차별화되게 하면서 완성도를 높여간다. 그러면서 우리 브랜드의 가치, 차별화, 경쟁 우위, 강점 등으로 표현되며 성공적인 컨셉을 그려가는 것이다.

브랜딩의 시대다. 우리 상품과 서비스에 대해서 일방적인 메시지를 전달하는 '통보와 지시의 시대'는 지났고, 우리 상품과 서비스에 대해 질문하는 '설득의 시대', 아니면 고객들이 이야기해주는 '인정의 시대'가 되었다. 그래서 컨셉이 더욱 중요한 시대라 할 수 있다. 컨셉은 우리가 지향하는 바와 고객들이 지향하는 바가 정확히 일치하는 지점에서 완성되기 때문이다. 완성의 의미는 바로 일치의 의미이고, 설득의 의미이고, 인정의 의미인 것이다. 컨셉은 그래서 중요하다. 브랜드의 컨셉은 브랜드의 정체성Identity과 차별성을 확실히 보여주는 것이다. 다른 브랜드(음식점)와의 구별되는 무엇인가를 보여주는 것이다. 피터 나이트('한눈에 보는 마케팅 플랜'의 저자)는 '컨셉이란 당신의 상품을 사야만 하는 단 하나의 특별한 이유' 혹은 '그 상품을 구매함으로써 소비자가 얻을 핵심 가치'라고 정의했다. 즉 '컨셉'은 우리에게도, 고객들에게도 도움이 되어야 한다. 그래야 성공한다. 그래서 컨셉은 나만의 스타일을 만들고 구축하는 과정이기도 하지만 고객들의 스타일을 만들어주는 과정이다.

컨셉을 만들어가는 과정은 아래의 과정을 거친다고 하겠다.

▲ 그림 2.12 컨셉 도출하기

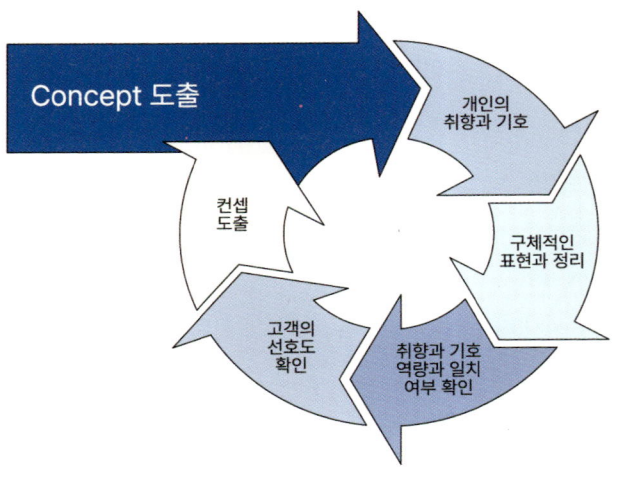

'좋은 컨셉'의 도출 과정

컨셉을 도출하는 과정은 5단계를 거친다. 첫 번째로 브랜드를 운영하는 주체인 기업(또는 개인)이 하고 싶은 취향과 기호, 스타일을 정확히 파악하는 것이다. 스스로를 알지 못하면 컨셉을 도출하는 데 실패한다. 가장 선행되어야 할 것이 바로 기업(또는 개인)의 취향과 기호, 스타일이다. 두 번째 단계는 개인이 원하고, 하고 싶은 것이 무엇인지를 파악하는 것이다. 좋은 컨셉은 나도, 너도, 우리도 모두 좋아야 하는 것인데 그 출발점은 내가 좋아할 수 있느냐는 것이다. 내가 좋아할 수 있는 것으로부터 출발해야 너도, 우리도 좋아하게 만들 수 있기 때문이다. 세 번째 단계는 기업(또는 개인)의 역량을 파악하는 것이다. 아무리 좋아해도 할 수 없는 것이 있다. 역량을 파악하고 할 수 있는지 없는지 여부를 물어야 한다. 컨셉을 만들어 가는 과정은 어려운 부분이다. 그동안에 쌓인 역량과 감각, 경험의 총합으로 만들어지기 때문이다. 공자는 배움을 '사색, 모방, 경험'이라고 제시하면서 '사색은 가장 고상한 것이고, 모방은 가장 쉬운 것이며, 경험은 가장 어려운 것이다'고 했다. 컨셉을 만드는 것은 사색, 모방, 경험의 총합이다. 고뇌의 시간을 들여서 축적된 경험이기에 어려운 것이 바로 컨셉을 만드는 것이다. 그래서 전문가가 되거나, 전문가의 손과 머리를 빌려야 한다. 마무리 단계는 고객과 소비자의 인정 여부를 파악하는 것이다. 고객과 소비자의 인정이 없다면 컨셉으로 무리가 있다. 좋은 컨셉도 고객이 받아들여야만 컨셉으로 의미가 있다. 컨셉은 결국 브랜드(또는 개인)가 지향하는 바와 고객이 수용한 바가 일치했을 때 의미가 있기 때문이다.

▲ 표 2.5 우리 식당의 컨셉(의미를 써 보자)

메뉴 컨셉
인테리어 컨셉
서비스 컨셉
운영 컨셉
분위기 컨셉
음악 컨셉
가격 컨셉
식자재 컨셉

앞선 언급했듯이 컨셉은 '모두가 공감하는 의미를 부여하는 작업'이라 표현할 수 있겠다. 우리 음식점이 가지고 있는, 가져야 하는 모든 것에 의미를 부여하도록 해야 한다. 위의 표에 있는 우리의 메뉴, 인테리어, 서비스, 분위기, 음악, 가격, 식자재, 공간, 기물 등에 의미를 작성해보면 어떨까 한다. 모든 것에 '어떤 의미'를 담아내고, 담아낸 의미가 '우리의 가치와 철학'과 일치하고, 고객들이 그 '가치와 철학'에 동의를 한다면 '좋은 컨셉'이 완성되었다고 할 수 있지 않을까 한다.

2-14 Brand의 방향과 목표 – Concept Paper의 작성

마케팅 학자 데이비드 오길비는 '성공의 시작은 차별화이며, 실패의 시작은 동일화다'고 했다. 사업의 성공 요인, 브랜드의 성공 요인을 간결하게 정리해준 문장이다. 브랜드가 된다는 것은 '소비자들에게 강력한 인식을 심어주는 것'을 말한다. 인식이란 '브랜드가 가지고 있는, 핵심 가치를 하나의 메시지로 일관성 있게 전달하고 만들어 갈 때 형성된다. '강력한 인식'을 만든다는 것은 강력한 브랜드가 됨을 의미한다. 브랜드는 결국 '차별화와 더불어 강력한 컨셉'을 전제로 한다고 볼 수 있다. 좋은 브랜드는 좋은 컨셉을 가지고 있다고 봐야 한다. 좋은 컨셉은 고객이 우리 음식점을 선택할 동기를 주게 된다. 그 말은 컨셉으로 고객을 유인할 수 있다는 이야기가 된다.

컨셉은 고객을 유혹하는 비언어적 표현이다

컨셉은 나만의 스타일을 만들고 구축해 가는 과정이기도 하지만 고객들의 스타일을 만들어주는 과정이기도 하다. 우리 브랜드는 '이런 곳이에요'라고 말할 수 있는 명확한 컨셉이 있는가?에 대한 답을 할 수 있어야 한다. 고객이 "이 브랜드는 이래"라고 말할 수도 있어야 한다. 인테리어 컨셉, 디자인 컨셉, 분위기 컨셉, 가격 컨셉, 제품 컨셉 등 다양한 컨셉들이 있다. 이 다양한 컨셉들이 한 방향으로 일치되어야 한다. 컨셉의 일치성을 '브랜드 에센스Brand Essence'라 한다. 다양한 컨셉들이 모여서 하나의 에센스로 함축되고 이를 고객에게 전달하는 메시지로 압축되었을 때 고객들이 "이 브랜드는 이래"라고 말한다.

음식점 브랜드의 경우 컨셉의 중요성은 타 업종에 비해서 더 크다고 할 수 있다. 따라서 명확한 컨셉을 전달하기 위해서는 컨셉의 목표를 정의할 필요성이 대두된다. 아래의 [표 2-6]은 저자가 '이탈리안 샐러드 바'를 브랜딩할 때 작성한 'Concept Paper'이다.

▲ 표 2.6 Sample Concept Paper(The Italian Fresh Salad Bar)

Brand	Vintage 1984
Menu	The Italian Fresh Salad-Bar
Essence	Fresh • Front of Your Eyes • Finest
Concept	Health On The Table
Value	Freshness • Enrich • Health
Interior	Hospitable & Modern Luxury
Slogan	이탈리아의 신선함을 경험하다

브랜딩의 시작은 '컨셉 페이퍼'의 작성으로부터

Essence(에센스)는 브랜드가 지향하는 가치를 함축한 어떠한 이미지를 말하는 것이며, 일반적으로 이미지를 단어나 짧은 문장으로 나타낸다. 즉 특징적이고 구체적인 이미지 설계를 선행하는 작업이고, 그 이미지를 언어라는 것을 통해 풍부하게 담아내는 것을 말한다. 저자는 '이탈리안 샐러드바'의 에센스로 신선하고(Fresh, 식자재의 선도가 좋은), 최상의 QSC(Finest, 최상의 식자재, 최상의 메뉴, 최고의 서비스), Chef가 직접 요리하고 서빙하는 방식(Front of your eyes, 눈 앞에서 요리와 서빙이 이루어지는)으로 에센스를 정의했다.

Concept은 '존재의 의미'를 나타내는 것이다. 서비스 컨셉, 인테리어 컨셉, 메뉴 컨셉 등 세부적으로 나타나지만 하나의 의미로 함축할 때 즉 브랜드가 '왜 존재하느냐'의 물음에 대한 답이라고 할 수 있다. 저자는 '건강을 당신의 식탁에'라는 것으로 컨셉을 정의했다. 정리된 컨셉에 의해서 하부 카테고리인 서비스, 인테리어, 메뉴가 컨셉과 일맥상통하도록 세팅되어져야 한다.

   Value(가치)는 '고객들에게 전달될 브랜드의 핵심적인 요소'라 명할 수 있으며, '브랜드의 본질'이라고도 정의할 수 있다. 필자는 이 브랜드의 본질을 '신선함, 충만함, 건강함'이라는 것으로 정의했다.

   Slogan(슬로건)은 '이탈리아의 신선함을 경험하다'로 정하고 '이탈리아의 식자재를 엄선해서 좋은 이태리 요리를 선보인다'는 의미로 만들었다.

   브랜드는 '핵심 가치를 일관성이 있게 전달할 하는 것'이라 할 수 있다. 따라서 차별화할 수 있고, 브랜드가 존재하는 이유, 의미를 함축하고 있다고 볼 수 있는 것이다. 브랜드가 가야 할 목표와 지향점, 또 고객들에게 전달할 이미지와 가치가 명확하게 정의되어야 고객들에게 강력한 인상을 심어줄 수 있다. 브랜드의 시작점은 Concept Paper(컨셉 페이퍼)의 작성이다. 또한 목표 지점을 명확히 하는 지침서가 된다. 우리 매장 브랜딩의 시작점에서 Concept Paper를 작성해보기 바란다. 아래의 컨셉 페이퍼를 작성하면서 우리 브랜드가 가지고 있는 장점과 해결해야 할 문제점 등을 점검해봤으면 한다.

▲ 표 2.7 우리 가게의 Concept Paper 작성

Brand	
Menu	
Essence	
Concept	
Value	
Interior	
Slogan	

 좋은 컨셉이 만들어졌다고 좋은 브랜드가 되는 것은 아니다. 좋은 컨셉은 고객이 구매를 시도하게 하지만 좋지 못한 경험은 재구매로 이어지지 않을 것이다. 즉 좋은 컨셉이 컨셉으로 끝나게 하지 않으려면 수많은 요소들과 운영Operation과 결합되고 통합되어야 한다. 컨셉이 완벽하게 되려면 실행되고 운영되어야 하기 때문이다. 컨셉은 완벽하게 실행될 때 의미가 있다.

CHAPTER
3

보이지 않는 것을 보이게 하는 법

좋은 브랜드는 생산자에 의해서 만들어지는 것이 아니라 소비자와 소비자의 관계에 의해서 만들어진다. 관계의 종착지는 사랑이다. 소비의 주체가 아니라 사귀는 주체, 궁극적으로 사랑하는 주체가 되어야 한다.

보이지 않는 것을 보이게 하는 법

3-1 브랜드 커뮤니케이션 – 관계를 맺는 과정

브랜드 커뮤니케이션의 정의

버진그룹의 회장 리처드 브랜슨Richard Branson은 '브랜드는 필링Feeling이다'고 정의하며 다음과 같이 말했다. "당신의 감성이 브랜딩으로 시작되고, 브랜드와 고객의 관계가 강화되면서 시작하는 단어, 즉 '필링'을 통해 당신의 비즈니스가 번성할 수 있을 것이다." 이 말의 의미로 본다면 브랜딩은 고객과의 관계이며 그 관계는 브랜드를 통해서 느끼는 감정이라고 할 수 있다. 브랜드는 가치와 감정의 표현인 것이다. 결국 브랜드는 고객들과 관계를 만들어가는 과정이며, 성숙된 감정으로 승화된 관계는 브랜드의 지지자, 협력자, 대변자가 되게 한다. 관계를 만들어가는 과정에서 제기되는 것이 메시지다. 메시지를 통해서 브랜드의 생각과 가치를 공유하고, 공유된 생각과 가치를 서로가 공감할 때 브랜드는 완성되고 소비된다. 브랜드가 가진 메시지를 전달하는 방식을 '브랜드 커뮤니케이션Brand Communication'이라 정의할 수 있겠다.

브랜드 아이덴티티Brand Identity를 수립하고 나면 고객과의 커뮤니케이션을 실행해야 하는 단계에 접어들게 된다. 과거(수요가 공급을 초과했던 시대, 웹 2.0의 시대 전까지), 브랜드 커뮤니케이션이란 '우리의 상품과 서비스에 관한 정보를 고객 혹은 잠재적인 고객들에게 브랜드를 알리고, 구매하도록 하며 충성심을 가지도록 하는 일련의 정보 관리 절차이며, 목표 달성을 위해서 광고, PR, 판촉, Viral을 적절히 활용하는 것까지의 과정 관리를 포함한다'고 정의했다. 단순히 일방적인 시대의 커뮤니케이션 관리 방식이었다.

SNS 등 온라인의 발전으로 인해 소비자들은 많은 정보에 과다 노출되고 있는 상황이다. 정보의 과잉은 브랜드가 일방적으로 전하는 상업적인 정보에 대해서 방어적 기제를 보이거나 무반응적인 자세로 일관하게 된다. 브랜드의 일방적인 커뮤니케이션 방식을 거부하고, 정보를 취사 선택하며 자신의 경험, 지인이 제공해준 정보, 소비자들이 남긴 리뷰나 의견을 더 신뢰하는 경향을 취하고 있다. 또 브랜드는 어떤 생각을 가지고 있고, 어떻게 세상을 바라보며 어떤 행위를 하고 있는지를 지켜보며 정보를 취사 선택한다. 따라서 브랜드가 소비자들에게 직접적인 영향을 주는 커뮤니케이션을 위해서는 전통적인 방식을 벗어나 소비자들과 호흡할 수 있는 연결 고리를 만들고, 연결 고리를 통한 커뮤니케이션이 필요하다. 이것이 관계를 맺는 방식이며, 관계를 위한 커뮤니케이션이 필요한 이유가 된다.

소비자는 메시지를 받는 대상이 아니며 메시지의 생산자이며 사용자이고 협력자가 되는 것이다. 커뮤니케이션의 목표를 관계를 맺는 데 중점을 두어야 한다. 소비자들은 나를 가장 잘 표현해주는, 나의 정체성을 대변해주는 브랜드를 구매한다. 그리고 나의 일부로 생각한다. 브랜드의 구매 이유가 즉 나로부터 시작되며 나와의 관계에 기인하는 것이다. 나의 정체성을 가장 잘 표현해주는 브랜드와 소통하고 관계를 맺는 것이다. 할리데이비슨은 메시지는 관계를 소속감으로 연결하고, 소속감을 유지하는 것이 진정한 관계라고 정의했다. '할리 데이비슨을 구매한 것은 관계가 시작된다는 것을 의미합니다. 끝난 것이 아닙니다.'At Harley Davison, the purchase of motorcycle is the beginning of the relationship, not the end. 소속감을 가진다는 것, 그것은 관계를 이어가겠다는 의미이며, 소유하고 지속하겠다는 표식이 되는 것이다. 할리데이비슨의 메시지는 '관계와 소속감의 의미를 정의'하는 문장의 백미라 하겠다.

▲ 그림 3.1 4P Mix의 시대별 변화에 따른 Communication의 변화

* 브랜드 커뮤니케이션 p.41, 유니타스 브랜드

브랜드 커뮤니케이션은 관계를 맺어가는 과정

소비자들은 더 이상 기능적 관점으로 상품과 서비스를 바라보지 않는다. 브랜드가 무엇을 하고, 무엇이 되고자 하고, 어떤 생각과 철학, 세계관을 가졌는가에 관심을 가지고 있다. 브랜드에 자신이 가진 생각과 철학, 세계관을 소비자들에게 알리고 공유하는 소통 활동, 즉 커뮤니케이션Communication 활동이 필요하다. 커뮤니케이션(소통, 疏通)의 어원은 라틴어의 코뮤니어스Communis로 '공통되는Common, 함께 공통의 것을 만들어 나누다Commni-care'의 의미를 가지고 있다. 즉 커뮤니케이션의 핵심은 메시지의 일방적인 전달이 아니라 '나눔의 과정'이라 할 수 있다. 사회학자 찰스 호튼 쿨리Charles Horton Cooley는 "커뮤니케이션은 우리가 관련을 맺고 있는 사람 혹은 세상을 통해 메시지를 보내고, 받고, 해석하는 과정이다."고 정의했다. 이와 같은 기원과 정의로 본다면 '브랜드 커뮤니케이션'이란 '브랜드의 생각과 철학, 세계관을 전달

▲ 그림 3.2 브랜드와 소비자와의 관계

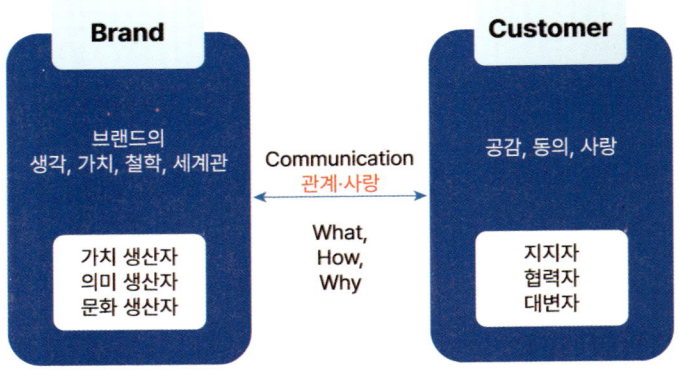

하고 전달된 메시지가 소비자들로부터 공감 받고, 공감을 통해 소비자들과 관계를 맺기 위해서 행하는 일련의 활동'으로 정의할 수 있겠다.

브랜드 커뮤니케이션의 효과를 극대화하기 위해서는 우선 '브랜드 커뮤니케이션의 목적'을 설정하고 원칙에 의거하여 진행되어야 한다. 즉 '무엇을 말하고자 하는지, 누구에게 말하고자 하는지, 어떻게 말하려고 하는지' 커뮤니케이션의 목표를 수립하고, '차별성Differentiation, 정확성Accuracy, 조화성Harmony'의 원칙에 의거하여 커뮤니케이션해야 한다. 차별성은 '경쟁자와 다른', '자기다움'의 메시지를 만들고, 이 메시지를 소비자들에게 전달함을 의미한다. 상품과 서비스의 차별화, 경험의 차별화 등 경쟁사와 비교하여, 또는 우리만 가지고 있는 경쟁력의 포인트를 명확하게 커뮤니케이션함을 말한다. 정확성은 우리가 타깃으로 하는 대상을 선정하고 선정된 대상에게 정확한 메시지를 전달하는 것을 말한다. 폭발적인 정보의 홍수 속에서 우리의 메시지는 세상을 향해 의미를 전달하고, 의미가 소비자의 욕구를 자극하며, 욕구는 감정을 느끼도록 해야 한다. 조화성은 다양한 마케팅적 메시지를 조화롭게 통합하는 것을 의미한다. 브랜드에서 중요한 요소인 일관성과 지속성을 커뮤니케이션에서도 원칙으로 삼아야 한다. 소비자들에게 노출되는 광고, Viral, 인쇄 매체, In Store POP(Point of Purchasing) 등이 하나의 목소리로, 하나의 의미를 전달함으로써 브랜드의 목표를 달성할 수 있도록 해야 한다는 것이다.

좋은 브랜드는 생산자에 의해서 만들어지는 것이 아니라 소비자와 소비자의 관계에 의해서 만들어진다. 관계의 종착지는 사랑이다. 소비의 주체가 아니라 사귀는 주체, 궁극적으로 사랑하는 주체가 되어야 한다. 소비자가 브랜드를 사랑하게 되었을 때 그것만 바라보고, 그것만 생각하며, 그것을 일상의 모든 것으로 간주한다. 브랜드가 가지고 있는 생각, 상징, 철학, 정신, 스토리를 대변해주는 대변자이자 옹호자가 되어 준다. 따라서 브랜드 커뮤니케이션의 목표는 '관계를 맺고 사랑에 빠지게 하는 것'이다.

우리 브랜드(또는 기업)가 어떤 철학과 세계관을 가지고 있는지 돌아보고 정리하며, 브랜드의 철학과 세계관을 통해 소비자들과 어떻게 관계를 맺고 싶어하는지, 어떤 관계가 되고 싶은지를 돌아봐야 한다. 관계는 양방향적이다. 서로가 사랑할 때 관계는 완성된다. 관계의 완성은 커뮤니케이션을 통해서 이루어진다.

3-2 업(業)의 본질: 함께 꾸는 꿈은 현실이 된다

2가지의 질문이 업(業)을 정의한다

세상의 모든 발견과 발명은 '필요와 욕구'에 의해서 생겨났다. '필요와 욕구'는 불편함에서 일어났고, '필요와 욕구'는 발견과 발명으로 연결되었다. 마케팅에서는 이를 1차적 욕구와 2차적 욕구로 분류해서 설명한다. 배가 고파서 '먹고 싶다'는 1차적 욕구, '스테이크를 먹고 싶다, 피자가 먹고 싶다'는 세분화되고 구체적인 욕망을 2차적 욕구라 말한다. 세상이 발전하고 기본적인 것들이 충족되는 시대에 1차적 욕구는 줄어들고, 2차적 욕구가 늘어난다. 그럼에도 1차적 욕구 즉 '식사'라는 기능적 욕구를 충족시켜주는 음식점이 여전히 존재한다. 다만 2차적 욕구를 충족하는 음식점들이 월등히 늘어난 것은 부인할 수 없다. 데이트, 맞선, 접대, 대화, 모임 등의 단어는 2차적 욕구를 지향하는 음식점의 단어들이다. 1차적 욕구에서 2차적 욕구로 진화해 왔고, 더 진화할 예정이다. 1차, 2차를 넘어 3차적 욕구를 '감성적 욕구'라고 정의해 본다. 1차는 기능, 2차는 목적, 3차는 경험과 감정이라는 욕망이다. 오감을 통한 감성적 욕구를 충족하고자 하는 사람들의 욕망이 시장을 지향하고 있다.

업(業)을 정의하고, 업의 본질이 무엇인지 정의하는 것은 '시장의 욕구'가 무엇인지, 그런 욕구를 가진 이들은 누구인지를 파악하는 것이다. 고객을 명확히 정의해야 해결해야 할 과제가 보인다. 타깃 고객, 타깃 고객이 가진 욕망에 대한 질문이 해결해야 할 방법을 찾아준다.

▲ 그림 3.3 '업의 본질'에 대한 정의

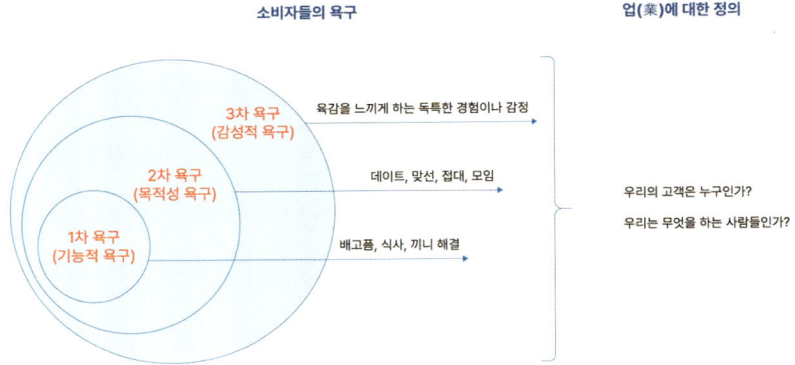

편의점을 통해서 많은 것들을 배우는 요즘이다. 편의점마다 업에 대한 정의도 다르게 내리고 있다. GS25는 'Lifestyle Platform'으로, 세븐일레븐은 '행복 충전소'로, 이마트24는 '새로운 라이프 스타일'로 정의하고 있다. GS25는 '고객의 라이프 스타일을 만들어주는 공간으로서의 기능'을, 세븐일레븐은 '행복의 감정을 전달해주는 감성적 충전소'로써의 기능을, 이마트는 24는 '새로운 콘텐츠를 제안하고, 새로운 라이프 스타일을 만들어주는 곳'으로 업을 정의하고 있다. 이렇듯 업을 정의한다는 것은 '우리의 고객이 누구인지'를 정의하고, '그들의 욕구가 무엇인지 정의하는 것'이며 '우리가 지향해야 하는 바'를 정의하는 것이다.

업의 본질이 무엇이냐고 묻는다면

메뉴만을 개발하던 분이 사업부장의 직무를 맡은 적이 있었다. 사업부장은 한 조직을 이끄는 수장이며 조직을, 브랜드를 경영을 하는 중간 경영자다. 경영은 다양한 요소들을 결합해 경쟁력을 확보하는 비즈니스다. 당시 사업부장은 브랜드의 모든 문제를 '메뉴 개발'로 해결하려고 했다. ('망치는 든 사람에게 모든 것이 못으로 보인다'는 격언이 생각났다.) 경영을, 사업을, 업을 '메뉴 개발'로 정의한 것이다. 메뉴 개발이 만병통치약이었던 거다. 매출이 빠져도, 이익이 나지 않아도, 마케팅을 해야 할 때도 '메뉴'로 접근하고 메뉴로 대안을 제시했다. 해결될 리가 없다. '업의 본질'에 대한 질문에 고객에 대한 정의도, 고객의 욕구도 생략했다. 바르게 정의하지 못하면 바르지 못한 방법을 찾게 된다. 무엇을 하는 사업인지 모르고, 알 수 없는 사업은 피폐해진다.

모셨던 한 최고경영자는 내게 늘 이런 말씀을 주셨다. "손님한테 잘해, 맛있게 하고." 업의 본질을 서비스와 메뉴 품질에 두고 계신 거였다. 업을 '기본에 충실할 것'이라고 정의 내린 거다. 그 말을 들을 때마다 '긴 내공의 시간, 업을 명확하게 정의 내리고 계시는구나'라는 생각을 했다. '기본에 충실하면 마케팅이 필요 없을 수 있겠다'라는 생각도 곁들였다. 또 한 상사는 '맛이 전부야'라고 수시로 얘기를 했다. '맛만 좋으면 된다'는 것이 업의 정의인 것이다. 이 말은 시대적 배경으로 보면 '반은 맞고, 반은 틀린 이야기'다. 맛에 대한 정의는 미각에서 육감으로 이동한 지 오래되었다. 음식점의 맛은 기본이다. 이런 부분에서 반은 맞는 이야기다. 하지만 미각을 충족한다고 해서 좋은 음식점으로 평가하지 않는다. 육감이 충족되어야 좋은 음식점으로 평가하고, 재방문 의사를 나타낸다. 그래서 반은 맞고 반은 틀린 이야기다. 이 말을 듣고 '좋은 요리가 완성되었다고 좋은 레스토랑이 완성된 것은 아니다'라는 음식점에 대한 개인적 정의를 내렸다.

직원들과 우리 업에 대한 정의, 비전·미션·핵심 가치를 만들기 위해서 워크샵을 진행한 적이 있다. 조직을 맡으면 제일 먼저 선행하는 작업이기도 하다. 8시간의 격론 끝에 '당신의 시간에 행복을 담아드립니다'를 업의 정의로, 또 회사의 미션으로 작성했다. '당신'은 고객을 의미했고, 우리의 고객은 본원적 기능을 넘어 욕망과 감정을 충족시켜야 하는 고객으로 정의했다. '행복'은 맛을 넘어 '고객의 모든 여정이 기쁨으로 가득 차도록 하겠다'는 의미를 담았다. '담아드립니다'는 음식을 의미하면서 우리가 하는 행위를 뜻했다. 고객, 우리, 업에 대한 모든 정의가 내려졌다. 우리는 '고객이 레스토랑에 입장하는 순간부터 퇴점하는 순간까지 모든 순간순간에 행복을 전해드리는 것'으로 '행복제안업'이라 업을 정의했다. 가야 할 목표가 명확해진 것이다.

업을 명확하게 정의하기 위해서는 아래의 2가지 사항을 질문하고, 질문에 대한 답을 내려야 한다.

① 우리의 고객은 누구인가? (Who they are?)
② 우리는 무엇을 하는 사람들인가? (Who we are?)

'우리의 고객은 누구인가?'라는 질문은 '우리의 고객은 무엇을 추구하는 사람들인가?'라는 질문으로 바꿔볼 수 있다. 앞서 언급했듯이 기능, 욕구, 감정의 욕망을 가지고 있고, 무엇을 위해서 이곳에 방문하고 구매하는가를 정의해야 한다. '타깃 고객'이라 한다. 타깃으로 삼을 고객들의 성별, 성향, 경제력, 학력, 방문 목적, 라이프 스타일 등을 구분 짓고 구분된 고객들에게 접근할 경쟁력을 갖추고 있는지를 살펴보고 질문에 대한 정의를 내리면 되겠다.

'우리는 무엇을 하는 사람들인가'라는 질문은 '고객들은 무엇을 원하고, 우리는 무엇을 판매할 것인가?'라는 질문에 정의 내리는 것이다. 이것이 '업의 본질'이고, '업의 정의'다. 기능을 팔 것인지, 욕구를 팔 것인지, 감정을 팔 것인지를 정의하는 것이다. 감정은 욕구를 앞서고, 욕구는 필요를 앞선다. 즉 기능적 욕구가 충족되어야 목적의 욕구가 충족되고, 목적의 욕구가 충족되어야 감정의 욕구가 만들어진다. 1차적 욕구가 충족되어야 2차적 욕구가 생기고, 2차적 욕구가 해결되어야 3차적 욕구가 생긴다. 우리의 고객들이 어느 단계에 머물러 있고 어느 욕구를 채우고 싶어 하는지를 파악할 필요가 있다. 또 우리가 팔고자 하는 것이 1차적 욕구인지, 2차적 욕구인지, 3차적 욕구인지를 구분하고 정의해야 한다.

업의 정의가 직원들과 동화되면 좋다. 업의 본질이 우리의 미션, 비전, 핵심 철학으로 다시 정의 내려지면 더욱 좋다. 미션은 조직의 철

▲ 그림 3.4 미션·비전·핵심 가치 체계도

학이다. 비전은 중기적 목표이며, 핵심 철학은 직원들이 지녀야 할 행동 가치다. 업의 정의와 조직의 철학은 조직의, 구성원의 행동 양식이 되고, 우리가 추구해야 하는 가치가 된다. 업의 정의와 조직의 철학이 갖춰졌다면 중심축이 형성된 것이고, 미래를 위한 나침반이 갖춰진 것이다.

서울 학동역에 위치한 닭갈비 전문점 '류몽민'이라는 곳이 있다. 식사를 하고 나오는 길에 '꿈을 꾸는 사람들이 모여 있는 이곳, 류몽민'

* 학동의 '류몽민', 담양의 '신사와 칼국수'의 철학이 담긴 액자

'비전, 손님, 직원, 사장 모두가 행복한 식당'이 액자 속에 자리잡고 있었다. 개인 가게를 운영하는 사장님의 마음이 액자에 고스란히 담겨 있었다. 매출이나 크기는 작을지 모르나 꿈은 큰 음식점이라는 생각을 했다. 물총칼국수가 맛있는 담양맛집, '신사와 칼국수'라는 음식점은 고객의 동선에 '사훈, 비전, 경영 목표'를 액자에 끼워 두고 누구나 볼 수 있게 해 뒀다. 사훈, 비전, 경영 목표'는 직원과 경영자의 관계를 설정하며, 조직의 방향성을 명확하게 제시한다. 뜻은 깊었고, 철학은 훌륭했다. 꿈을 공유하고, 목표를 명확히 하는 분들의 이야기는 사람들을 감동시킨다. 음식을 먹기 위해서 방문했지만 감동을 먹고 나온 사례다.

업의 본질을 정의하고, 업에 대한 이해를 바탕으로 직원들과 꿈을 이야기하고, 꿈을 나누는 것이 브랜딩의 출발점이다. 브랜드 리더는 직원들과의 지속적인 교류와 소통을 통해서 정의된 '브랜드의 방향성'을 공유하는 노력을 기울여야 한다. 인터널 브랜딩 internal branding이 익스터널 브랜딩 external branding에 앞서기 때문이다. 직원들과 함께 업의 정의, 우리의 비전, 미션, 핵심 가치를 나누는 워크샵을 진행해보면 어떨까 한다.

3-3 인스타워시 Insta-worthy 하다

'경험 경제의 시대'임을 강조했다. 소비자들은 '소유보다 경험'을, '가격보다는 스토리'를 선호한다고도 했다. 상품이나 서비스를 소비하는 과정에서 기능보다 감성을 더욱 소중히 하고, 느끼고 체험하는 활동을 선호한다. 시장의 상황이 그러하고, 소비자의 욕구가 그러하다. 새로운 경험을 체험하고, 새로운 경험을 공유하는 것은 MZ세대로부터 비롯되었으나 꼭 세대에만 국한한 것은 아니다. 경험하고 공유하는 것이 다양한 세대를 통해서 발현되고 있는 실정이다. 어떤 세대는 페이스북을 사용하고, 어떤 세대는 인스타그램을, 또 어떤 세대는 틱톡을 통해서 경험을 소비하고 공유한다.

인스타워시 할 콘텐츠를 갖추고 있는가 질문해야

사진을 통해 자신을 표현하고 연출하는 세대를 '포토프레스 Photo-Express 세대'라고 한다. 포토프레스 세대는 미디어를 통해 적극적으로 자신을 표현하고, 자신의 정체성을 드러낸다. 이러한 현상을 통해서 나타난 용어가 '인스타워시 Insta-Worthy'이다. 인스타그램 Instagram과 Worthy(~할 자격이 있는)의 합성어다. 즉 '인스타그램에 올릴 만한 자격을 갖춘, 인스타그램에 올릴 만한'으로 해석할 수 있겠다. 즉 소비자의 입장에서 '상품과 서비스를 통한 경험이 인스타그램에 올릴 만한 자격을 갖추었느냐, 자격이 있느냐'의 말이다. 다시 풀어 설명하면 '당신의 상품과 서비스의 경험이 경쟁사에 비해서 차별적 요소를 갖추고 있고, 이색적이며 새로운 경험이 되느냐'의 얘기로 말할 수 있다. '인스타워시하다'는 것은 SNS에 올려서 '소장할 가치가 있고', '주변 지인들이 보았을 때

'좋아요'를 누를 만하고', '다른 사람에게 자랑할 만한' 것의 자격을 갖추었냐는 것이다. 그래야 '인스타워시'할 수 있다. 반면 소장하고 싶지 않은, 굳이 내세우기 어려운 콘텐츠는 소비하고 버려진다. 단순하고 비슷하다. 이런 상품과 서비스의 경험은 인스타워시 하지 않는다.

▲ 그림 3.5 인스타워시(Insta-Worthy)

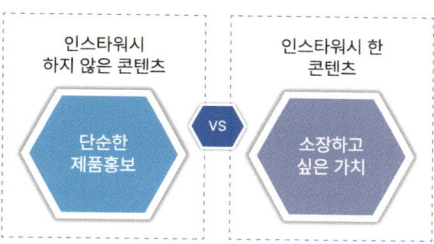

'인스타워시'하다는 것은 종종 경험적인 요소로 나타난다. 몇 가지 사례를 통해 살펴보자.

* 서울 서촌에 위치한 '한옥달'

한옥에 이탈리안을 더한 감성맛집, '한옥달'

서울 서촌에 위치한 '한옥달'은 한옥의 예스러움에 이탈리안 메뉴를 입힌 이색적인 공간이다. 한식을 퓨전화해서 메뉴로도 만들었다. 한옥의 정취를 좋아하고, MZ세대들의 감성과 트렌드를 반영한 음식점이다. 낮과 밤이 모두 아름다운 공간으로 사랑받으며 '한옥 뷰'를 배경으로 인증샷을 남기려는 고객들로 가득하다.

* 경주 감포의 카페 '1925감포'는 목욕탕을 리뉴얼해 카페로 변신했다.

레트로함와 감성을 전해주는 '1925감포'

경주 감포에 위치한 '1925 감포'라는 카페는 오래된 목욕탕을 개조해 카페로 변신한 사례다. 요즘 보기 드문 목욕탕으로 이색적인 경험을 제공한다. 카페로의 변신에서도 목욕탕의 골조는 그대로 유지하고, 바 카운터와 테이블만 더했다. 목욕탕 안의 탕, 락카, 사용하던 기구들이 그대로 보존되어 있다. 과거 목욕 후 먹던 바나나우유 대신 '부표라떼'를 즐길 수 있다. '부표'는 해녀들이 물질을 하러 갈 때 쓰던 바다 위에 뜨는 표식이다. 이렇게 '레트로를 경험하고', '옛날 목욕탕에서의 감성'을 경험할 수 있다.

소금빵이 염전과 함께 종로구 익선에 자리 잡았다. 소(小), 하(夏), 뜻을 그대로 해석하면 '작은 여름'이다. 염전은 소금밭을 말한다. '산뜻한 여름 바다에 어우러진 소금밭'이라는 표현이 맞는지 모르겠다. 소금빵

* 종로구 익선동에 위치한 '소하염전'

과 공간을 경험하기에 너무 좋은 요소들이 녹아져 있다. 통창으로 구성되어 외부에서는 내부를, 내부에서는 외부를 볼 수 있도록 했다. 내부 중전에는 염전을 형상화한 공간이 있고, 이곳에 무자위(물을 퍼 올리는 농기구), 넉가래(곡식을 밀어 모으거나 눈 같은 것을 치우는 데 쓰는 연장), 삽, 소금 가마 등이 비치되어 '염전 이상의 염전'을 구성하고 있다. 너도 나도 인증샷을 남기며 공간을 즐긴다. 공간을 체험한다는 것은 이런 것이다. '인스타워시하다'는 말은 이런 것이다.

좋은 경험은 반드시 공유된다. 이는 MZ세대를 넘어선 시대의 현상이다. 우리 음식점은 과연 '인스타워시'할 만한 것들이 있는가? 인스타워시할 수 있는 상품, 서비스의 경험이 갖추어져 있는지 돌아보아야 할 시점이다.

3-4 입소문에도 공식이 있다

행동 경제학자 이타마르 시몬슨은 "오늘날의 소비자들은 구매 전 타인들이 공유한 경험 정보를 통해 제품의 '절대 가치absolute value'를 알 수 있게 되어, 선택의 실패 위험이 줄어들고 브랜드에 대한 의존도가 낮아졌다"고 말했다. 이 말의 함의는 광고의 힘보다 검색의 힘이 커졌다는 것이고, 검색으로 인한 고객의 행동 가치가 변경되었음을 의미한다. 또 브랜드가 전하는 메시지보다 인플루언서(Influence, SNS에서 구독자를 바탕으로 영향력을 행사하는 유명인)의 조언과 행위를 신뢰하고, 과시용 명품보다 실용성 있는 제품에 지갑을 여는 시대(가치 시대)를 살아가고 있음을 증명한다. 'Zero MOT^{Moment of Truth}'의 의미 역시 고객의 행동 변화에 대한 메시지를 전해준다. Zero MOT는 0번째 MOT라는 말이며, 이는 '온라인을 통해 의사 결정을 하는 시간'을 의미한다. 구매 전 온라인 리뷰를 확인하거나 브랜드에 대한 다른 정보들을 습득하여 구매 의사 결정에 이르는 단계를 말하는 것이다. 미국 소비자의 88%가 구매 전 온라인을 통해서 정보를 확인하는 것으로 제시되었는데, Zero MOT의 구매 전 필수적인 행동요인이 되었음을 의미한다.

과거 소비자의 '구매 행동 패턴'은 AIDMA(주의, 관심, 욕망, 기억, 구매)의 5단계 과정을 거쳤다. 디지털이 일상화되기 전의 구매 행동 패턴이다. 디지털이 일상화된 현재에는 소비자들은 AISAS(주의, 관심, 검색, 행동, 공유)의 5단계를 거치며, 과거와 다르게 대다수의 소비자는 '검색'과 '공유'라는 행동 과정을 보인다. 2011년 덴쓰는 SIPS(공감, 확인, 참가, 공유 및 확산/Sympathize, Identify, Participate, Share & Spread) 모델'을 제시했다. 이호정은 자신의 저서 '갖고 싶은 컬러, 사고 싶은 컬러'에서 밀레니얼

세대의 60%가 자신들이 구매한 브랜드에 대해 로열티를 가지고 있다고 했고, 90%가 좋아하는 것은 온라인에서 공유하며, 38%가 광고보다 소셜미디어를 신뢰하고, 93%가 친구가 추천해준 제품을 구매한다고 했다. 과거 기업이나 브랜드가 주는 일방적인 메시지가 구매 행동에 영향을 미쳤다면 디지털 환경에서는 소비자들의 객관적인 리뷰나 지인들의 의견들이 소비자의 판단과 행동에 영향을 미친다고 볼 수 있다.

▲ 그림 3.6 AIDMA, AISAS, SIPS 구매 행동 모델

평점과 리뷰가 높으면 매출이 늘어날까?

디지털 환경하에 소비자들의 구매 행동과 구매 행동에 영향을 미치는 요소들이 변했다. 구매 행동에 영향을 미치는 요소들은 결국 검색을 통해서 알게 되는 정보들이며, 판단과 행동에 영향을 미치는 요소가 주변의 지인들이라는 사실이다. 실제 그럴까? 재미있는 조사 결과가 제시되었다. 이런 질문들에 대한 답을 제시해줄 수 있는 결과다.

① 평점과 리뷰가 높으면 매장의 매출이 늘어날까?
② 조회수와 방문 희망 건수는 매출과 상관이 있을까?

이태원과 한남동 음식점을 중심으로 월간 활성 사용 지수Mau 200만 명이 맛집 추천 플랫폼 '망고 플레이트'에서 맛집을 평가한 점수와 BC카드 매출액을 비교해봤다. 입소문 마케팅에 지갑을 열었던 가게 사장님의 기대처럼 가게 이용자의 평가 점수가 높을수록 이에 따라 가게 매출도 높게 나타났다. 망고 플레이트 이용 고객은 평가 점수 이외에도 가고 싶은 가게를 조회하거나 방문을 희망하는 가게를 '찜' 기능으로 등록해두고, 방문에 따른 리뷰를 작성하는 등 또 다른 데이터를 남긴다. 이 중에서 조회수와 방문 희망 건수, 평점, 리뷰 수를 대표적인 고객 관심 지표 데이터로 산정하고, 상관관계 계수Correlation coefficient를 파악하면 매출액과의 상호 관련성을 확인할 수 있다. ('빅데이터 생활을 바꾸다', 임세현 외 4명) 상관관계 계수는 데이터 상호 연관성을 의미하며, 0은 아무런 관련성이 없고, 1과 −1 값에 가까울수록 상호 연관성이 깊다고 본다. 통상 0.6 정도의 계수도 상관관계가 깊다고 볼 수 있다.

[그림 3.7]을 통해서 보면 방문하기 전 조회수, 방문 희망 건수와 매출과의 상관관계는 0.83과 0.96으로 나타났고, 방문 후에도 평점과 리뷰수는 매출과의 상관관계에서 각각 0.89와 0.95로 나타났다. 이는 매출과 아주 깊은 상관관계가 있음을 의미한다. 결국 맛집을 방문하기 전에 맛집을 조회하거나 방문을 희망하는 의사를 표현한 건수가 많을수록, 그리고 방문 후에 고객이 평점을 높게 부여하거나 리뷰를 작성한 건수가 많을수록 매출 금액이 오른다는 것을 알 수 있다. 조회수, 방문 희망 건수, 평점, 리뷰 수 모두 고객의 관심을 나타내는 지표 데이터로

▲ 그림 3.7 입소문과 리뷰의 힘

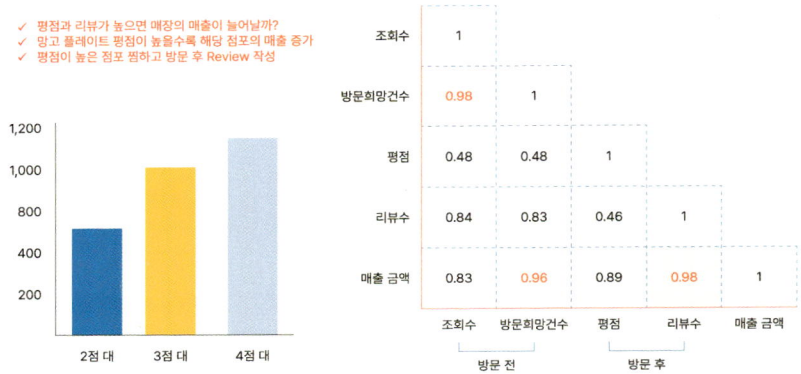

* '빅데이터, 생활을 바꾸다' 中

매출액과의 상관관계가 높게 나타난 것으로 볼 수 있다. 결국 음식점의 리뷰수, 조회수, 음식점에 대한 평점 등은 매출액과 상당한 상관관계를 가지고 있다. 음식점은 고객의 방문을 높이고, 매출액을 높이기 위해서는 브랜드의 긍정적인 평판을 관리하고 유지해 나가야 된다고 판단된다.

또 다른 하나의 현상, '공유 문화'

또 하나는 고객들의 '공유' 행위다. 더 많은 공유는 더 많은 방문과 매출을 확보할 수 있다는 것을 유추할 수 있다. 브랜드의 입장에서는 더 많은 공유를 만드는 것이 필요하다고 하겠다. 어떻게 하면 소비자들의 '공유' 행위를 유발할 수 있을까? 김지현의 '마케팅 브레인'에서 공유 행위를 유발하는 3가지를 제시하고 있다.

하나, 의외성Unexpectedness이다. 놀라움과 즐거움이 더해진 '예상치 못한 재미'에 고객은 반응한다. 유머러스한 재미, 깨달음에서 오는 지적 즐거움, 감동적인 마음의 울림 등에서 의외성을 느낀다.

둘, 자신과의 관련성이다. 틱톡Tictok은 소비자의 참여를 이끌어내는데 최적화된 소셜 미디어다. 실제로 한 가수의 경우 신곡 뮤직비디오보다 틱톡에서 재미 삼아 했던 '댄스 챌린지 캠페인'의 공유수가 현저히 많음에 주목하자. 이제 단순히 보는 것을 넘어 직접 행한 것을 자랑하는 시대다.

셋, 유용성Usefulness이다. 유용한 정보를 담은 콘텐츠에는 자발적 공유가 활발해진다. 공유 행위를 하는 중요한 이유는 타인과의 관계를 발전, 유지하고 싶은 마음 때문이다. 인스타그램이나 유튜브에 책 소개 콘텐츠나 전문가들의 강의를 편집한 콘텐츠가 유독 높은 '좋아요'나 공유를 불러일으키는 것은 유용한 콘텐츠를 공유함으로써 좋은 관계를 이어가고 싶은 마음 때문인 것이다.

브랜드나 기업의 입장에서 소비자의 구매 행동에 영향을 미치게 하는 요소 즉 '검색'과 '공유'를 관리해야 함을 알 수 있다. 결국 검색을 통해 '브랜드의 긍정적인 이미지'를 전달하고, 좋은 경험을 제공함으로써 고객 경험을 관리하는 것, 이를 통해 소비자들의 자발적인 '공유'가 이루어지도록 하는 것이 매출과 고객을 관리하는 방법이다. 브랜드를 관리하는 방법이다. '발 없는 말이 천리 간다'로 빗대어 보면 '발 없는 리뷰가 만리를 간다'고 할 수 있다.

3-5 전지적 스토리 시점 1

읽고 나서도 궁금해지는 이야기들이 있다. 또 읽기를 반복했으나 다시 듣게 되는 책들이 있다. 등장인물도 다양하고, 이야기는 복잡하다. 기억의 한계 속에 모든 것을 외우지도 기억하지도 못한다. 그럼에도 읽는 내내 '재미와 감동'을 선사해준다. 때문에 좋은 이야기였다고 판단하는 것이다. 성경이 그렇고 그리스 로마 신화도, 단군 신화도 그렇다. 예수님의 행적과 가르침, 제우스, 프로메테우스 등 수많은 신화 속 인물들이 흥분의 도가니로 몰아넣는다. 환인과 환웅의 이야기 또한 마찬가지다. 실제 존재했든 존재하지 않았든 사실과 거짓의 판가름이 중요한 것은 아니다. 오로지 이야기가 전해주는 재미와 감동, 한 장면 장면이 주는 묘미에 빠지는 것이다. 그리고 이야기와 장면을 이미지화하고 기억한다. 스토리Story의 중요성이다.

▲ 그림 3.8 스토리의 필요성

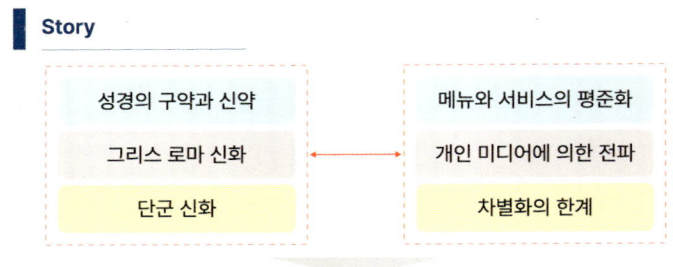

스토리가 필요한 이유

　브랜드에 서사가 있는 스토리가 중요해지고 있다. 과잉 상품과 정보가 존재하는 시대, 미세한 차이는 있지만 출시된 상품과 서비스의 편차가 사라진, 본질적 속성이 평준화된 시대에 살고 있다. 상향 평준화의 시대에 고객들은 '인지된 경험과 이미지, 의미'로 브랜드를 선택하고 상품을 결정한다. 브랜딩이 필요한 시점, 스토리가 필요한 시점이다. 음식점도 이와 같은 맥락으로 볼 수 있다. 음식점은 오히려 더 미세하고 정교함을 필요로 할지 모르겠다. 메뉴와 서비스는 금방 카피 가능하고, 특허로 보장받기도 어려워 미세함과 차별성조차도 긴 시간 유지하기 힘들다. 이만큼 평준화된 시대에 살고 있는 것이다. 그래서 많은 소비자들이 미세함보다 Story와 경험에 의해서 브랜드와 기업을 평가하기 시작했다. 스토리에 열광하는 이유다. 개인 미디어 시대에 스토리는 개인 미디어를 통해 전달하고 재생산되기를 반복한다. 기존 미디어보다 개인 미디어의 전파력이 훨씬 강한 시대에 살고 있다. 스토리는 강력하게 기억되고, 공유되며 전파된다. 경험 또한 마찬가지다. '브랜드는 스토리로 완성된다'고 했다. 스토리가 없으면 재미도, 감동도 없다. 유명한 많은 명품 브랜드 안에는 스토리가 존재한다. 스토리는 브랜드를 더욱 쉽게 기억하고, 좋아하게 만들고, 지지하게 만든다. 스토리가 가진 힘이다. 스토리는 힘이 세다.

　많은 사람들이 텍스트보다 영상과 이미지에 집중하는 현상이 나타나고 있다. OTT에 열광하고, 유튜브로 모든 것을 해결하며, 사진으로 의미를 파악하는 인스타그램이 인기있는 이유다. 텍스트보다 훨씬 강력하고 기억을 쉽게 하게 만든다. 스토리는 다른 의미다. 스토리는 텍스트로 쓰이기도 하지만 말로 전달되고 공유되는 성질을 가지고 있다. 스토리는 텍스트라기보다 이미지라 할 수 있다. 사람들은 기본적으로 스토리를 좋아한다. 스토리를 따라 희로애락의 감정을 경험하고 다른 사람의 생각을 학습하고 인생을 경험한다. 스토리의 강력한 무기다. 또 스토리를 통해 감정을 일으키게 하며, 감정 이입을 돕는다. '사람이 논리적이고 합리적이지 않으며 감정과 감성에 의해 판단한다'는 이론은 증명되었다. 사람들은 공유된 감정과 감동에 공감하고 설득당하며 이미지로 저장하고 행위로 옮긴다. 브랜드에 '서사가 있는 스토리'가 필요한 이유다. 재미와 감동이 있는 스토리라면 브랜드를 존재하게 하는 본질적 근거를 제공해준다.

▲ 그림 3.9 스토리가 효과적인 이유

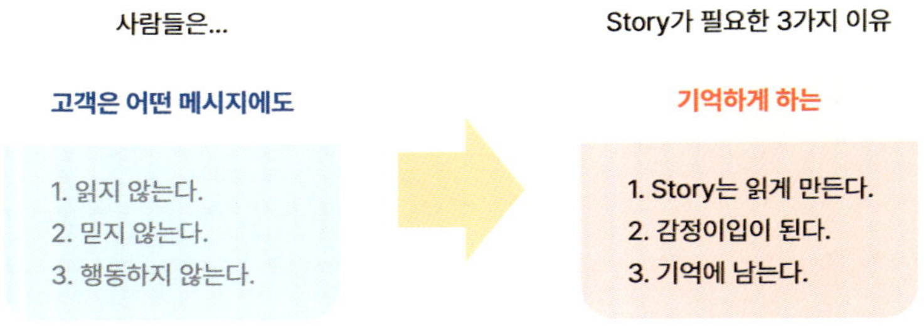

사람들은…

고객은 어떤 메시지에도
1. 읽지 않는다.
2. 믿지 않는다.
3. 행동하지 않는다.

Story가 필요한 3가지 이유

기억하게 하는
1. Story는 읽게 만든다.
2. 감정이입이 된다.
3. 기억에 남는다.

* 맥스웰 색하임(Mzxwell Sackhein) 3원칙

스토리는 발명하는 것이 아니라 발굴하는 것이다

더 이상 고객들은 평준화된 음식과 서비스에 열광하지 않는다. 고객들을 열광하게 하려면 '스토리가 있는 음식점'을 만들어야 한다. 평준화 시대, 경쟁의 시대에 살아남는 생존 전략이다. 스토리의 개발 주체

는 브랜드와 소비자 둘이다. 브랜드는 브랜드의 가치와 철학, 아이덴티티를 담아서 스토리를 개발하고, 소비자는 브랜드를 경험하면서 얻는 체험을 기반으로 스토리를 만든다. 어쨌든 두 가지 모두가 스토리다. 많은 음식점 사장님들이 '자신의 스토리가 없다'고 한다. 스토리가 없는 것이 아니라 발굴하지 못한 것이라고 반대의 이야기를 해드린다. 스토리를 찾거나 만들어야 한다. 스토리는 반드시 존재한다고 믿는다. 또 '스토리를 작성하는 것이 어렵다'는 말을 많이 한다. 스토리는 발굴하고 있는 그대로 진실성 있게 작성하면 된다. 진실성이 있는 솔직담백한 글은 서툴러도 인정받게 된다. 그런 의미에서 스토리 작성은 어렵지 않다.

▲ 그림 3.10 스토리의 히스토리화

우리 브랜드는 Story가 없다	Story 구조가 어렵다
Story는 발명하는 것이 아니라 발굴하는 것이다. Story Source는 널려 있다.	Brand Story 구조는 소설, 드라마, 희극과 다르다. 요소 중 강력한 하나만 있어도 스토리가 가능하다.

스토리의 소스(원천)는 이런 이야기들이면 어떨까 한다. 창업자의 창업 스토리, 창업 과정의 어려웠던 이야기나 창업 과정 자체의 스토리,

음식점 이름의 탄생 배경, 나의 음식점 운영 철학, 메뉴의 사연과 메뉴 탄생의 배경, 우리가 쓰고 있는 식자재 이야기, 우리만의 독창적인 조리법, 함께 일하는 직원의 에피소드, 고객들이 전해준 감동의 이야기 등 우리 일상생활에 일어나거나 일어난 작은 이야기들이 스토리가 된다. 그래서 스토리는 무궁무진하다. 전해들은 이야기, 우리 직원들과의 대화, 블로그와 SNS, 뉴스의 검색을 통해서도 발굴하고 진정성 있게 기록하면 된다. 그러니 스토리는 절대 어렵지 않다.

음식점이 가진 장점을 활용한 스토리 전개 필요

작은 음식점이 대형 레스토랑과 비교해서 가지는 장점은 고객과의 유대 관계, 감정, 진실성, 1대1의 커뮤니케이션 방식이다. 음식점의 스토리 역시 강점을 잘 활용해서 스토리를 만들고 스토리텔링 할 필요가 있다. 그래서 음식점이 스토리를 작성할 때 반드시 갖춰야 할 특성이 진실성, 감정, 정(情), 역사에 기반하는 것이다. 이런 특성을 백 번 활용해서 음식점의 스토리를 발굴하고 작성하고 전달될 수 있도록 해야 한다. 고객들은 우여곡절을 통해서 성공한 이야기와 어려웠던 시절을 극복했던 이야기, 전통이 있는 이야기, 사람과 사람과의 관계에서 일어난 사랑과 감동의 이야기, 따뜻한 인간미가 이어지는 이야기들을 사랑하고 아낀다. 금수저의 이야기와 돈 버는 이야기 등의 것들에 대해서 관심을 두지 않는다. 그래서 감동과 사랑과 정이 있는 이야기를 발굴하고 써야 한다.

이렇게 작성된 글들은 고객들이 알아서 전달과 재생산, 재공유 해준다. 그 스토리 속에 진실성과 감동이 있으면 된다. 열혈장사꾼 박인권

씨는 "가격으로 주목하게 하는 것은 3류 상인이고, 가치로 주목하게 하는 것은 2류 상인이며, 가슴으로 주목하게 하는 것은 1류 상인이다." 고 했다. 가슴이 따뜻한 이야기를 하나씩 찾아서 쓰고, 다듬고, 전달하도록 해야 한다. 이에 고객들이 감동하고 열광한다. 평범한 음식점에서 비범한 음식점이 되기 위한 첫 번째 단계가 바로 스토리 쓰기 단계이다.

▲ 표 3.1 스토리의 발굴

구분	Story
Story에 대한 2가지 오해	• 우리 브랜드는 스토리가 없다. • Story를 작성하는 것이 어렵다.
음식점의 Story	• 창업 과정의 스토리 • 창업자의 스토리 • 메뉴 출시 스토리 • 식자재 스토리 • 임직원 스토리 • 고객 감동 스토리
발굴	• 사보, 기업 연감, 창업자의 구전, 언론 매체 • 카페, 블로그 검색 • 현장 인터뷰 • 사내 공모, 사내 임직원을 통한 스토리 공모

스토리의 작성 방법

[표 3.1]에서 언급한 것처럼 '스토리를 발굴'하는 과정이 첫 번째 단계이다. 스토리를 발굴하고, 발굴한 스토리에 브랜드가 가지고 가야 할 의미를 부여하는 작업을 진행한다. 스토리가 고객들에게는 어떤 의미를 가지는지, 브랜드에는 어떤 필요가 있는지를 찾아서 대입시키는

단계가 두 번째다. 단순한 이야기가 아니라 고객의 문제 해결, 브랜드의 존재 이유, 남과 다른 차별점, 브랜드가 꿈꾸는 미래 등 의미를 선별하는 작업을 하는 것이다. 의미를 부여하는 작업이 마무리되면 기승전결 방식으로 스토리의 맥락을 만드는 작업을 진행한다. 기본적으로 고객들은 브랜드의 이야기에 능동적으로 몰입하지 않기 때문에 스토리는 '결핍과 해결'이라는 플롯plot을 유지해야 하고, 간결하고 임팩트 있게 작성되어져야 한다. 이렇게 되면 스토리가 완성된다. 재미와 감동, 의미가 있는 스토리가 완성되었다면 스토리를 잘 전해줄 매체를 선정하고 스토리를 공유하는 단계로 마무리하면 된다.

스토리의 3요소는 인물, 배경, 사건이다. 이를 기본으로 '기승전결'의 방식을 취하면서 '갈등과 해결'이라는 서사적 구조를 띤다. 인물은 사건을 만들고 해결하는 등장인물 또는 등장인물의 캐릭터를 말한다.

▲ 그림 3.11 스토리의 제작 과정

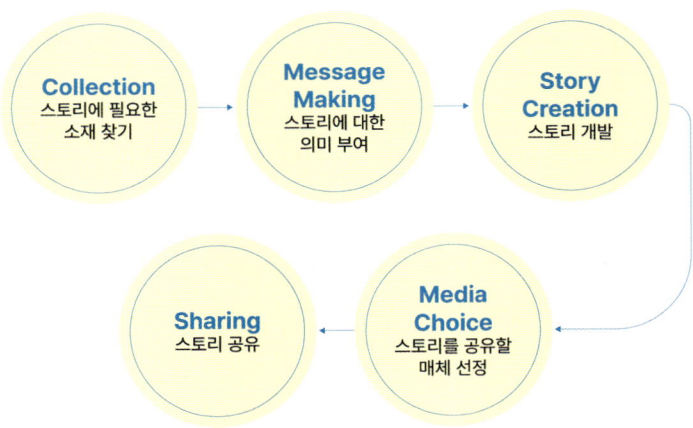

배경은 스토리의 사건이 일어나는 공간적, 시간적 배경이나 상황을 말한다. 사건은 배경을 바탕으로 인물들 사이에서 벌어지는 일련의 일들을 말하는 것이다. 스토리는 3요소인 인물, 배경, 사건과 기승전결이라는 서사적 구조를 띠게 된다.

오하시 가즈노시는 자신의 책 '백억짜리 카피대전'에서 스토리의 전개 과정을 V, W 2가지 유형을 소개했다. 이야기의 전개에서 '주인공이 고난을 극복하고 성공을 쟁취하는 스토리가 효과적이다'고 언급한다. 고난을 극복하는 과정에서 사람들의 공감을 얻어내고 마음을 사로잡는다는 것이다. 맞는 이야기다. 대부분의 영화와 드라마는 기승전결, '일상→고난→해결 및 성공'의 구조로 되어 있다. 최악의 상황을 해결하는 과정에서 클라이스막스Climax가 형성된다. 이야기의 전개 과정도 반드시 체크해야 할 부분이다. W자형의 구성도 소개하고 있는데 두 번의 실패와 실패를 극복하는 두 개의 과정이 포함되어 있다. 감동이 두 배일지 모르겠지만 재미는 두 배가 될 것으로 판단된다.

앞서 언급했지만 스토리 소비자들은 능동적이지 않다. 능동적이지 않다는 이야기는 결국 시간이나 돈을 브랜드 메시지나 스토리에 투자하지 않는다는 이야기와 동일하다. 따라서 브랜드 스토리는 '승과 전(갈등과 결핍)'으로는 이루어지게 만들어져야 한다. 스토리의 해결 과정에 반드시 브랜드가 하는 역할, 브랜드가 전하는 메시지가 직접적이든 간접적이든 노출되어야 완벽한 스토리가 완성되었다고 할 수 있다.

브랜드를 스토리텔링 한다는 것은 브랜드의 메시지가 될 만한 스토리를 찾고, 스토리의 주제와 메시지를 '갈등과 해결'이라는 구조로 전개하면서 편집(플롯, Plot)하는 것이다. 구성감 있게 만들어진 스토리는

▲ 그림 3.12 스토리의 전개 과정-V, W형

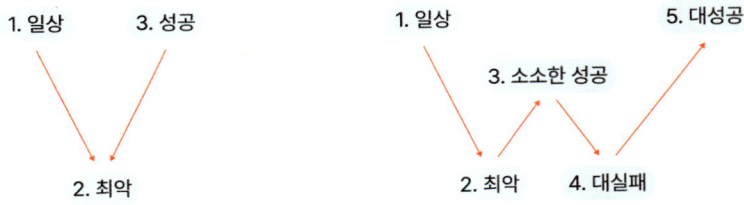

* 오하시 가즈노시, '백억짜리 카피대전'

힘을 가진다. 스토리가 힘을 가졌다는 이야기는 소비자의 마음을 움직이고 행동을 움직이게 한다는 말이다.

3-6 전지적 스토리 시점 2

스토리는 발명하는 것이 아니라 발굴하는 것이라고 했다. 스토리는 내부와 외부에 존재해 있고, 고객들의 마음과 직원들의 머리에 존재해 있다. 그리고 우리 음식점의 과거와 현재에 존재해 있다. 이를 발굴하고 스토리를 만드는 과정이 필요할 뿐이다. 음식점의 스토리는 주로 창업 과정의 이야기, 창업자의 이야기, 메뉴를 만든 이야기, 식자재에 관한 이야기, 직원들의 에피소드, 고객 감동 이야기 등 찾아보면 실로 다양하다. 물론 이 이외에도 다양한 이야기가 존재한다. 이를 발굴해서 스토리로 만들어야 한다.

누구에게나 스토리는 있다

대한민국의 죽의 대표 주자가 된 김철호 대표의 '본죽' 창업 이야기도 재미와 감동을 준다. IMF 시절, 하던 사업이 부도가 나고 일을 찾다가 슬로우푸드Slow Food의 대명사였던 죽을 시작하게 되었다. 죽 사업이 안정되자 다시 해외 진출을 꿈꾸며 사업을 확장하다가 한국 시장과 다름을 알게 되고, 다시 재기하는 과정 그리고 대한민국 최고의 죽, 나아가 K-Food의 대명사로 해외에서도 인정받는 죽이 되었다.

청주의 '대산보리밥'은 엄마, 보리밥, 청국장의 이야기를 브랜드에 담았다. 그리고 이문규 대표의 음식의 일대기도 브랜드에 녹여 냈다. 어머니의 헤리티지가 담겨있는 장독대, 삶의 풋풋함을 뒤로 하고 손수 만들어 주시던 청국장과 보리밥의 따뜻함이 청주의 한 곳을 비추고 있다. 한식과 이탈리안을 오며 가며, 폐업과 개점을 조율하며 느긋한 웃음을 짓기까지의 역사도 그대로 드러내고 있다. 청주의 많은 어머니들

* 청주 어머니들로부터 사랑받는 '대산보리밥', '대산보리밥'에는 많은 이야기들이 있다

이 공감하고 사랑하는 이유다. (V, W형 스토리 유형이다.) 벽면을 장식한 그의 이야기, 어머니의 이야기는 많은 공감의 메시지를 전해준다.

'본앤브레드'를 운영하는 정상원 대표의 창업 스토리는 많은 재미를 준다. '와, 이런 경우도 있구나'라고 감탄의 박수를 칠지도 모르겠다. 정상원 대표의 아버지는 마장동에서 국내 최초로 한우 전문 유통 회사를 설립하고 운영한 분이다. 아버지의 생활을 보고 자란 정 대표는 소고기에 대한 DNA가 있었다. 지인들과의 모임에 고기를 그렇게 잘 구웠다고 한다. 어떤 부위는 어떻게 굽고, 부위와 잘 어울리는 마리아주 Mariage 설명까지 곁들이며 고기를 굽는 모습에 지인들은 감탄한다. 마침내 지인들은 정 대표에게 음식점 오픈을 권유한다. 지속된 권유에 정 대표는 딱 일주일만 열겠다고 음식점을 오픈했는데, 예약을 받은 지 2

주만에 1년치 예약이 다 차버렸다. 미국에서 경영학을 공부한 정 대표가 고깃집을 한 사연과 '본앤브레드'가 육류의 성지 '마장동에서 태어나고 자랐다'는 뜻으로 지어졌다는 이야기는 고객들에게 재미를 주며 회자되고 있다. 재미가 있는 스토리가 회자됨을 알려주는 에피소드다.

지금은 없어진 브랜드지만 '민들레영토' 또한 마찬가지다. 과거 '민들레영토희망스토리'를 읽으며 지승룡 소장을 외식업의 롤모델로 삼아 나 역시 희망 스토리를 쓰고 싶었던 적이 있다. 지승룡 소장, 목회자의 길을 가던 그가 이혼을 하고 목회자의 길을 갈 수 없게 되었다. 빈 시간을 채우기 위해 정독도서관에서 신문, 잡지, 경제·경영도서 등 3년간 2천 권을 책을 읽으면서 시간을 보냈다. 그 후 길거리에서 가래떡 장사와 옷장사를 하면서 2천만 원을 모은다. 모은 돈을 가지고 신촌

* '민들레영토 종로점'의 사진이다. 지금은 폐점을 하고 없어져서 아쉬움이 남는다.

구석 쓰러져가는 공간을 얻어 '민들레영토' 카페를 오픈한 기구한 사연이 있다. 기구한 사연과 더불어 7전8기의 뚝심을 보이며 사업을 성공적으로 이끌었던 감동적인 이야기는 사람들의 심금을 울렸다. 저자도 그 스토리 보며 지승룡 소장과 '민들레영토'의 열렬한 팬이 되기도 했다. 민들레영토가 지금 시대를 만났다면 너무 좋은 브랜드로 성장했으리라 생각한다. 그때도 좋았지만 지금도 좋은 사업 아이템이다. 이렇듯 창업자의 스토리는 많은 사람들에게 감동을 주고, 호응을 얻게 된다.

방배역에 '어니스크'라는 빵집이 있다. 동네 사람들로부터, 주부들로부터 꽤나 사랑받는 베이커리샵이다. 소문이 나고 장사가 잘 된 배경에는 '천연 발효법'과 '무염빵'의 역할이 크다. 제빵법에 대한 고객들의 반응이 입소문을 탔다. 천연 발효 액종법, 천연 발효 르방법, 탕종법, 풀리쉬법 등 일반인들은 잘 알지 못하는 방식으로 건강식 빵을 주민들에

* 방배역 인근, 천연 발효법으로 유명한 동네 빵집 '어니스크' (ⓒ어니스크)

게 제공한다. 또 크렌베리, 호두, 푸룬, 피칸 등 사용하는 식자재에 대해서 공개하고 좋은 식자재만을 엄선해서 사용을 한다는 내용을 매장 내에 공지한다. '몸에 좋지 않다'는 이유로 만든 '무염빵' 역시 '어니스크'가 있게 한 원동력이다. 역시 좋은 메뉴는 좋은 식자재로부터 출발한다. 이런 식자재에 대한 믿음과 스토리는 고객들로부터 찬사를 받는다. 고객들이 믿음을 주고, 고객들이 스토리를 전파한다.

부산 남포동에 가면 '할매회국수' 집이 있다. 부산 명물이다. 한국 전쟁 당시부터 영업을 했으니 벌써 70년의 세월을 보냈다. 당시 식자재라고 미국으로부터 원조를 받은 밀과 부산에서 흔한 생선이 주였다. 이 밀과 가오리로 만든 국수가 '할매회국수'다. 가오리를 회 쳐서 소면 위에 올리고, 비빔장을 올려서 내어놓는다. 전쟁으로 없던 당시 최고의 만찬이었다. 그 맛이 그대로 지금까지 이어오고 있다. 회국수가 탄생

* 부산의 명물인 '할매집회국수'는 한국 전쟁의 아픔을 간직한 Story를 가지고 있다.

한 배경이다.

　홍대 '철인치킨7호점'은 고객들이 '돈쭐(돈으로 혼내줌)' 낸다고 온라인에서 화제가 되었다. 부모님을 일찍 여의고, 할머니와 함께 살아가던 형제가 치킨이 먹고 싶었는데 가진 돈이 5천 원밖에 없었다. 동생은 먹고 싶다고 하고, 형은 돈이 없다고 실랑이를 벌이던 모습을 보고 치킨집으로 불러 형제에게 치킨을 무료로 먹이고, '먹고 싶으면 언제든 오라'고 하고 형제들을 돌려보냈다고 한다. 1년이 지난 후 형은 치킨집 사장인 박재휘 사장에게 감사의 편지를 보냈다. 이 사연이 알려지자 고객들이 '돈쭐나게 한다'고 치킨을 주문하면서 음식점이 대박이 났다. 감동의 스토리였다. 박재휘 사장께 찬사를 보낸다. 박재휘 사장의 선행은 지금도 진행 중이다. 소식을 듣고 후원금으로 보내준 6백만 원의 돈을 마포구청에 기부하며 선행을 이어가고 있다. 이후 만나지 못한 형제들을 찾고 있는 중이라며 아쉬움을 토로하고 있다. 선행이 선행을 낳고, 어두웠던 사회는 조금씩 밝아진다. 밝아지게 만든 사람의 이야기는 고객들이 옮기고 나르면서 재생산되고, 확대 재생산된다.

　이렇듯 이야기는 우리 음식점에, 우리 직원들에게, 우리의 과거에서 찾을 수 있고 또 우리의 미래에서 생산할 수 있다. 발굴하거나 생산된 이야기를 전달하고, 고객들에게 감동을 주면 그 사연은 고객들이 확대 재생산해준다. 앞선 글에서 언급했지만 지금은 개인 미디어 시대다. 좋은 이야기, 감동적인 이야기만 있다면 세상은 열려 있다. 스토리의 시대다. 메뉴와 서비스는 기본이다. 과거 QSC와 Value(가치)로 음식점을 평가하였지만 지금 시대, QSC+S(Story)의 시대다.

　우리만의 스토리를 발굴하고, 이야기로 만들기를 바란다.

3-7 로컬리즘을 찾아서

출산과 사망률이 데드크로스가 된 지 몇 해다. 지방과 도시의 불균형에 대한 언급은 오래된 전설 같은 이야기다. 서울경기권에 대한민국 인구의 절반이 산다. 지방은 무너지고 도시는 팽창하고, 출산을 기피하고 인구 감소는 가팔라지고 있다. 사람은 서울로, 말은 제주로 보내라는 말은 피해야 할 금기어가 되었다. (로컬의 관점으로 보면) '한양 십리 안에 살라'는 정약용의 말은 대한민국의 현실에 맞는 말인지 점검해봐야 할 시기이기도 하다. 이런 상황에서 나타난 말이 '로컬리즘Localism'이다. 민간과 지역이 합심해서 청년과 중년이 단결해서, 중앙 정부와 지자체가 협력해서 만들고자 했던 것이 '로컬리즘', '지방 재생'이다. 대한민국 지자체 229개 곳 중 절반이 '인구 소멸 지역'으로 분류되고 있다. 지방을 살리는, 로컬을 살리는 일은 이제 모두의 일이, 대한민국의 일이지 않을까? 그래서 로컬에 더욱 집중해야 한다. 지방이 살아야 대한민국이 살기 때문이다.

로컬리즘이 필요한 대한민국

브랜드와 문화, 서울에서 지방으로 향하는 것이 보편적 흐름이었다. 지난 몇 십년간 그러했다. 흐름의 역전은 최근에 일어난 현상이다. 지방에서 서울로 향하고, 지방에서 자리를 잡는 경우도 다양해졌다. 지방으로 이동한 청년 창업, 시골 마을의 개인 브랜드, 협동조합, 스타트업, 지역 특화 창업 등 새로운 형태로 운영되는 브랜드들이 유독 늘어나고 있다. 지자체의 골목길 활성화 사업과 도시 재생 사업, 지역 특산물 강화 전략과 브랜드, 창업과 맞닿아 있다. 큰 브랜드를 이기는 작은 브랜드의 이야기, 로컬 브랜드의 이야기는 설렘을 선사한다. 특히 로컬 창업과 로컬리티Loacality 또는 로컬리즘Locallism을 극대화한 이야기를 들을 때마다 '지역 빈곤과 도시 집중'이라는 암울한 현실을 생각하게 된다. 이러한 현상을 극복하는 방안으로 로컬리즘, 로컬리티가 대두되고 있다. 삶의, 브랜드의 새로운 대안이 되고 있다.

새로운 콘텐츠를 만들고, 새로운 콘텐츠가 사랑받고, 공감받으면서 공유되는 현상은 브랜드에게는 설렘이고, 새로운 콘텐츠를 찾는 사람들에게도 더 없는 기쁨이다. 브랜드는 좋은 콘텐츠를 지속적으로 창출해야 한다. 창출된 콘텐츠가 사랑받아야 브랜드가 이어짐을 알고 있기 때문이다. 지방은 특히 그러하다. 인구가 감소하고, 인구가 고령화되어 지역은 늙어가고 있다. 늙어진 지역이 젊어지기 위해서는 사람들이

* 부여의 시골 마을에 위치한 '소담 돈까스', (흐려서 잘 보이지 않지만) '귀촌 요리사가 맛있게 만들어 드립니다'라는 문구가 플래카드에 적혀 있다.

모여야 한다. 여행객이라도, 비상주 인구라도 모여야 지역이 살아날 수 있기 때문이다. 지역을 활용한 창업, 지역을 활용한 브랜드를 만나는 것이 설레는 이유다. 새로운 콘텐츠를 만들어야 하고, 만들어진 콘텐츠는 사람을 끌어들여야 한다. 지방의 브랜드도 마찬가지다. 창업도 살고, 지방도 사는 방법이다. 로컬리즘이 필요하다.

로컬리즘을 실현한 작지만 큰 브랜드

인구나 고객층으로 보면 지방 창업은 부담이 된다. 하지만 장점도 풍부하다. 낮은 임대료와 경쟁, 운영비 절감, 지역의 특산물 활용, 지역의 색깔이 들어간 스토리텔링은 장점이라 할 수 있다. 그중 지역 특산물과 감성적 스토리텔링은 사람들을 끌어들이는 훌륭한 콘텐츠가 된다. 이와 같은 장점을 활용해서 잘 만들어진 콘텐츠의 매력은 지역으로 사람들을 모으고 지역을 활성화시키는 역할을 한다. 지역 식자재를 활용한 메뉴, 지방의 감성을 전달하는 패키지, 지역을 표방한 공간 등은 로컬리즘을 실현하는 좋은 수단이 된다.

담양은 인구 4만의 작은 시골이다. 대나무로 유명하고, 음식으로는 떡갈비가, 사람으로는 인심이 유명하다. 그러니 음식도, 사람도 자연과 가까운 곳이 담양이다. 담양 여행에서 만난 음식점도 자연과 같았다. 담양의 작은 마을에 자리잡은 '담양제과'는 로컬리즘의 정수를 보여준다. 하얗고 깔끔한 파샤드에, 녹색 대나무는 화려하다 못해 수려하다. 대나무 케이크를 주문하면 큼직한 대나무 통에 댓잎 가루로 맛을 낸 시트와 에스프레소에 적신 시트를 여러 겹 쌓은 '티라미수'가 나온다. 다 먹고 남은 대나무 통은 가져올 수 있다. 막걸리에서 아이디어를 얻은 '뱀부밀크티(대나무 우유)'도 제법이다. 색감은 뛰어나고, 맛은 깊다. 대나무의 향기를 닮았다. 담양제과는 '대나무 케이크와 대나무 우유'로 문화체육관광부 상을 받았고, 한국관광공사가 인증하는 한국 관광 명품으로 지정되었다. 담양을 사랑하는, 담양을 알리고자 하는 주인장의 마음이 모든 곳에 녹여져 있다. 대나무도, 패키지도 가지고 나올 수밖에 없게 만든다. 메뉴도, 패키지도, 철학도 수려한 곳이다. 로컬리즘의 대명사로 보인다.

* 담양의 '담양제과', 로컬리즘의 명품이다.

'소박하고 건강한 삶'을 사는 방식을 '휘게, 라곰, 킨포크'로 빗대어 이야기한다. 가족과 함께, 욕심 내지 않고, 자연과 더불어 사는 삶이다. 도시 생활을 접고 시골로 이전해서 음식점을 하며 가족과 행복한 시간을 갖는 주인장이 하동에 있다. '벚꽃 경양식'을 운영하고 있다. 이곳을 처음 접하고 주인장의 기발한 생각에 소름이 돋았다. 메뉴에는 하동이 녹아져 있다. 하동에서 채취한 재첩으로 만든 '재첩봉골레스파게티', '하동녹차스파게티'가 있다. 재첩과 녹차는 하동을, 지리산을 대표하는 식자재다. 지역 식자재를 활용한 면도, 메뉴 이름도 너무 절묘하다. '청정 지리산 흑돼지'를 활용한 돈카츠도 일품이다. 메뉴를 접하며 하동을 느끼고, 지리산을 경험하게 된다. 로컬리티를 제대로 살린 브랜드다.

* 하동의 '벚꽃경양식'

고성은 자연과 함께 살아가는 공간이다. 사람들의 발길이 많지 않아 청정함이 자리 잡은 곳이다. 바다와 인접해 청정 바다를 볼 수 있는 곳, 고성에 '바다 뷰'를 자랑하는 카페가 있다. '스위밍 터틀'이라는 카페다. 과거 민간인 통제 구역이었던 해변이 개방되고 '바다 뷰'를 조망할 수 있도록 건축된 공간이다. 이곳에 가면 모든 좌석이 바다를 향해 있다. 바다를 보러 이곳에 온다. '바다 뷰' 이상의 재미있는 콘텐츠가 메뉴에 녹아 있다. 벌꿀의 신선함을 담은 'DMZ 플랫화이트', 지역명을

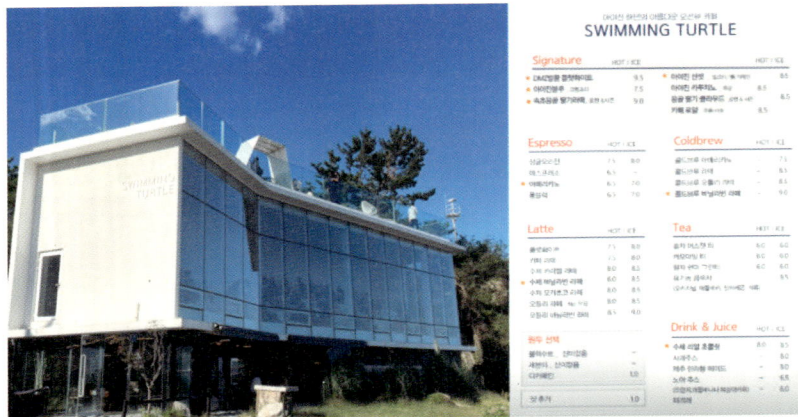

* 고성 아야진해변 카페 '스위밍 터틀'

* 춘천의 '감자 아일랜드'

활용한 '아야진선셋', 깊은 산속 옹달샘처럼 자연을 간직한 '옹골딸기클라우드' 등 로컬리티를 제대로 살려내어 메뉴를 만들고 브랜드를 만들었다. 앙증맞다는 생각이 절로 드는 음식점이다.

강원도 춘천에 '감자 아일랜드'라는 이탈리안 음식점이 있다. 감자는 대표적인 강원도 특산물이다. 감자는 널려 있지만 제대로 활용하는 곳은 많지 않다. '감자 아일랜드'는 감자를 제대로 활용한 로컬 음식점이다. 강원대학교와 수많은 시험을 토대로 만들어진 다양한 '감자맥주'와 강원도 감자를 활용해 '뇨끼', '피자', '리조또'를 만들었다. 춘천 명물 닭갈비를 올린 '닭갈비 피자'도 한몫한다. 강원도 식재료와 이탈리안의 메뉴가 잘 조합되었다. 강원도 식자재를 활용한 부분도, 지역성에 이국적인 메뉴를 더한 것도 훌륭해 보인다.

새로운 콘텐츠를 만들고, 콘텐츠를 가치로 전달하는 과정을 '밸류 프로포지션(Value Proposition, 가치 제안)'이라 한다. 가치 제안은 브랜드를 설명하고, 특별함을 선사하며 고객들을 감동시킨다. 지역으로 사람을 모으고, 지역을 활성화시킨다. 로컬리즘이 지향하는 바가 바로 이 부분이다. 지방의, 지역의 많은 브랜드들이 지역의 식자재를 어떻게 활용할 것인지, 지역의 자연과 공간을 어떻게 녹여낼 것인지, 공간은 어떻게 창조하고, 메뉴를 어떻게 탄생시킬 것인지, 지역의 감성을 어떻게 전달할 것인지가 로컬리즘의 핵심이다. 어려운 시대를 살아가는 우리들에게 로컬리즘의 하나의 대안이 될 것이다.

3-8 Heritage를 이어가는 음식점들

'Aging'은 '나이 들어감', '노화'를 뜻하나 육류와 와인은 '숙성되어 간다'는 뜻으로도 쓰인다. 노화와 숙성은 그 의미가 반색되나, '오래되어 그 빛을 발하다'로 해석하면 어떨까 싶다. 음식점도 에이징이 될 수 있을까? 이런 질문에 답하는 음식점이 있다. 담양에 위치한 '전통식당'은 Aging이 Heritage가 된 음식점이다. 가업을 물려받아 전통을 재해석하고 지역적 특색을 반영하고 감성을 입혀 완벽한 브랜딩을 실현했다. 한적한 시골에 위치한 '전통식당'은 많은 화제거리를 낳고 있는 중이다.

Aging이 Heritage가 된 '전통식당'

지역에는 명물이 존재한다. 명물은 문화재가, 공간이, 때로는 음식이 될 수 있다. '전통식당'은 담양의 명물이고 명물 음식점이다. 이곳을 맛보기 위해 많은 정치인, 유명인, 관광객이 방문한다. 가격이 높지 않은 것도, 남도의 방식으로 손님을 접대하는 것도 이야깃거리다. 한정식은 18,000원부터 시작한다. 가격으로부터 이야기는 시작된다. 큰 대접상을 번쩍 들어 서빙한다. 손님을 접대하는 훌륭한 상차림이다. 가격도, 음식도, 서비스도 오래전부터 내려오는 남도의 문화를 닮았다. '호사를 누린다'는 표현이 맞는 음식점이다.

어머니(윤선도 11대손)가 인근 지인의 부탁을 받고 '손님을 접대하는 상'을 제공했다. 맛을 본 지인들의 성화에 못 이겨 음식점을 오픈했다. 간혹 우연이 필연이 되고, 필연은 세상을 변화시키기도 한다. 한 사람의 인생도, 기업도, 국가도, 역사도 우연에서 보석을 발견하고 변화한다.

숨겨졌을 수 있었던 음식이 우연을 통해서 가족을 이끌고, 가족은 담양을 다시 이끌어주고 있다. 메뉴가 이미 전통이다. 그래서 전통식당은 오래되어 낡고 시든 것이 아니라 오래되어 담양의 헤리티지로 남아 있고, 오래 보존되어 Aging되었다.

'하나하나 손이 많이 간다'는 사장님의 말씀에 '음식은 고됨으로 완성됨'을 다시 한번 느끼게 된다. 벌써부터 '장 담을 걱정이 된다'는 사장님의 푸념 섞인 말에 고단함을 넘어 구수한 냄새가 느껴진다. 수고스러움은 방문객의 수만 보더라도 알 수 있다. 고객들이 인정한 음식점이다. 아직도 좌식에, 귀빈상으로 내어오는 곳은 남도에서 이곳이 유일할 것이다. 이것이 전통이고, 이것이 헤리티지다. 조금 불편하다고 버리는 것이

* 담양의 명물, '전통식당'

아니라, 조금 불편하지만 고수하는 것이 헤리티지인 것이다. 이곳 전통 식당은 Traditional한 것이 아니라 Heritage로 보존된 곳이다.

제주를 완벽하게 품은 '해녀의 부엌'

2019년 문을 연 '해녀의 부엌'은 김하원 대표의 작품이다. 한국예술종합학교를 졸업한 김하원 대표는 방치됐던 종달리의 어판장을 공연장으로 개조했다. 여기에 제주의 음식과 공연을 올린다. 제주와 해녀를 주제로 맛집과 예술을 접목한 형태다. 로컬 재생과 로컬 크리에이터의 탄생 배경이 된다. 버려진 창고는 재생이라는 것으로 탄생하고, 잊혀진 '해녀의 문화'는 예술로 승화했다. 음식은 모두 제주를 담았다. 특히 해녀들의 귀한 선물인 전복과 뿔소라를 주제로 한다. 음식도, 공연도

* 제주 종달리에 위치한 '해녀의 부엌'

전복과 뿔소라를 자연스레 담아 내었다.

'해녀의 부엌'은 도시 재생, 로컬리즘, 문화 보존, 관광 사업 등 다양한 시도가 결합한 완결판이라 할 수 있다. 버려진 공간을 새롭게 탄생시키고, 해녀라는 주제로 공연을 만들고, 지역의 해산물을 활용해서 음식을 만든다. 이러한 콘텐츠는 관광객을 불러들이고, 지역을 활성화시킨다. 특히 잊혀지고 없어질 문화가 될 '해녀'를 되살린 일은 가장 큰 업적이라 하겠다. 이렇게 '해녀의 부엌'은 종달리를, 구좌읍을, 제주를, 우리의 문화를 보존하고 살리는 계기가 되었다.

1부는 배우들의 공연으로 장식된다. 공연 후 해녀들이 잡은 해산물로 만든 식사가 제공되고, 3부에서는 해녀와의 인터뷰가 마련되어 있다. 공연과 식사를 포함해서 2시간 정도의 시간이다. 일반 공연의 시간과 흡사하다.

'종달리 마을 와주선 고맙습니다. 육지 사람들 보민 기쁨이 좋수다. 좋은 사람들 만나 말하는 것이 난 정말 좋수다. 찾아 주언 고맙수다. 정말로 고맙수다'

할머니의 손글씨가 무척이나 정겹다. 손글씨의 엽서가 선물로 주어진다. 이렇게 공연은 시작되고 마무리된다. 식사는 장관이다. 한번에 제주 특산물 모두를 맛볼 수 있다. 기대 이상이고, 상상 이상이다. 만족도는 최고조에 달한다. 네델란드 이방인 하멜이 쓴 '하멜표류기'에 나오는 '상웨빵'도 마련된다. 제주 오면 먹을 수 있는 뿔소라, 전복회도 주어진다. 봄나물, 톳무침, 양파짱아치, 군소무침까지 반찬도 대단하다. 거기다 돔베고기, 물회, 갈치조림까지 메인도 단단하다. 야채쌈과

수제된장, 된장찌개, 미역국까지 덤으로 받으니 수라상이나 다름없다. 제주의 식자재와 음식을 모두 담았다. '이만큼 제주를 담을 수 있을까? 이만큼 헤리티지가 빛을 낸 공간이 있을까?' 싶다. '해녀의 부엌' 한 곳에서도 모든 제주를 경험할 수 있다. 헤리티지를 살려낸 완벽한 공간이다.

동대문 야구장을 부술 때도, 피맛골을 허물 때도 마음이 아팠다, 청계천에 인위적 물길이 만들어질 때도 마음은 허전했다. 부수고 무너뜨리는 것이 일상화된 현대다. 부수는 것이 특기가 되어서는 안 된다. 지키고 가꾸는 것도 시대를 살아가는 힘임을 알아야 한다. 브랜드에는 흔들리지 않는 원칙과 중심이 있어야 한다. 그 중심을 꾸준히 유지하고 실천할 때 고객들은 '브랜드의 헤리티지'로 받아들인다. 담양의 '전통식당'은 Aging되어 Heritage가 되었고, 제주 '해녀의 부엌'은 죽어가는 문화유산을 Heritage로 승화한 사례다. Heritage는 시간의 누적이며, 시간의 누적은 역사가 된다. 이를 Heritage라고 한다. 갓 만들어진 브랜드가 흉내 낼 수도, 모방할 수도 없는 그 무엇이다. 보존이라는 가치를 실천한 것으로도 충분한 평가를 받아야 한다.

3-9 브랜드를 알리는 또 다른 방법, 콜라보레이션 & 팝업 스토어

온라인이 일상화되었다. 코로나19 사태는 온라인으로의 빠른 이동에 큰 역할을 했다. 아마존드 현상(아마존으로 인해서 오프라인 매장이 사라지는 현상, 우리는 '쿠팡드'로 표현할 수 있을런가 싶다.)이라는 신조어까지 등장했다. 온라인 상승세는 가파르고 정도가 깊다. 온라인의 일상화는 오프라인의 또 다른 현상으로 나타났다. 온라인에서는 느끼지 못하는 경험과 감정을 오프라인으로부터 얻으려는 시도다. 이런 현상은 특색 있는 오프라인 매장을 만들고, 콜라보레이션Collaboration과 팝업 스토어Pop-Up Store를 활성화시킨 계기가 되었다.

콜라보레이션과 팝업 스토어는 체험하는 공간이다. 체험의 또 다른 이름은 경험이다. 육감을 자극하고, 감성을 느낄 수 있는 경험을 오프라인 공간에서 체험하고 싶어한다. 경험의 욕구는 공간을 채우는 콘텐츠로 나타난다. 고객들은 콘텐츠로 공간과 시간을 향유하며 긍정적 경험을 토대로 브랜드에 대한 좋은 이미지를 만든다.

부족함을 콜라보레이션으로 극복하다

한동안 곰표 브랜드가 대한민국을 들끓게 했다. 대한제분과 제주맥주가 만나 밀맥주가 탄생했고, 맥주의 성공은 이후 영화, 팝콘, 화장품, 치약 등으로 이어졌다. 최근에는 오징어 튀김, 진미채 튀김까지 식품 영역을 확장해 가고 있다. 성공의 배경에는 MZ세대들의 '경험 중시 문화'가 있다. 경험은 크게 물리적 경험과 감정적 경험으로 나눌 수 있다. 물리적 경험은 구매 활동에서 일어나는 오감으로 체험하는 경험이고, 또 감정적 경험은 '구매 여정' 중에 느끼는 감성적 경험이다. MZ세대는 이를 중시한다. 경험을 공유하는 현상도 성공을 공고히 해주었다. MZ세대들은 자신들이 입고, 먹고, 마시고, 즐기는 일상을 포스팅하고, 공유한다. 일종의 공유 문화를 만들었다. 공유 문화는 '힙한 곳을 찾는 것'으로도 표현된다. '힙하다'는 것은 '세상 물정에 밝은, 트렌드가 되는, 뜨고 있는'이라는 의미를 가지고 있다. '유행에 뒤쳐지지 않기 위해서, 독보적으로 보이기 위해서, 트렌드 세터가 되기 위해서' 힙한 것을, 힙한 곳을 찾는다. 알리려는 욕망, 공유하려는 욕망, 나의 정체성을 만들려는 욕망 모두가 결합된 현상이다. 또 공유 문화는 파급 효과가 크다. 곰표 맥주의 성공에는 이러한 문화가 뒷받침하고 있다. 콜라보레이션Collaboration이 힙하다는 것이 아니고 힙함을 만들기 위해서 콜라보레이션을 행해야 한다.

콜라보레이션은 'Co-Marketing' 또는 '제휴 마케팅'을 의미한다. 최근 들어 이업종간, 전혀 다른 산업간에도 콜라보레이션이 진행되고 있고, 다양한 시도에 소비자들이 박수를 보내고 있다. 콜라보레이션을 진행하는 이유는 '힙함'을 만들기 위함이다. 또 부족한 부분을 채우기 위함이고, 더 넓은 고객층을 확보하기 위함이다. 이미 인지도나 브랜드 파워가 높은 브랜드와 결합하거나, 이종간에 결합해서 새로운 시너지를 내기 위해서 콜라보레이션을 진행한다.

서울 압구정 로데오거리에 위치한 '냉동삼겹살전문점 순후추네'는 오뚜기와 콜라보레이션을 진행하고 있다. 종합 식품 업체인 '오뚜기'는 젊은 세대로부터 좋은 기업으로 인정받아 '갓뚜기'라는 애칭으로 불린다. 좋은 이미지를 가진 기업과 콜라보레이션은 파급 효과도, 브랜딩 효과도 상당하다. 순후추는 '오뚜기'의 후추 식품으로 오랜 전통을 자

* 서울 압구정 로데오거리에 위치한 '순후추네'

랑한다. 삼겹살을 구울 때, 기름장을 만들 때 후추를 사용한다. 메뉴적인 측면에서도, 브랜드와의 연관성에 있어서도 시너지를 낼 수 있는 요소다. '순후추네'는 냉동 삼겹을 주메뉴로 하지만 '후추떡볶이', '컵라면(진라면) 후추볶음밥', '진비빔면', '오뚜기밥'을 메뉴로 내어 놓는다. 또 '오뚜기'에서 생산하는 식품을 매대에 설치해 판매도 진행하고 있다. 두 브랜드 간의 이미지가 결합하여 고객들에게 새로운 경험을 선사하고, 각자의 장점이 부각된 좋은 콜라보레이션의 사례라 할 수 있겠다.

육감의 경험을 제공하는 팝업 스토어

팝업 스토어Pop-Up Store는 '갑자기 일어나다'는 뜻으로, '잠시 생겼다 사라지는 점포'를 뜻한다. 저자의 경우, 유통 회사의 요청으로 팝업 스토어를 진행했는데 반응이 좋아 브랜드를 만든 사례를 경험했다. 팝업 스토어의 파급력이 어느 정도인지 가늠할 수 있는 부분이다. 유통 회사에서 진행하는 팝업 스토어의 경우 소비자의 요구도가 높은 브랜드나, 시기적으로 필요한 브랜드들이다. 팝업 스토어는 '브랜드의 인지도를 높이기 위해서, 새로운 메뉴나 상품이 출시되었을 때, 매출을 높이기 위해서' 등의 다양한 목적으로 진행된다. 또한 팝업의 시도가 새로운 브랜드를 탄생시키기도 한다.

팝업 스토어가 활발하게 진행되고 있는 현상에는 새로운 경험과 감정을 요구하는 데 기인한다. 상품과 서비스 등 기능적인 측면에서 브랜드별로 별다른 차이가 없다는 이야기다. 그래서 요구되는 것이 새로운 경험이다. 특별한 이야기, 새로운 상품과 서비스, 재미있고 유쾌한 감정, 이색적인 감정을 느낄 수 있는 공간 등, 다양한 콘텐츠를 경험하고 싶어하는 소비자의 요구이다. 소비자의 요구는 수요를 창출한다. 브랜드의 입장에서는 요구를 해결해야 수요가 열린다. 팝업 스토어를 하는 이유다. 꾸준히 새로운 콘텐츠를 만들지 못하면 사라지거나 잠식된다. 브랜드에게도, 소비자에게도 필요한 부분이다.

대학로에 마련된 '김가네'의 팝업 스토어는 재미가 가득했다. 모형으로 된 식자재(김밥, 베이스 4종, 프로틴 2종, 야채 6종)를 장을 보듯 장바구니에 담고, 선택된 식자재를 직원들에게 건네주면 김밥을 만들어주는 형태의 팝업 스토어다. 김밥과 관련된 굿즈, 옛날 게임을 즐기거나 사진을

* 프리미엄 분식브랜드 '김가네'가 대학로에서 '김가네 슈퍼'라는 팝업 스토어를 운영했다.
(ⓒgimgane_official)

촬영할 수 있는 공간도 마련되었다. 김밥이라는 카테고리를 통해서 '김가네'라는 브랜드를 경험하게 하고, 굿즈를 통해서 브랜드를 기억할 수 있도록 기획된 팝업 스토어는 MZ세대들로부터 박수갈채를 받았다. 팝업 스토어의 가장 큰 매력은 브랜드로부터 느끼는 친근감이며, 친근감이 확대되면 팬이 된다. 이렇게 형성된 팬들이 모이면 팬덤이 되고, 팬덤은 브랜드를 지지하고 응원한다. 결국 팝업 스토어는 고객에게 친숙하고 긍정적인 경험을 하게 하고, 고객에게 감성과 감정을 전달하는 데 있다. 고객의 감정 케어가 팝업 스토어에서의 핵심이다.

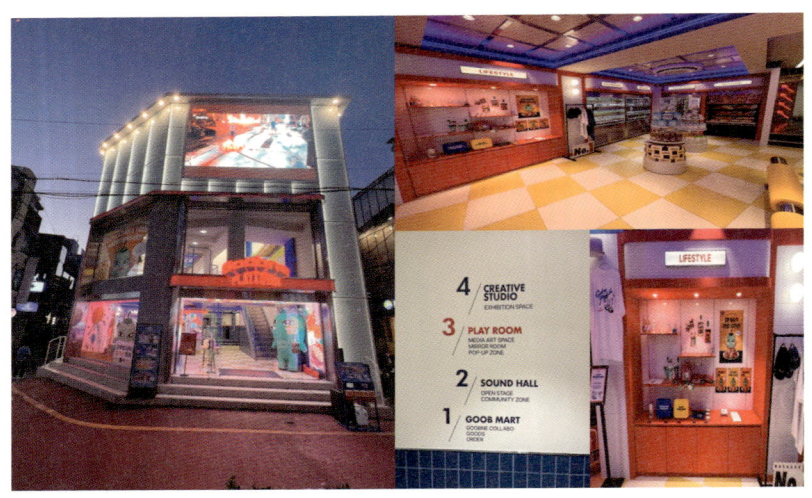

* '굽네치킨'의 홍대 팝업 스토어

　홍대 상상마당에 차려진 '굽네치킨' 팝업 스토어는 브랜드 경험을 전제로 만들어진 곳이다. 1층부터 4층까지 꾸며진 팝업 스토어는 1층은 메뉴나 굿즈를 구매할 수 있는 공간으로, 2층과 3층은 오픈 스테이지로 고객들에게 개방했다. 4층은 전시 공간으로 브랜드를 더 가깝게 느낄 수 있도록 물품들을 진열한 전시 공간으로 꾸몄다. 매출과 이익을 생각했다면 행할 수 없는 팝업 스토어다. 이곳을 통해서 고객들은 브랜드를 더욱 친숙하게 느끼고, 경험하게 된다. 이렇듯 팝업 스토어는 브랜드 커뮤니케이션 역할을 수행한다.

　앞서 언급했지만 콜라보레이션과 팝업 스토어는 '브랜드를 경험하는 것'이다. 브랜드 경험은 물리적, 감정적 경험이고, 긍정적 경험이다. 색다른 경험을 창출하기 위한 시도를 해볼 필요가 있다. 내가 좋아하는 식품 브랜드가 있다면 이 브랜드를 활용해서 메뉴를 개발하고, 고객들에게 선보이는 것도 방법이다. 굳이 콜라보레이션을 하지 않아도 만들 수 있다. 팝업 스토어는 신청해서 참여할 수도 있다. 우리 브랜드와 어울리는, 우리를 알릴 수 있는 팝업 스토어를 찾아도 된다. '아무 일도 하지 않으면 아무 일도 일어나지 않는다'는 말이 있다. 시도가 결과를 만들어줄 것이라 생각한다. 콜라보레이션과 팝업 스토어는 좋은 결과를 만들어줄 하나의 형태다.

3-10 타깃 고객의 니즈를 핵심 단어로 표현하는 능력

8천 원 할 때 한번 들렸다. 백반이 8천 원. 그날도 가성비에 놀라고, 메뉴 차림에도 놀랐다. 1식 10찬… 과거의 말로 10첩 반상이다. 그런데 가격이 8천 원이다. 다시 한번 방문했다. 다른 목적이었지만 이곳에서 식사를 결정했다. 몰이나 백화점에 가면 전부 똑같은 브랜드를 운영하기에 식상하다. 다 경험해본 브랜드이고 음식점이라 색다름이 없다. 언제나 색다른 경험을 제공하는 곳에 대한 욕심이 있다. 사람의 움직임이고 마음이다. 가성비 좋았던 기억이 있던 '가득드림'이라는 음식점으로 향하게 했다.

* '집밥처럼 편안한 뷔페' 스타필드코엑스 '가득드림' (©가득드림)

가격은 1천 5백 원 인상해서 9천 5백 원이다. (조식 9,500원, 중식 11,000원) 메뉴의 가짓수는 흡사했다. 서비스도 흡사하다. 불쾌하지 않을 선까지의 서비스. 국과 반찬, 가짓수를 세어 보니 10가지다. 고추, 상추, 계란말이, 제육볶음, 김치, 콩자반, 생선까스 거기다 우거지된장국까지. 이 정도면 '왕후의 밥, 왕후의 반찬'이 아닐런지. 가격 이상의 가치를 제공해주고 있다.

  이 정도면 나무할 것이 없다. 다만 '고객의 구성'이 눈에 들어왔다. 평일에는 직장인들로 가득했던 곳이다. 직장인들이 어울려서 먹기에는 이만한 곳이 없다. 주말이라 직장인들은 보이지 않고 혼밥하는 사람, 오래된 연인들 그리고 가족들이다. 주말 '가득드림'을 구성하고 있는 고객들이었다. 구성원들의 특징을 뽑아봤다. 손님의 특징을 요약하면 '오래됨'이었고, 다른 말로는 '편안함'과 '익숙함'이었다. 오래됨은 구식을 이야기하는 것이 아니다. '오래되어 익숙하고 불편함이 없는'을 정

* '새로움과 설렘'을 전해주는 서울 북촌의 '스미스가 좋아하는 한옥'

의한 것이다. 편안함은 '시간을 흐름을 통해서 굳이 격식을 갖추지 않아도 되는'을 뜻하는 말이다. 그래서 '가득드림'을 이용하는 고객의 특징은 '익숙함과 편안함'으로 정의되어졌다.

경복궁 인근한 위치한 '스미스가 좋아하는 한옥'은 이탈리안 메뉴를 하는 음식점이다. 한옥이라는 감성과 이탈리안이라는 이국적이고, 감성적인 메뉴를 소담하게 담아낸다. 양은 많지 않고, 플래이팅은 예쁘다. 젊은 남녀 커플이 대부분이다. 얼마 지나지 않는 커플, 아니면 새로운 만남을 추구하는 커플들이다. 이 공간을 선택한 이유가 있다. 조금의 어색함이 있고, 만난 지 얼마 되지 않았고, 좀 더 예쁘게 먹고 싶은 마음이다. 이 공간의 특징은 '데이트', '맞선', '소개팅', '새로움' 등으로 설명할 수 있다. '시작하는 연인들을 위한 공간', '시작하려고 하는 사람들을 위한 공간'으로 특징을 요약했다. '새로움과 설렘'으로 이 공간을 정의해본다.

음식점을 방문하는 목적이 있다. 데이트를 하는 연인, 가족과의 가벼운 외식, 부모님을 모시고 베푸는 연회, 비즈니스를 목적으로 하는 대접, 돌잔치·칠순 잔치·결혼식 피로연 등 명확한 목적을 가지고 하는 식사, 단순히 끼니 때우는 식사 등 다양하다. 음식점은 단순한 식사부터 미식가들에게 훌륭한 메뉴를 제공하는 고급 레스토랑까지 존재 이유를 달리한다. 이런 목적성에 기인한 만남과 음식점의 존재 이유에 대해서 생각해볼 필요가 있다. 우리는 어떤 기능을 제공하고, 어떤 만남을 하는 고객들을 상대로 하고 있는지 말이다. 마케팅에서는 '타깃 고객'이라 하고, '목표 고객'이라고 칭한다. 목표 고객이 정해져 있다는 것은 '목표 고객에게 만족할 만한 경험을 제공하고 만족한 고객이 재방문하는 선순환 구조를 만드는 것'임을 의미한다. 마케팅의 목표다. 이런 의미로 봐서 목표 고객의 설정은 사업 모델을 만드는 첫걸음이다.

앞서 살펴보았듯이 방문했던 '가득드림'은 단순하게 끼니를 해결하는 음식점으로 손색이 없는 곳이다. 그래서 '끼니 때우기' 이상의 서비스와 분위기와 인테리어를 제공하지 않는다. 그렇기에 그 정도의 가격에 그 정도의 서비스를 제공하는 것이다. 인테리어도 마찬가지다. 벽을 보고 앉아서 식사를 하는 곳이다. 그럼에도 이곳은 목표 고객을 향한 충분한 식사 경험을 제공하는 곳이 되고 있다. 또 이 음식점의 기능과 핵심 키워드를 '익숙함과 편안함'으로 규정지었다. (물론 주관적인 생각이다.) 반면 '스미스가 좋아하는 한옥'은 '새로움과 설렘'으로 정의했다. 새로운 만남이 있는 공간으로 규정했다. 이곳을 방문하는 고객들의 핵심 니즈다. 모든 공간에는 고객들이 바라는 '핵심 니즈'가 존재한다. 니즈를 확인하고, 니즈를 해결해야 비즈니스가 성사될 수 있다.

그럼 우리 음식점은 어떤 고객을 대상으로 어떤 '핵심 키워드'를 가지고 음식점의 모든 경험을 기획하고 제공하고 있는가? 핵심 고객에게 부합하는 메뉴와 서비스, 인테리어, 음악, 기물 등을 보유하고 있는가? 고객들이 불편해하는 것은 무엇이고, 고객들이 좋아하는 요소는 무엇인가? 이런 질문에 명확한 답을 내려야 한다. 또 명확한 답이 나왔다면 이 답을 가지고 핵심 단어, '핵심 키워드'로 만들어볼 필요가 있겠다.

음식점을 평가하는 요소 중 분명히 핵심 고객의 니즈가 포함되어 있다. 우리 핵심 고객의 니즈는 무엇이고, 핵심 고객이 원하는 경험은 무엇인지 정리하고 몇몇 단어로 정리해보면 어떨까 한다.

3-11 신뢰는 주는 음식점을 만드는 방법

미국 캘리포니아주 스탠퍼드 대학교 J. 더글러스 맥코널J. Douglas McConnell 교수는 맥주 애호가 60명을 모아 놓고 '맥주 실험'을 진행했다. 심리학 실험에 가까운 '맥주 실험'은 '좋은 맥주를 잘 감별해내는가?'의 실험이라기보다 사람들의 심리를 들여다보도록 '가격과 맥주 맛의 상관관계'를 알아보기 위한 실험이었다. 모두가 맥주 애호가라는 점을 감안한다면 가격과 상관없이 맥주 맛을 냉정하게 감별하고 평가할 수 있을까?

맥주 가격과 맛 평가 실험

3가지의 맥주병 안에는 모두 같은 맥주가 들어 있고, 맥주 가격은 1.3달러, 1.2달러, 0.99달러로 제시되었다. 맛에 대한 평가는 '너무 형편 없다 0점', '맛이 없다 1점', '보통 2점', '맛있다 3점', '너무 맛있다 4점' 척도로 측정했다. 며칠간 진행된 이 실험에서 맥주 애호가들은 어떤 평가를 내렸을까? 결과는 흥미롭다. 맥주 애호가라면 당연히 동종의 맥주에 대한 평가가 같아야 한다. 하지만 결과는 그런 기대를 저버렸다. 맛평가에서 '1.3달러는 2.23점, 1.2달러는 1.93점, 0.99달러는 1.8점'이라는 결과가 나왔다. 즉 '맥주 가격이 높을수록 맥주의 맛이 좋다고 평가한 것'이다. 일반인이 아닌 맥주 애호가들의 평가조차도 '가격이 제시되자 맥주의 맛의 차이'가 있다고 평가한 것은 놀라운 사실이다.

저자도 직원들을 대상으로 비슷한 '와인 라벨' 실험을 진행했다. 총 30명이 참여했고, 와인 라벨은 '무라벨', '보통 정도의 와인 라벨', '고급 와인 라벨'을 부착했고 각 다른 와인 라벨이 부착된 3병은 같은 와인인 '칠레산 까베르네 소비뇽'의 '레드 와인'을 넣었다. 참가자들에게 '3가지 와인을 시음하고 3개 중 어떤 와인이 가장 맛있었는지' 평가를 부탁했다. (선정된 와인은 행사 와인으로 판매가 될 것이라는 사전 언급도 했다.) 같은 와인에 다른 라벨, 결과가 무척 궁금했는데 역시 기대했던 대로 '고급 라벨을 부착한 와인'이 가장 맛있다고 언급을 했다. 결과는 기대한 대로 나왔지만 '가장 맛있다'는 평가가 무려 19명, 63.3%라는 결과는 놀라웠다.

▲ 그림 3.13 '맥주 가격과 맛 평가 테스트', '와인 라벨과 맛 평가 테스트 결과'

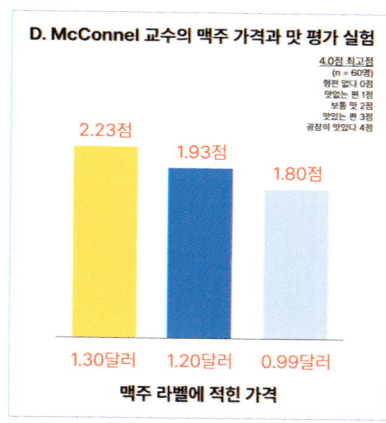
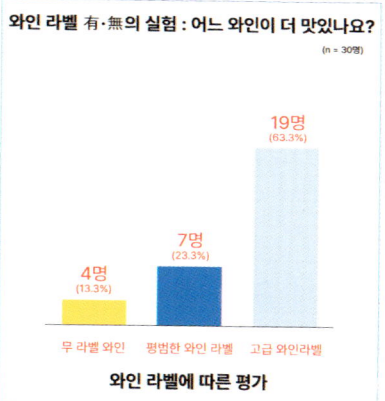

두 가지의 실험 결과는 놓고 보면 고객에게 보여지는 이미지와 가격, 나아가 잘 포장된 상태와 형태가 더 맛있고, 더 비싼 가격은 당연히 더 맛있을 거라는 생각이 들게 하는 것이다. 이런 일들은 일상에서

흔하게 일어나고 발견된다. 가격이 비싼 음식점은 당연히 음식 맛이 좋을 것이라는 기대를 하고, 그렇게 인지하기도 한다. 와인을 평가할 때 와인 라벨을 보고 평가하기도 하며, 음식점의 값비싼 기물이나 예쁘게 보이는 비주얼을 보고 맛있다고도 평가한다. 고급스러운 인테리어와 감성스러운 인테리어를 가진 음식점은 맛 또한 근사할 것이라고 예측하기도 한다. 이런 모든 것들이 '보증 효과'다. 가격, 좋아 보이는 라벨, 잘 차려진 음식들을 보고 높게 평가하는 것이다. 이를 '라벨링 효과'라고 한다. '일을 잘한다'고 말한 이들은 실제 일을 잘하고, 똑똑하다고 하면 똑똑하게 행동하는 것을 '라벨링 효과'라고도 한다. 보여지는 것들이 '맛있음'을 증명해준다. 주어진 가격이 맛을 설명해준다는 것이다.

음식점을 보증하는 방법은 없을까?

음식점 입구에 부착된 글로벌 맛집 평가 미쉐린이 운영하는 '미쉐린 스타 라벨'을 보고, 한국판 미쉐린 가이드를 꿈꾸는 '블루리본' 인증 마크를 보고 고객들은 맛있다고 생각하며, 맛있을 거라고 안심한다. 각종 지자체에서도 일정한 기준을 가지고 '맛집 인증 제도'를 운영하고 있다. 경기도와 목포의 '으뜸맛집'이 대표적이다. 지자체에서 인증하고, 지자체에서 육성하는 제도다. 이 역시 '맛있음'을 증명하는 지자체의 보증 제도다. 중소벤처기업부와 소상공인진흥공단에서 시행하는 '백년가게'도 누구나 할 수 없는 인증 제도라 그 의미는 더 크다. 30년 이상 점포를 유지하고, 고객들이 인정하고, 중소벤처기업부에서 인증해야 하는 이 제도는 '보증 효과'로 큰 의미를 제시하고 있다.

음식점의 입구에 부착된 '인증 마크'는 고객들에게 신뢰와 안심을 주

▲ 그림 3.14 식당의 보증 효과를 제시하는 표식들

고, 맛있음의 보증을 해준다고 할 수 있다. 음식점의 가격 또한 마찬가지다. 무조건 가격이 저렴하다고 좋은 것은 아니다. 실험에서 살펴보았듯이 '가격이 높다는 것은 품질을 보증할 수 있다'는 의미다. '싼 게비지떡'이라는 옛말은 틀리지 않았다. 적정한 가격을 받는 것, 적정한 가격을 책정해야 함을 의미한다. 음식점의 기물, 비주얼 또한 마찬가지다. 앞선 실험에서 보았듯이 '보여지는 것이 좋을수록 맛있다'는 평가를 한다. 음식을 담은 기물, 음식이 담긴 모양 모두 '음식의 가치와 맛을 규정하는 기준이 됨을 잊어서는 안된다. 이외에도 더 있을 보증 효과를 찾아내고, 보증 효과를 통한 고객들의 맛의 기대와 실제 경험을 높여줄 필요가 있겠다.

조각가 피그말리온은 아름다운 여성을 조각하고 사랑에 빠지게 된다. 그리고 조각상에 생명을 달라고 사랑의 여신 '비너스'에게 기도한다. 감명받은 비너스는 조각상에게 생명을 부여한다. 피그말리온은 인간으로 태어난 조각상과 결혼하여 행복한 삶을 누리게 된다. 긍정적 암시와 기대가 긍정적 결과로 이어진다는 이론, '피그말리온 효과'라 한다. 고객들에게 긍정적 암시와 기대를 주고, 실제 긍정적으로 경험을 하게 하는 효과가 바로 '보증 효과'라 할 수 있다.

고객들에게 신뢰를 주는 보증 효과가 없을지 고민해보면 좋겠다. 또 있다면 과감하게 고객들에게 메시지를 던지는 것이 어떨까 한다.

3-12 고객의 생각을 읽는 기술

현장에 문제가 있고, 현장에 답이 있다

저자는 '현장 경영'의 주창자다. 음식점을 하면서 매장 생활을 5년, 본사에서 생활을 18년째 하고 있다. 경험은 볼 수 있는 눈을 기른다. 현장과 사무실의 경험으로 정리된 사실 하나가 있다. 현장의 직원이 가장 소중하고, 현장의 모습이 가장 소중하다는 것이다. 스포츠에서 필드의 선수가 소중한 이유와 같다. 감독이나 코칭스태프가 빛을 발하면 안된다. 필드의 선수가 빛을 발하고, 필드의 선수가 제 기량을 발휘해야 한다. 음식점도 이와 같다. 23년 생활이 내려준 결론이다. 현장이 소중한 이유는 '현장에 답이 있기' 때문이다. 아니 문제도 현장에 있고, 답도 현장에 있다. 음식점이 잘 되려면 현장을 챙기는 행동이 있어야 한다. 음식점 경영자들이 대부분 이 사실을 간과하고 운영한다. 우리 문제에 대한 해결책, 많은 부분 고객들이 가지고 있다. 즉 '고객의 소리'를 들어야 한다는 것이다. 고객들은 우리가 실패하는 이유도, 성공하는 이유도, 해결해야 할 문제도 모두 가지고 있다. 그러니 고객들이 하는 소리를 들어야 한다.

고객의 소리를 듣는 방법은 다양하다. 큰 기업에서는 'QSC 체크'와 '고객의 소리'를 듣기 위해 2중, 3중의 방법을 쓴다. 본사에서의 모니터링, 고객들의 미스터리 샤퍼, 클럽 회원들의 소리까지 다양한 방법을 동원해서 고객의 소리를 듣고 피드백하고, 현재의 모습을 수정하기를 거듭한다. 물론 큰 기업들은 많은 비용을 집행하면서까지 '고객의 소리'를 들으려고 한다. 비용을 들이는 이유는 자명하다. 고객들이 답을 주기 때문이다. 자영업, 소상공인도 조금의 노력으로 고객의 소리를 듣는 방법을 찾아가야 한다.

'고객의 생각'을 읽는 5가지 방법

음식점에서 '고객의 소리'를 듣는 방법 5가지를 제시하고자 한다.

첫 번째 '고객 설문 조사 방법'이다. 음식점을 시작하던 초창기에 활발하게 활용했던 방법이다. 테이블마다 '고객의 소리'카드를 올려놓고 고객들이 작성하게 했다. 맛, 서비스, 분위기, 전반적인 만족도, 추천 의향, 친절 직원 추천 등 5~6개의 문항 정도를 넣은 카드로 설문 조사를 진행하고 이를 정리해서 직원들과 공유, 피드백 하는 과정을 거쳤다. 그리고 '고객의 소리'를 작성해 준 고객들 중 추첨을 통해서 선물을 드리는 행사도 병행했다. 대부분의 고객들은 직원들에게 대놓고 의견을 말하지 않는다. 그런 점을 감안해서 카드를 사용한 방식을 선택하고 말하게 한 것이다. 지금은 대부분의 음식점에서 이 방식을 사용하지 않고 있다. 아날로그 방식이라 치웠는지, 쓸모가 없어서 치웠는지 모르겠지만 아쉬운 부분이다. 작은 음식점에서도 적용해볼 수 있는 방법이다. 한달에 30개만 받아도 통계적으로 유의미한 해석을 할 수 있다.

두 번째가 '미스터리 샤퍼Mystery Shopper 운영'이다. 큰 기업들에서 활용하는 방식으로 '고객을 가장해서 매장을 방문하고 매장의 QSC 상태나 분위기, 전반적인 만족도 등을 체크하는 방식'이다. 고객으로 위장하고, 가장했다고 해서 '가장 고객'이라 칭한다. 미스터리 샤퍼 방식은 샤퍼의 주관적인 요소가 들어가는 등, 일부의 부정적인 면은 있지만 고객의 입장에서 냉정하게 체크할 수 있고, 객관적인 측정이 가능하다는 긍정적인 면도 크다. 비용이 든다면 점에서 부담스러운 점이 있지만 객관적인 평가가 가능하다는 이점이 크기에 많은 기업에서 운영하고 있다. 저자의 경우도 한번씩 우리 매장을 체크하고 싶으면 지인을 보내 체크하기도 한다. 음식점을 하는 주인장이라면 휴무일에 지인을 보내서 체크하는 방법도 검토해 볼 수 있다.

세 번째가 '고객과의 대화'다. 서비스는 눈으로 대화하고, 말로 대화하는 것이다. 고객과 대화를 하다 보면 자연스럽게 고객들의 의견을 들을 수 있다. 편하게 음식에 대한 평가와 서비스에 대한 평가와 조언을 해달라고 요청하는 것도 방법이다. 주변 상권이 돌아가는 모습도, 경쟁자의 현황도 고객의 입을 통해서 전달받을 수 있다. 고객에게 가까이 다가서서 작은 대화라도 해보면 고객들은 의외로 정답을 알고 있다. 잘하는 음식점들은 고객과 대화하면서 고객의 소리를 듣고, 고객에게 적극적인 피드백을 주고받는다. 고객과 대화하면서 우리 음식점이 수정해야 할 부분들을 찾고, 정답을 찾아보자. 비용을 들이지 않고 할 수 있는 최고의 방법이다. 음식을 먹으러 들어가서 말 한마디 하지 않은 음식점을 보면서 한숨 지은 적이 한두 번이 아니다.

네 번째가 'SNS 채널'을 통한 고객의 생각을 보고, 정리하는 방법이다. 최근의 시대는 '먹찍공(먹고, 찍고, 공유하는)' 시대다. 많은 젊은 고객들을 위시해서 폭넓게 SNS망을 사용하고 있다. 트위터, 페이스북, 인스타그램, 블로그, 틱톡 등에 음식점을 이용하고 난 후기를 올린다. 올린 후기들을 면밀히 검토하면 우리가 수정해야 할 부분과 잘하고 있는 부분 등이 보인다. 따라서 정기적으로 SNS를 검색해서 정리하는 습관을 기를 필요가 있다. 반드시 이행해야 하는 부분이다. 이것 역시 비용을 들이지 않고 할 수 있는 최적의 방법이다.

다섯 번째가 음식점 '평판 사이트'의 검색이다. 이 역시 SNS와 흡사한데. 고객들은 이용 후기를 레스토랑 평판 사이트를 통해서 등록한다. 네이버도 영수증을 가지고 평점을 매기는 방식을 사용하고 있다. (현재는 평점은 없어지고, 후기만 남기게 되어 있다.) 레스토랑 평점 사이트로는 '네이버' 뿐만 아니라 '망고플레이트', '다이닝 코드' 등 음식점 평판 사이트의 점수와 내용도 살펴볼 필요가 있다. SNS와 흡사하다.

그러고 보면 고객의 소리를 듣는 것은 노력이다. 비용을 집행해야 하는 미스터리 샤퍼 등도 있지만 대부분이 주인장의 노력으로 정리할 수 있는 부분이다. 좀 어렵고 힘들더라도 생각을 바꾸고, 조금의 노력만 기울인다면 우리 음식점이 달라질 것이다. 고객은 답을 가지고 있고, 우리는 반드시 답을 찾아야 한다. 진심이다. 정말이다. 고객은 답을 가지고 있다.

CHAPTER 4

메뉴가 말하려 했던 것들

하나의 메뉴만을 한다는 것이 얼마나 리스크Risk한 일인지, 평범한 고집으로 감당하기 힘든 일임을 안다. 사업적으로는 어마어마한 심리적 압박을 받아야함을 알고 있다. 그럼에도 한 가지를 고집하는 이유는 메뉴에 대한 끌림이요, 메뉴에 대한 진심일 것이다.

메뉴가
말하려 했던 것들

4-1 메뉴명은 컨셉을 설명하는 메시지다: 잘 팔리는 메뉴명 짓기

각각의 음식점마다 고유의 컨셉을 가지고 있다. 거기에 부속되는 공간, 음악, 분위기, 소품, 메뉴, 서비스 등도 음식점의 전체적인 컨셉과 일치된 방향성을 보인다. 특히 음식점에서의 주요 상품인 메뉴의 경우 메뉴명을 통해서 고객들에게 컨셉을 전달하게 된다. 물론 다른 요소들의 역할들도 필요하고 중요하지만 가장 큰 영향을 미치는 것은 메뉴라 할 수 있겠다. 그런 의미로 본다면 메뉴명의 의미가 더욱 크다.

기능성 메뉴명에는 꿈이 없다

단순한 메뉴명을 가진 음식점들이 주변에 제법 많다. 틀렸다는 것이 아니라 의미를 부여하지 못했다는 것이다. 메뉴에 의미를 부여하지 못했을 경우 메뉴는 기능성만을 가진다. 비단 음식점뿐만 아니라 상품과 서비스를 판매하는 브랜드에서 기능적인 접근만 하게 되면 가격을 한정해서 받을 수밖에 없다. 가격의 조건을 우리 스스로 한정하게 되는 것이다. 예를 들면 짜장면이라고 메뉴명을 정해버리면 고객들이 인지하고 있는 짜장면의 가격, 6천 원 선에서 메뉴 가격을 한정할 수밖에 없다. 그래서 단순한 메뉴명, 기능적인 측면만을 가진 메뉴명은 그다지 좋지 못하다. 중식당을 운영할 때 '올리브유로 볶은 짜장면'이라고 이름을 정하고 1만 원으로 가격을 책정했다. '올리브(건강한 기름)'라는 상징성 있는 기름을 사용함으로써 메뉴를 재탄생시키고 의미를 부여한 것이다. 그러면서 가격을 더 높게 책정했다. 오히려 고객들은 이런 의미를 더 잘 받아들이고, 가격에 대한 탄력성도 적어진다. 메뉴명에 꿈과 환상까지 넣을 수 있다면 메뉴의 가격은 무한정일 수 있다. 같은 가죽으로 만들어도 명품 가방이 몇 배의 가격을 받을 수 있는 것은 의미와

* 기능성만 강조한 메뉴명은 수요와 가격을 한정시킨다.

스토리가 있기 때문이다. 우리도 메뉴명에 의미를 부여해서 지어야 한다. 우리의 이름이 평생 따라다니듯 메뉴명도 평생 우리 음식점을 떠나지 못한다.

지나가다 우연히 마주하게 된 중국 음식점과 삼겹살 음식점의 '메뉴 소개 배너'를 보면서 아쉬움이 생겼다. 중국 음식점은 짜장, 짬뽕, 탕수육의 일반 명사를 메뉴명으로 책정했고, 삼겹살 음식점은 양념돼지갈비, 마늘돼지갈비 등으로 기초적인 메뉴명을 작성함으로써 어떠한 의미와 컨셉도 전해주지 못했기 때문이다. 만약 메뉴명을 '한돈삼겹짜장', '완도전복짬뽕', '남해해물짬뽕', '쫀득찹쌀탕수육'으로 지었다면 '고객들은 어떻게 반응할까?'를 생각했다. 양념돼지갈비를 '발효간장 돼지갈비', '의성마늘 돼지갈비' 등으로 지었으면 어땠을까 생각했다.

대부분의 고객들은 메뉴에 대한 설명을 상세하게 읽지 않는다. 요란한 광고 문구 등에도 별 관심을 두지 않는다. 결국 메뉴명에 모든 것을 녹이는 방법이 최상의 방법이며, 메뉴명에 우리의 컨셉을 드러내는 것이 가장 확실한 방법이다.

메뉴명은 컨셉을 설명하는 메시지다

메뉴명을 지을 때 의미를 부여해야 한다. 즉 메뉴에 식자재, 식자재 산지, 조리 방법, 메뉴의 의미(건강, 추억, 스타일, 기능, 색상 등), 맛, 스토리, 의성어까지 합쳐서 메뉴명을 지어야 한다. 그렇게 메뉴명이 만들어지고 완성될 때 고객들이 느끼는 메뉴의 가치는 높아지고, 메뉴의 가격은 천 원이라도 더 책정할 수 있다. 메뉴명을 가지고 장난을 치자는, 고객들을 속이자는 의미가 아니다. 그런 의미 있는 메뉴를 만들어야 한다는 것이다.

▲ 표 4.1 메뉴명에 사용할 수 있는 요소들

카테고리	사용할 수 있는 용어	카테고리	사용할 수 있는 용어
식자재	해산물, 야채/과일, 곡물, 조미료, 가공 식품, 유명한 식자재 등	색상	파랑, 빨강, 검정, 하얀, 노랑, 초록, 주황, 핑크, 골드, 실버, 다크, 라이트, 밝은, 어두운, 뜨거운, 차가운
조리 방법	직화, 구운, 찐, 삶은, 로스트, 바비큐, 훈제, 훈연, 불맛, 수제, 숯불, 연탄, 숙성, 화덕, 해풍, 전문 Chef가 요리한, 일본 스타일로, 장인이	산지	여수, 제주, 구좌, 부산, 대구, 철원, 속초, 강릉, 사천, 홍콩, 홋카이도, 큐슈, 멕시칸, 명동, 북경, 상해, 베트남, 이탈리아, 런던, 시드니, 오차드
조리 시간 및 계절	7분만에 끓은, 24시간 숙성한, 48시간의 기다림, 즉석, 직접 만들어 먹는, 갓, 방금 구운, 오늘 만든, 봄, 여름, 가을, 겨울, 제철	맛(미각)	매운, 상콤한, 달콤한, 신, 순한, 스윗한, 얼큰한, 시원한, 매콤한, 달달한, 알싸한, 스파이시한
음식 용량	톨, 그란데, 벤티, 곱빼기, 스몰, 미디엄, 라지, 반반, 듬뿍, 담뿍, 더블, 가장 큰, 1리터, 사이즈업, 두배, 세배	인물	아빠, 엄마, 할머니, 할매, 커플, 부장님, 사장님, 팀장님, 어린이, 오빠, 엄친아, 삼촌
메뉴 온도	시원한, 쿨, 뜨거운, 핫한, 미지근한, 冷(냉), 熱(열), Ice, Hot, 냉동, 냉장, 급냉	감성	전통, 클래식한, 프리미엄, 명품, 핸드메이드, 명인, 토종, 시그니처, 고향, 낭만, 옛날, 오리지널, 원조, 로얄, ○○가 인정한, 장인이 만든

식자재로 커뮤니케이션하는 경우가 많아졌다. 국내에도 유명한 산지의 식자재가 있다. 진도 대파, 영광 굴비, 무안 양파, 강원 감자, 이천 쌀, 제주 구좌 당근, 신안 소금, 여주 가지, 완도 전복 등등 무수히

많다. 산지를 활용해서 식자재에 대한 믿음을 주는 것이다. 산지를 활용해 메뉴명을 짓는 것은 고객들에게 안심을 선물하는 것이다. 식자재에 대한 믿음은 음식점에 대한 믿음까지도 전해줄 수 있다. 모든 식자재를 유명한 산지의 식자재를 쓴다면 식자재 원가가 부담이 될 수 있다. 따라서 일부분 강조하고 싶은 몇 가지를 정리해서 사용하는 것도 방법이겠다. 단순히 '대파볶음밥'이라고 하면 5천 원 수준, '진도대파볶음밥'으로 지으면 6천 원을 받을 수 있다. 식자재 산지는 메뉴를 보증한다.

메뉴에 의미를 입히는 것도 방법이다. 메뉴의 의미는 건강, 추억, 스타일, 기능, 색상 등 다양한 형태로 의미를 부여할 수 있다. 가장 일반적으로 보는 것이 메뉴를 설명하면서 건강식, 보양식이라는 이미지를 입히는 것이다. 우리가 잘 알고 있는 추어탕, 삼계탕, 장어 등이 보양식, 건강식으로 이미지화된 메뉴들이다. 이렇게 식자재가 가지고 있는 의미를 부여할 수 있다. 그래서 식자재에 대한 공부는 필수적이다. 또 추억을 소환할 수 있도록 의미를 부여하는 것도 한 방법이다. 동네에서 흔히 볼 수 있는 통닭도 '시장', '옛날'이라는 이름을 덧붙이면서 새롭게 탄생한다. 어릴 적 시장에서 팔던 '시장통닭', 옛날에 아버지가 퇴근할 때 사 오시던 '옛날통닭' 등 메뉴명에 추억만 부가해도 좋은 메뉴명이 탄생한다. 그리고 스타일의 표시다. 국내외에 메뉴를 보증하는 지역을 메뉴명에 붙이는 것이다. '홍콩식 누들면', '부산식 돼지국밥', '서울식 불고기' 등 메뉴명에 지역, 지역이 보증해주는 의미를 덧붙임으로서 메뉴를 재탄생시키는 것이다. 여기서 '식'은 스타일을 의미한다. '어떤 스타일'이라는 '식'을 붙이면서 전문성을 강조하는 메뉴명도 좋은 메뉴명이다. 색상을 입히는 경우도 있다. 최근 유명해진 '히말라야 핑크 솔트'가 색상을 입힌 메뉴명이다.

'스토리'를 부여하는 것도 좋은 메뉴명을 짓는 방법이다. 우리가 가장 잘 아는 '전어'와 중식당의 '불도장'이라는 메뉴의 스토리는 이렇다. '집 나간 며느리도 돌아온다는 전어구이'와 '그 향기에 스님이 담을 넘었다는 불도장' 이야기는 스토리가 메뉴를 활성화시킨 원동력이었다. 이렇게 메뉴에 스토리를 부여하고, 의미를 부여해서 메뉴명을 짓는 것도 방법이다.

'의성어'를 사용하는 것도 좋은 방법이다. 대표적으로 '스쿨푸드'의 '듬뿍야채쫄쫄면'이다. '스쿨푸드'는 메뉴명을 잘 짓기로 정평이 나 있다. '듬뿍'이라는 단어를 쓰면서 메뉴가 가지는 느낌을 그대로 전달한다. '쫄쫄면'이라고 표현하면 쫄면의 가지고 있어야 할 기능 '탱글탱글한 식감'을 그대로 전달해준다. 아시안 음식점을 브랜딩할 때 '똠냥누들'의 메뉴명을 '똠똠냥누들('똠'은 태국어로 '만들다', '핸드메이드'의 의미다.)'로 지었다. '똠'을 하나 더 추가하면서 핸드메이드의 느낌을 강조하기 위해서였다. 또 '누들 샐러드(멍빈누들 사용)'의 식감을 강조하기 위해서 '툭툭누들샐러드'로 명명하기도 했다. 이런 표현으로 메뉴명을 짓는 방법도 좋은 방법이다.

숫자를 넣어서 메뉴명을 짓는 방법도 있다. 메뉴명에 숫자를 넣으면 메뉴의 신뢰성을 확보할 수 있다. '새마을식당'의 '7분돼지김치'는 조리시간이 7분 정도 소요됨을 의미하면서 시간에 대한 신뢰성을 확보한다. 하남의 '코다리와 능이버섯'에서는 '48시래기코다리찜'이라는 메뉴명을 쓰고 있길래 주인장에게 물어보니 '48의 의미는 들어간 재료의 수

* '스쿨푸드'의 메뉴들이다. 산지, 의성어, 시간, 식자재를 활용해서 잘 지었다. (ⓒ스쿨푸드)

를 의미한다'고 했다. 중식당인 '차이797'의 경우 '24시간 숙성한 돼지고기'를 사용한 '24시간 숙성 탕수육'으로 메뉴명을 지었다. 숫자는 메뉴를 보증하기도 하지만 궁금증을 유발시키기도 한다. 그래서 메뉴의 의미가 남달라진다.

앞에서 언급된 '짜장, 짬뽕, 삼겹살, 돼지갈비' 등은 이미 포화 상태에 이르렀거나 경쟁이 심한 메뉴들이며 메뉴명이다. 이럴 경우 메뉴가 전달하는 이미지가 중요하며, 메뉴명에서 주는 어감, 연상되는 이미지, 차별화된 의미 등이 더욱 중요하다고 하겠다. 고객들의 이해도가 다소 떨어지는 메뉴들은 메뉴의 식자재, 조리법, 특징을 설명하는 메뉴명을 짓는 것이 좋다.

한 아이가 태어나서 가장 먼저 의미를 부여하는 것이 '이름', 즉 작명하는 것이다. 아이와 아이의 미래에 의미를 부여해주는 작업이다. 메뉴가 태어날 때도 이와 같이 의미를 부여해줘야 한다. 의미가 부여되었을 때 새롭게 재탄생할 수 있다. 메뉴명의 의미는 어떤 메뉴임을 나타내는 정체성이기도 하고, 메뉴의 기능을 설명하기도 하고, 좋은 메뉴임을 강조하기도 한다. 또 메뉴에 대한 자신감도 부여한다. 음식점에서 메뉴는 핵심이다. '어떤 요소를 메뉴명으로 활용할 것이냐'에 따라 메뉴의 성공 여부가 판가름 날 수 있다. 또 전달해야 할 본질이 메뉴명에 응축되어야 한다. 메뉴명은 우리 음식점의 컨셉을 전해주는 가장 빠른 메시지이기 때문이다.

4-2 고객을 유혹하는 가격 설계 방법 1

브랜드(기업)마다 성공에 대한 정의는 다르겠지만 일반적으로 매출, 고객 수, 영업 이익, 시장 점유율 등을 성공의 기준으로 삼는다. 이때 핵심적인 역할을 하는 것이 가격이다. 가격은 상품(서비스)에 '지불할 수 있는 값'을 매긴 것으로 품질에 대한 정보를 제공하고 브랜드(기업)의 수익을 결정하는 유일한 도구다.

뷔페 레스토랑을 운영할 당시 이용 금액을 3천 원 인상했다가, 고객 수가 -30%(전년비) 감소하는 상황을 경험한 적이 있다. 3천 원이라는 가격이 많은 금액(절대 금액)이 아니라고 생각했지만 소비자들이 인지하는 '가격 인상의 공정성'은 이보다 훨씬 강력했다. 가격 책정의 어려움이 바로 여기에 있다. 수요가 줄지 않는 적정선의 가격 결정과 인상 방법이 최선이다. 이 최선을 찾는 것이 우리가 해야 할 몫이다.

가격 결정 방법

가격을 책정할 때 전통적으로 사용하는 방법이 수요 곡선을 파악하는 것이다. '수요 곡선'이란 가격을 올리면 매출이 줄어들고, 가격을 내리면 매출이 오른다는 기본 가정으로 소비자가 지불할 수 있는 최저 가격과 최고 가격 사이의 최적 가격을 찾아내는 방법이다. 수요 곡선의 가정하에 가격을 책정하는 방식이 많이 활용되기는 하나 진부적인 방법이라 평가한다. 소비자들은 가격적인 것보다 가치에 더 많이 투자하는 것으로 여러 연구들을 통해서 밝혀졌다.

가격 결정 방법은 크게 원가 중심 가격 결정Cost-Based Pricing, 경쟁 중심 가격 결정Competition Based Pricing, 가치 중심 가격 결정Value-Based

Pricing의 3가지 방법으로 나뉜다. 원가 중심 가격 결정 방법은 상품(서비스)를 생산하기 위하여 사용된 비용에 이익을 합쳐서 계산하는 것으로 브랜드(기업)의 입장에서 가격을 책정하는 방법이다. 경쟁 중심 가격 결정 방법은 시장에서 경쟁자가 결정한 가격을 기반으로 가격을 책정하는 것으로 경쟁자 입장의 방법이다. 가치 중심 가격 결정 방법은 고객 가치 분석 결과를 토대로 하여 고객이 지불할 수 있는 최적의 선으로 가격을 책정하는 방식으로 소비자의 입장에서 진행되는 방법이다. 가치 중심 가격 결정 방법은 원가와 경쟁 모두를 고려한다는 점에서 많이 사용하고 있는 방식이며 소비자를 고려한 합리적이고 가치 지향적인 방법이다.

또한 브랜드(기업)는 규모의 경제와 경험 곡선을 바탕으로 저가 정책의 가격 결정을 할 수도 있고, 고가 정책의 가격 결정으로 시장에 진입할 수 있다. 저가 정책은 단기적 이익이 희생될 수 있으므로 충분한 자본이 있을 때 가능하며, 이익보다 시장 점유율을 높이고자 할 때 실행할 수 있는 방법이다. 고가 정책은 상품(서비스)가 타 상품(서비스)보다 뚜렷한 차별화가 이루어졌을 때 시장에서의 자신감을 가지고 가격을 결정하는 방법이다.

가격 결정 시 고려해야 할 사항들

가격 결정시에는 아래의 4가지 사항에 대한 질문으로부터 시작되어야 한다.

'소비자들은 우리의 상품이나 서비스에서 어떤 가치를 얻을 수 있는가?'
'유사한 가치를 제공하는 다른 상품(서비스)은 무엇이 있는가?'

'소비자들이 상품(서비스)에 얼마를 지불하고 있는가?'
'소비자들이 생각하는 가격은 얼마일까?'

상품(서비스)에 어떤 가격을 책정해야 가장 많은 소비자들을 확보하고, 시장에서 점유율을 확대할 수 있는지를 고민해야 한다. 그 출발점에서 위와 같은 질문은 필수적이라 하겠다. 염두해야 할 것은 고객들은 가치가 있는 것에 반드시 돈을 지불한다는 것이다. '어떤 가치를 주고 있느냐'가 중요한 포인트가 된다.

GBB 방법

라피 모하메드Rafi Mohammed가 제안한 방법으로 브랜드(기업)가 출시하는 여러 상품들을 Good(저가 상품), Better(보통 상품), Best(프리미엄 상품)로 등급을 나누는 전략을 말한다. 등급을 나눌 때 보통의 상품 가격을 기준으로 저가 상품은 보통 상품 가격의 75% 이하로 정하고, 프리미엄 상품은 보통 상품 가격의 150%를 초과하지 않게 책정하는 방법이다. 흔히 중식당, 이탈리안 식당에서 볼 수 있는 코스 메뉴가 GBB 방법의 대표적인 예라고 할 수 있다.

JS가든의 디너 코스를 보면 88,000원~200,000원까지 4개의 가격대로 구성되어 있다. 메뉴 가짓수를 늘리는 방법보다 고급 요리를 포함함으로써 메뉴의 품격을 더하는 방식을 적용하여 GBB를 분류하고 세팅한 방법이다. 저가 코스는 88,000원, 보통 코스는 12만 원~14만 원, 고가 코스는 20만 원이다. 가격의 구성이 GBB의 이론에 적합하도록 잘 구성되었다. 일반적으로는 가짓수를 늘림으로써 코스 요리의 포트폴리오를 구성하기도 한다.

* 중식당 'JS가든'의 코스 요리(ⓒJS가든)

SML Small-Medium-Large 방법

소비자들이 가격이나 사이즈를 선택할 때 가장 저렴하거나, 가장 비싼 것을 피하고 '중심 가격'을 선택하는 경향이 있다. 또 가장 작은 사이즈나 큰 사이즈를 피하는 경향도 있다. 가장 저렴한 것을 고를 경우 자존심과 연결하기도 하고, 사이즈가 작을 경우 부족함을, 큰 사이즈를 고를 경우 욕심과 연결하기도 한다. 따라서 중간 가격대와 중간 사이즈를 선호한다. 이런 심리적 현상을 이용하여 미끼 상품과 함께 내어 놓을 필요가 있다. 즉 SML 방법을 활용하는 것이다. 탕수육을 예로 들어보면 탕수육 Small 19,000원, Medium 23,000원 Large 30,000원으로 제공하는 중식당에서 소비자들은 Medium을 선택할 확률이 가장 높다. Small과 Medium의 가격 차이는 4천원, Medium과 Large의 가격 차이는 7천원으로 Medium의 매력도가 가장 높다. 중점적으로 판매할 사이즈를 Medium으로 놓고, Small과 Large를 세팅함으로써 미디엄의 판매량을 높이는 것이다. 이런 심리적 현상을 생각한다면 2가지의 사이즈보다 3가지의 사이즈를 활용하는 것이 훨씬 매력적이다.

Bundling 방법

패스트푸드점에서 흔하게 사용하는 방법이다. 햄버거, 감자튀김, 음료수가 묶여 있어서 각각을 따로 먹을 때보다 저렴하게 구입할 수 있다. 너무나 익숙해져 있어서 패스트푸드점에서는 대부분 세트 메뉴를 주문한다. Bundling(묶음 상품)으로 가격을 설정할 때에는 개별 메뉴의 가격을 소비자가 쉽게 확인할 수 있도록 해야 한다. 또 번들 가격이 세 가지 메뉴의 가격을 합한 것보다는 싸게, 그중 두 가지의 메뉴를 합한 가격보다는 비싸게 설정해서 번들을 구매하도록 유도해야 한다.

메뉴판의 배치 기준

처음 접하게 되는 정보는 중요하다. 처음 인지되는 정보는 기준 정보가 되고, 이후의 정보를 통합하는 데 영향을 미치게 된다. 처음 접하게 된 정보가 준거가 되어 이후의 접하게 된 정보들을 통합하여 판단하게 된다는 것이다. 이렇게 처음 접하게 되는 정보가 핵심 속성Focal Attribute의 역할을 수행하게 되므로 처음 제시되는 정보의 선정이 매우 중요하다는 것이다. 왜냐하면 처음 제시된 정보를 중심으로 이후의 정보를 통합 처리하고, 판단의 근거로 삼기 때문이다. 따라서 브랜드나 음식점의 입장에서 맨 처음 제공되는 정보가 무엇인지 신중하게 선택하고, 이 정보를 중심으로 소비자들의 기억을 구성시켜주는 것이 바람직한 방법이다.

메뉴판의 정보도 이와 같다. 많은 고객들이 메뉴판을 볼 때(다음 그림 참조, 2단 메뉴판과 3단 메뉴판일 때) 빨간색 점선으로 표기된 곳에 먼저 눈길을 준다. 2단 폴더의 메뉴판일 때는 오른쪽 상단 부분, 3단 폴더의 메뉴판일 때는 중앙 상단과 오른쪽 상단 부분이다. 이 부분의 메뉴 정보(메뉴명, 메뉴 가격)가 처음 접하게 되는 메뉴이므로 이 정보가 기준이 되고, 준거가 된다. 따라서 메뉴판에서 가장 많이 판매를 하고 싶은 메뉴를 이곳에 배치하는 것이 좋다. 또 이 메뉴에서 접한 가격이 준거가 되어 나머지 메뉴들의 '가격이 높다, 낮다'를 판단하는 근거가 된다.

음식점을 다니다 보면 간혹 제일 싼 것부터 순서대로 배치한 경우나 가장 비싼 가격부터 배치하는 경우를 보게 된다. 이는 잘못된 배치 방법이다. 우선 가장 저렴한 메뉴 가격을 제일 상단에 배치했다고 하면 고객들은 나머지 메뉴 가격을 비싸다고 인지할 가능성이 크다. 또 높은 가격부터 제시하게 되면 비싼 음식점이란 인식을 가지게 된다. 따라서 메뉴판에서 메뉴 가격 배치 방법은 '중간 가격대의 적정한 메뉴'를 우선 배치하고, 나머지를 배치하면 된다. 중간 가격대(평균 가격, 평균점을 의미하지는 않음)의 메뉴를 배치하는 것이 바람직하겠다. 이렇게 제시된 가격은 고객들에게 준거 가격이 되고, 이후의 메뉴들을 판단하게 된다. '청담25의 메뉴판'은 '메뉴 정보가 잘 제시된 메뉴판'이다.

* 청담25의 메뉴판(@청담25)

단수 가격 전략

10,000원과 9,900원의 가격 차이는 100원에 불과하다. 그러면 소비자들도 100원의 가격 차이로 인식할까? 그렇지 않다. 100원보다 훨씬 더 큰 수치로 지각한다. 소비자들은 가격의 앞자리에 예민하게 반응하고 잘 기억하며, 뒷자리에 덜 민감하다. 또 9자로 끝나는 표기보다 0으로 끝나는 숫자가 좀 더 합리적으로 가격이 책정되었다고 인지한다. 저자는 9자보다 8자를 더 선호하여 8자로 끝나게 가격 책정을 하는 편이다. 10,000원보다 9,800원으로 책정한다. 9,900원은 속이 보이는 것 같고, 800원으로 마무리되면 속이 덜 보이는 것 같은 감정이 개입하기 때문이다. 실제 소비자들도 그렇게 인지한다. 다만 프리미엄으로 제공되는 상품에 대해서는 단수 가격 전략보다 0으로 끝나는 가격 설정이 더 좋다. 프리미엄 상품의 경우 단수 가격은 저렴하거나 할인을 한다는 느낌을 전해줌으로 피하는 것이 더 좋겠다.

'한우 구이 전문점'이 있다. 이 음식점에는 식사 메뉴와 구이 메뉴가 있다. 된장찌개, 육개장, 냉면 등이 있고, 안심·등심·안창살·토시살 등이 있다. 어떻게 가격을 책정할까? 식사류를 저렴한 메뉴로 단수 가격 즉 9나 8로 가격을 책정하는 것이 좋겠고, 구이의 경우 프리미엄 메뉴이므로 0으로 마무리되는 가격을 책정하는 것이 효과적이라 하겠다. 된장찌개, 육개장은 10,800원, 안심과 등심은 88,000원 등으로 가격을 책정하는 것이 합리적이다.

가격 설계는 '브랜드의 이미지를 결정짓는 것, 메뉴의 이미지를 결정짓는 것'에도 역할을 한다. 최초 가격, 인상 가격, 상황 가격 등 가격을 설계하는 방법을 다르게 제시했다. 우리 음식점의 메뉴 가격은 어떤 방식을 선택해서 결정할 것인가, 어느 선에서 결정해야 이상적인가(고객 만족과 사장님 만족)를 고려해야 한다. 생각보다 복잡한 고민이 고객 만족을 끌어내고, 사장님의 이윤을 보장한다.

4-3 고객을 유혹하는 가격 설계 방법 2: 버라이어티 가격 책정과 옵셔널 가격 책정

샐러드바 가격의 공정성 지각

A패밀리 레스토랑(샐러드바 레스토랑)을 방문했다. 이곳은 평일 런치에 37,900원(성인 기준), 디너와 주말에 47,900원(성인 기준)으로 가격을 책정했다. 샐러드바에는 다양한 메뉴와 더불어 '맥주와 와인이 무제한'으로 제공된다. (제법 괜찮은 제안이다.) 다만, 술을 먹지 않는 소비자도 37,900원, 47,900원을 지불해야 한다. 술을 먹지 않는 소비자는 이 가격이 공정하다고 판단할까? 절대 그렇지 않을 것이다. 손해를 본 느낌이다. 반면 술을 먹는 소비자의 입장에서는 공정하다고 판단할 가능성이 높다. 'A 패밀리 레스토랑은 술을 먹는 소비자가 대부분일까? 안 먹는 고객이 대부분일까?'도 궁금해진다. 그 기준에 따라 가격을 책정했을 것이다. 잘 선택한 것인지 잘못 판단한 것인지는 모를 일이다. 아무튼 운전으로 술 한잔 입에 대지 않는 저자의 입장에서는 매우 불공정한 가격 책정이다. (공급자 중심의 가격 책정 방식이다.)

그러면 '술을 마시지 않는 소비자의 입장'에서 본다면 42,900원으로 샐러드바 가격을 책정하고, 술을 선택하는 소비자에게 추가 금액을 부과해서 47,900원을 책정하는 것이 공정하다(예시)고 할 것이다. '술을 마시는 소비자'는 47,900원이 부가적인 옵션으로 다가와 높은 가치를 부여할 가능성이 크다. 샐러드바로 식사를 하고 나오면서 가격이 공정하지 않다고 판단했다. 만약 재방문 의사를 물어본다면 '재방문 의사 없음'으로 의견을 던질 것 같다.

여기서 가격에 대한 2가지 사안을 생각해볼 수 있다. 하나는 '버라이어티 가격 전략'이고 또 하나는 '옵셔널 가격 전략'이다. 메뉴 가격 설정 방법과 2가지 전략안에 대해서 살펴보도록 하자.

버라이어티 프라이싱 Variety Pricing

같은 상품이라 할지라도 '언제, 어디서, 누가, 어떻게 사느냐'에 따라 가격이 천차만별로 '버라이어티'하게 달라질 수 있으며, 똑같은 제품도 상황마다, 사람마다 느끼는 가치는 다르다. 그렇다면 소비자는 언제 같은 물건이라도 가치를 다르게 인식할까? ① 상품을 구매하는 시간 ② 상품을 구매하는 채널 ③ 상품을 구매하는 소비자 특성 ④ 상품을 판매하는 방식인 '옵션' 등에 따라 달라진다. 이를 '버라이어티 가격 전략'이라 한다. '버라이어티 가격'은 공급자 관점이 아닌 수요자 관점에 초점을 둔다는 점에서 차이가 있다. 산발적으로 퍼져 있는 개별 소비자의 지불 용의에 대응하고자 소비자가 지각하는 가치에 맞춰 다양한 가격을 책정한다. 구매하는 시간, 장소, 구매자 특성 등 다양한 기준을 통해 수요를 예측하며 각각의 접점에서 가격이 결정되는 것이다. (트렌드코리아 2024, 버라이어티 가격 전략)

항공사와 여행사에서는 오래전부터 사용하던 방식이다. 성수기와 비수기, 주말과 주중, 수요와 공급에 따라서 가격을 달리 책정함으로써 기업의 이윤을 극대화해왔다. 소비자들은 오랜 운영으로 이 방식에 대해 어느 정도 적정하다는 판단을 하고 있고, 공정성에 영향을 끼치지 않는 방식으로 판단하고 있다. 숙박업도 마찬가지다. 성수기와 비수기, 주말과 주중에 따라 가격의 편차를 두고 있다. 이 역시 소비자들은 받아들이고 있다. (받아들인다는 말은 선택에 별 영향을 미치지 않는다는 것이다.)

앞의 사례처럼 음식점도 일부 '버라이어티 가격 전략'을 도입해서 운영하고 있으나 전반적인 확대에는 어려움을 겪고 있다. 그럼에도 다양한 방식으로 '버라이어티 가격 전략'의 도입을 시도해봐야 한다. 오랜 불황과 불경기, 치솟는 인건비와 식자재비, 임대료 등을 생각한다면 '버라이어티 가격 전략'을 도입하고 시도함으로써 원가 상승에 대한 압박, 새로운 수요 창출을 위한 기대를 만들어야 한다. 공정성에 대한 소비자의 판단은 후로 두더라도 품질에 대한 보증을 바탕에 둔 시도는 시의적절하다는 생각이다.

가격에서 느끼는 소비자의 감정 중 중요한 것은 '공정성'이다. 공정성이란 '지불한 돈에 대한 느끼는 감정적 가치가 적정하냐'의 여부를 묻는 것이다. 한 연구('레스토랑의 가격 공정성 지각에 관한 연구', 박진우 외)에서 음식점의 할인과 할증 방식에 관한 의견을 물었다. 연구의 결과, '할증은 불공정한 것으로, 할인은 공정한 것으로 인식하는 경우가 더 높다'는 결과를 제시했다. 많은 소비자들이 할증보다 할인을 더 선호한다고 할 수 있다. 할인과 할증에 대한 소비자의 생각도 버라이어티 가격 전략에서 적용해야 할 것으로 본다. 디너 가격을 기본 가격으로 하고, 런치를 할인 방식으로 가격을 책정하는 것이 고객의 선호를 높이고, 수요를 창출하는 방식이라는 의미가 된다.

▲ 표 4.2 단일 가격과 버라이어티 가격의 비교

구분		단일 가격	버라이어티 가격
개념		한 상품에는 이익을 극대화하는 하나의 고정된 가격	한 상품에도 개인의 지불 용의에 따른 다양한 가격
가격 결정의 기준		주로 원가 가산·시장 기반 가격 책정	주로 가치 수요·기반 가격 결정
결과	소비자	소비자 선택권 한정	소비자 선택권 증가
	기업	잠재 이익 포기	잠재 이익 확보

트렌드코리아 2024, p.217

옵셔널 가격 책정 Optional Pricing

'옵셔널 가격 책정'은 '기본 가격에 옵션을 부가하느냐 안 하느냐'에 따른 가격 책정법이다. 옵셔널 프라이싱은 2가지로 나뉜다. 하나는 모든 옵션을 포함해서 가격을 책정하는 방식이고 다른 하나는 기본에서 옵션을 추가하는 방식이다.

그러면 기본적인 옵션을 모두 넣어서 판매하는 것이 유리할까? 아니면 기본 구성에 옵션을 추가하는 방식이 유리할까? '즉석떡볶이 전문점'을 예를 들어 보자. 기본 구성은 '떡＋어묵＋만두＋야채' 등 기본적인 것을 제공하고 금액은 9천 원이다. 이에 토핑을 추가해서 구성할 수 있다. 토핑은 '라면, 당면 사리, 치즈, 튀김' 등이다. 각각 가격은 2천 원이다. 옵션을 모두 구성한 메뉴는 17,000원이다. 우선은 17,000원을 기본 가격으로 제시하고 고객들이 옵션을 제거할 수 있다. 이를 '옵션 제거 방식'이라고 한다. '옵션 추가 방식'은 기본 가격을 9천 원으로 제공하고, 옵션을 추가할 수 있는 방식으로 추가될 때마다 가격을 높이는 방법이다.

어떤 방식이 음식점에 유리할까? 연구 결과에 따르면 옵션을 제거하는 방식의 가격 세팅이 옵션을 추가하는 방식의 가격 세팅에 비해 소비자들이 더 많은 옵션을 선택하도록 유도해서 평균 객단가가 높아진다는 연구 결과가 나와 있다. 따라서 음식점의 입장에서 보면 가능한한 옵션을 많이 넣어서 제공하고 소비자들의 필요에 따라서 옵션을 제거하는 방식의 가격 설계가 더 유리하다고 할 수 있다. 여기서 중요한 것 역시 '고객이 느끼는 품질과 공정성'임을 잊지 말아야 한다.

어떤 선택을 할지는 주인장의 몫이다. A패밀리 레스토랑은 옵션이 없는 '공급자 입장의 선택 방식'이다. 수요자의 입장이 반영되지 않은 가격 책정 방식이라 하겠다. 소비자에게 '가격과 가치의 정당성'을 주는 것은 브랜드(기업)의 몫이다. 정당한 가치를 느끼지 못하는 가격과 상품으로 미래의 수요를 창출할 수 없다. 소비자의 복지와 기업의 이윤에 합당한 가격 책정이 미래 수요를 창출하는 원동력이다. '어떤 프로세스를 거쳐 가격을 책정하는 것이 좋을까?'를 생각해보고, 우리 음식점의 가격 책정에 도입할 수 있는 부분이 있는지 살펴보면 좋겠다.

4-4 우리 매장의 메뉴 가짓수는 몇 종류가 좋을까?: 선택의 패러독스

직장인에게 '오늘 점심 뭐 먹을까?'는 업무 이상으로 피로도가 높은 선택 사항이다. 매일 마주치는 현실의 문제이기도 하면서 직장 상사와 동료들에 대한 배려도 묻어나야 하는 선택이다. 이와 같은 이유로 '선택에 대한 피로'는 더욱 가중된다. 따라서 결정을 미루고, 부장님 원하는 대로, 팀장님 원하는 대로, 내가 아닌, 상사에게 결정을 위탁하게 된다. '선택의 어려움'을 떠넘기는 행위를 선택의 외주, 즉 '아웃 초이싱out-chocing'이라고 한다. 선택의 외주와 더불어 정보 탐색에 드는 금전적, 비금전적 소요 비용을 '탐색 비용'이라고 하며, 탐색 비용도 선택에 대한 부담감으로 작용한다. 자기 결정권을 가지는 것을 선호하는 듯하나 실제 행위에서는 피로감을 호소하는 것이 일반적인 현상이다.

▲ 그림 4.1 선택의 피로도와 구매 행동 실험

실험 1. 슈퍼마켓 시식 매대의 실험

매대 진열: 6종류 / 24종류

결과 — 시식한 사람들에게 상품권 1달러 지급

구분	매대(小)	대형 매대(大)
걸음 멈춤	40%	60%
시식 개수	6개	6개
구매	30%	3%
구매 비율	12%	1.8%

실험 2. 펜 구매 실험

어떤 선택지가 구매가능성이 가장 높을까?
2종류 / 10종류 / 16종류

결과

구분	2종류	10종류	16종류
구매 비율	40%	90%	30%

* 김지현 '마케팅 브레인'

아래의 2가지 실험을 통해 '선택에 대한 피로도'와 '구매 행동'에 대한 가이드라인을 찾을 수 있다.

실험1(슈퍼마켓 매대의 실험)은 슈퍼마켓 매대에서 진행되었다. 소형 매대에는 6종류의 잼을, 대형 매대에는 24종의 잼을 두고 시식 행사를 진행했다. 실험 결과 소형 매대에서는 40%가 걸음을 멈추었고, 대형 매대에서는 60%가 걸음을 멈추었다. 시식은 소형 매대와 대형 매대가 각각 6종류로 같았지만 구매에서는 소형 매대가 30%, 대형 매대가 3%를 구매함으로써 소형 매대의 구매 비율이 대형 매대의 10배로 나타났다. 결과를 통해서 보면 선택지가 지나치게 많은 경우 소비자들의 주의와 관심을 끌 수 있지만 구매 행동과 결정에 대해서는 방해됨을 시사한다. 따라서 소비자들에게 '선택의 피로도'를 낮춰 주기 위해 선택

* 분식집과 중식당의 메뉴판

지를 제한할 필요성이 대두된다.

실험2(펜 구매 실험)는 펜을 구매하는 상황에 대한 실험이다. 2개의 펜이 있을 때, 10개의 펜이 있을 때, 16개의 펜이 있을 때 '고객들은 어떤 구매 행동을 보일까?'에 대한 실험이다. 실험 결과 2개의 펜이 있을 때는 40%, 10개의 펜이 있을 때 90%, 16개의 펜이 있을 때 30%의 구매로 이어졌다. 결과적으로 적정한 수의 선택지가 주어졌을 때 구매 행동으로 전환됨이 가장 높다는 것을 시사한다.

사진 속의 분식점 메뉴는 100가지가 넘으며, 중식당 역시 50가지가 넘는다. 이런 선택지가 주어지다 보면 전문적인 느낌도 덜하고, 선택에 대한 고객들의 피로도가 높아진다. 결과적으로 '김밥 하나에 라면 하나', '짜장이나 짬뽕'을 선택하는 현실에 직면하게 된다.

미국의 심리학자 배리 슈워츠는 서구 문화에서 신봉하는 '선택의 자유'가 오히려 불만과 피로감을 증가시킨다고 하며 이를 '선택의 패러독스the paradox of choice'라 말했다. 선택의 패러독스에 대해 '선택의 자유 → 정보 과부하 → 탐색 비용 증가 → 불만과 피로감 → 구매 결정 장애'가 발생한다고 말했다.

그러면 '이러한 피로감을 해소하고, 탐색 비용을 줄이는 전략은 무엇이 있을까? 그리고 우리 음식점의 메뉴 가짓수는 어느 정도의 선이 적정할까'를 선택해야 한다. 탐색 비용을 줄이는 효과적인 전략은 첫째, 카테고리 세분화 전략이다. 위에서 제시된 분식집과 중식당 역시 카테고리 세분화를 시행했지만 카테고리가 너무 많다. 8가지의 카테고리에 카테고리별로 10~20종의 메뉴가 있다. 고객들이 선택해야 할 카테고리는 최소 3개에서 최대 5개 정도로 하는 것이 좋다. 또 카테고리별로

5개 전후의 메뉴로 구성하는 것이 가장 적정한 방법이라 할 수 있다. 또 선택 피로를 느끼지 않게 하기 위해서 '오늘의 메뉴'나 '세트 메뉴' 등으로 구체화해서 '큐레이션Curation 서비스'하는 것 또한 좋은 방법이라 할 수 있다.

 둘째 메뉴 가짓수다. 음식점의 컨셉에 따라 달라지겠지만 최근 많은 음식점들이 전문점화 되어가고 있다. 메뉴를 세분화하고, 전문화하고 있는 것이다. 메뉴 하나로 승부하는 음식점들도 다수 등장하고 있다. 앞의 실험에서 살펴보았듯이 선택지가 많으면 고객들은 이를 회피하고, 아주 적은 선택지에도 구매할 가능성이 낮아진다. 따라서 음식점의 컨셉과 방향에 따른 적정 메뉴 가짓수를 선정해서 전문화하고 특화시켜야 할 것으로 보인다.

 고객들이 메뉴를 결정하는 가운데 장벽은 결국 '결정에 대한 피로감'과 '정보 비용'이다. 피로감과 정보 비용을 줄여주는 것이 음식점의 역할이다. '고객들에게 피로감을 줄여주고, 선택받고, 칭송 받을 수 있는 '메뉴 가짓수는 몇 개일까'를 고민해봐야 한다.

4-5 고객의 방문 주기와 메뉴 교체 시기

'고객의 방문 주기 3개월, 메뉴 변화 3개월'

과거 근무했던 C패밀리 레스토랑의 고객 방문 주기는 평균 3개월이었다. (방문 주기란 고객이 한번 방문하고 난 후 재방문하는 동안의 기간) 결국 3개월에 한 번 정도 방문하는 것이다. C패밀리 레스토랑은 고정 메뉴와 가변 메뉴 Change Menu가 함께 섞여 있는 구조의 음식점이었다. 결국 주기적으로 메뉴를 변경해줘야 한다는 것이다. (메뉴를 변경하면 고객들의 반응이 긍정적인 메뉴도 있고, 부정적인 메뉴도 있다.) 당시의 메뉴 변경 주기는 3개월이었다. 내부적인 요인도 있었고, 계절적인 요인도 분명 존재했으리라 생각한다. 문제는 여기에 있었다. 고객들은 평균 3개월마다 한 번씩 방문하는데 재방문했을 때 그전에 먹었던 메뉴가 없어지는 현상이 발생한 것이고, 고객의 불만으로 연결되었다. 물론 부정적인 메뉴, 판매량이 저조했던 메뉴들을 메뉴에서 삭제하는 것은 문제가 되지 않는다. 다만 고객들이 좋아했던 메뉴를 삭제한 것에 대한 고객의 불만은 상당했다.

음식점의 운영 방식에 따른 메뉴

음식점의 운영 특성상 메뉴는 아래와 같이 3가지로 운영된다.

① 고정적인 메뉴를 지속적으로 운영하는 음식점
② 고정적인 메뉴와 가변 메뉴를 동시에 운영하는 음식점
③ 주기적으로 가변 메뉴를 운영하는 음식점

고정적인 메뉴를 운영하는 음식점과는 상관없는 이야기일 수 있다.

고객 만족도를 위한 것이라면 고정적인 메뉴를 운영하는 매장도 사이드 메뉴를 개발해서 운영하는 것은 객단가 향상과 매출 향상, 고객 만족도 증진에 있어서 도움을 준다고 판단한다. 따라서 사이드 메뉴를 보강하고, 개발하는 부분으로도 충분한 효과가 있다고 하겠다. 3번처럼 주기적으로 가변 메뉴를 운영하는 음식점들은(급식당 등) 작은 사이클 단위로 메뉴를 결정하고 운영하며, 큰 사이클로 메뉴를 변경해야 고객들의 지겨움을 해소하고, 만족도를 증진시킬 수 있다.

2번(고정적인 메뉴와 가변 메뉴를 동시에 운영하는 음식점)의 경우 상황은 조금 복잡해진다. '언제 어떤 방식으로 메뉴를 변경해야 할까'에 대한 고민이다. 저자는 메뉴가 단순화되고, 단일화된 전문점 스타일의 음식점을 선호한다. 굳이 계절 메뉴나 주기적인 메뉴 교체를 선호하는 편은 아니다. 메뉴는 고객들의 반응이 중요한만큼 일정 부분 변경하거나 시기적인 메뉴를 선보이는 것이 좋다는 판단한다. 물론 이런 변화가 절대 매출액으로 기여하지 않는다. 카페로 예를 들면 카페가 아무리 좋은 음료를 내어 놓더라도 '아메리카노와 아이스아메리카노'를 판매량을 넘지 못하고, 중식당에서 여름에 중국 냉면을 내어 놓더라도 '짜장과 짬뽕의 판매량'을 능가하지 못하는 것은 자명한 사실이다. 하지만 계절적인 요소를 가미하고, 제철의 식재를 활용해서 절기의 음식을 내어 놓는 것은 고객 환기 차원에서 필요하다. 음식점을 운영하다 보면 이런 필요가 생기기 마련이다.

우선, 잦은 메뉴의 변화는 음식점에 적합하지 못하다. '최소한으로 해야 한다'는 전제로 말씀을 드리고자 한다. 앞의 사례처럼 고객들이 방문하는 주기가 3개월인데 3개월마다 메뉴를 변화한다면 고객들이 음식점을, 브랜드를 바라보는 이미지가 상반되게 된다. 우리 음식점의 고객 방문 주기를 분석하고, 분석한 데이터를 바탕으로 해서 메뉴 변경을 시도해야 한다. 방문 주기와 만족도의 상관관계를 따져봐야 한다는 것이다. 특히 반응이 좋았던 메뉴를 삭제할 경우(계절 메뉴라 하더라도) 신중을 기해야 한다. 계절 메뉴나 신메뉴로 내어 놓았던 메뉴가 반응이 좋으면 On-Menu化(메뉴판에 고정 메뉴화 시키는 것) 시키는 것도 고려해야 한다.

고객의 평가 주기 또한 고려해야 한다. 한번의 In & Out으로 메뉴를 판단하는 것은 좋지 못하다. 메뉴는 단기적으로 반응을 보이는 것도 있으나, 장기적으로 반응을 보이는 것도 있다. 작게는 6개월, 넉넉히 1년 이상을 지켜봐야 성공 여부를 판단할 수 있는 메뉴도 있다. 따라서 1개월 내지 3개월의 짧은 주기로 메뉴를 급하게 평가해서는 안된다. 신규 브랜드를 오픈할 때, 1년의 시간을 고객과 함께하면서 교감을 통해야 레시피를 완성해야 할 수 있다. 따라서 짧은 주기의 메뉴 평가는 가급적 삼가는 것이 좋겠다.

메뉴가 단일 메뉴라서 나쁜 음식점도 아니고, 메뉴가 많다고 해서 꼭 나쁜 음식점이 아니다. 메뉴가 단순해도 좋음 음식점이 될 수 있고, 메뉴가 다양해도 좋은 음식점이 될 수 있다. 그렇지만 최근의 트렌드는 전문점, 단순화된 메뉴의 음식점을 분명 선호하고 있다. 그런 의미에서라면 메뉴가 많은 것이 능사는 아니라는 것이다. 단순화된 메뉴를 판매하는 음식점은 보완 메뉴 즉 사이드 메뉴로 고객들의 시선을 사로잡고, 가변 메뉴로 운영하는 매장은 적정한 주기와 고객 반응을 살피면서 흐름에 맞는 메뉴를 개발해서 내고, 급식당 등 사이클 메뉴를 운영하는 공간에서는 작은 사이클과 큰 사이클을 보면서 메뉴를 운영하면 좋겠다는 판단이다. 메뉴 변화, 음식점에서 필요하고, 필수적인 요소임에는 틀림이 없다. 영구적인 것은 없기 때문이다.

4-6 메뉴 가격 인상, 어떤 것을 고려해야 할까?

'어떤 메뉴를 팔까?' 고민할 때도 있고, '얼마에 팔까?'를 고민할 때도 있다. 이는 '어떤 아이템과 어떤 가격으로의 문제'로 생각해 볼 수 있고, 음식점을 '오픈하는 시점이냐, 운영하고 있는 과정인가'의 문제로 접근할 수도 있다. 처음 오픈하는 음식점이라면 저단가의 메뉴를 가지고 시작하기에도 부담스러운 요즘이다. 분식점의 경우 객단가가 7~8천 원 정도 나오는데, 많은 고객 수가 아니라면 임대료, 인건비를 감당하기가 쉽지 않는 객단가다. 대부분이 고깃집을 하려는 이유가 테이블 단가, 객단가에 있지 않을까 한다. 아이템의 선정이 매출이기 때문이다. '운영하고 있는 식당이라면 또 얼마에 팔까?'를 고민하기도 한다. 고객 수가 줄어들면 '할인을 할까?, 가격을 올릴까?' 늘 고민하는 부분이다. 어떤 결정을 해야 할까? '메뉴 운영, 메뉴 가격'을 결정할 때마다 여러가지 생각들이 얽혀 복잡하다.

메뉴 가격을 인상 시 고려해야 할 요소들

우선 소비자가 이만큼 지불할 가치가 있다고 인지하는 것이 중요하다. 가격은 가치로 매겨지기 때문이다. 이를 '가격의 공정성'이라 한다. 상품이 시장에 출시되었을 때, 공정성 지각에 따라 판매량과 만족도가 나타나게 된다. 문제는 출시 이후 시장의 변화 여건에 따라 가격을 인상해야 할 경우다. 가격을 인상할 경우 수요가 줄지 않는 것이 이상적이다. 수요가 줄지 않는다면 가격 인상에 대해 공정성을 지각했다는 것이다. 따라서 가격 인상 시 가장 중요한 것은 소비자들이 인식하는 공정성의 문제다. 소비자들이 공정성을 인지하도록 하려면 적절한 시기와 방법으로 가격 인상을 진행할 필요가 있다.

가격을 인상해야 할 경우 변화를 통해서 공정성을 인지할 수 있게 하면 좋다. 요리를 담는 기물의 변화, 메뉴 구성의 변화, 인테리어의 변화, 분위기의 변화, 식자재의 변화 등 변화를 함께 병행하면 공정하다고 느낄 수 있다. 또 가격 변화에 대한 저항이 적을 수 있다. 예를 들어 매장의 환경 변화를 위해서 인테리어 리뉴얼을 할 경우 리뉴얼 후에 가격을 조정하는 것은 소비자들이 어느 정도 공정하다고 생각할 수 있다. 따라서 메뉴 가격을 조정할 경우 반드시 다른 변화를 통하여 고객들이 인상에 대한 공정성을 인지할 수 있도록 해야 한다.

원가와 이익, 수요와 공급, 가치 창출과 가치 획득의 문제에 중간 지점에 있는 것이 가격이다. '어느 것을 더 중요하게 생각하느냐'의 문제도 아니다. 모두 다 중요하기 때문이다. 다만 사업을 영위한다는 관점에서 보면 원가, 비용의 관점에서 상품을 개발하고 가격을 책정하는 방식보다 가치에 집중하고 가치에 따른 가격 결정이 더 필요하고 합리적이다고 단언한다.

'메뉴 가격'을 결정할 때 고민하는 부분들을 정리해 보았다. 많은 사장님들이 고민하는 부분이다. 원가와 비용은 오르고, 메뉴 가격은 올리기 쉽지 않은 상황에서의 갈등은 겪어보지 않으면 설명하기 힘들다.

가격 결정에 대한 결론적 생각들이다.
- 가격 인상은 고객 만족도를 해치지 않는 선에서, 고객 수가 줄지 않은 선에서 결정해야 한다.
- 가격을 할인, 인하의 방법은 단기적인 처방이다. 단기적인 처방은 '훌륭한 음식점이나 브랜드'를 만들지 않을 것이라는 전제로 출발

하는 것이다.
- 가격 할인과 인하는 누구나 할 수 있는 초보적인 방법이며, 마케팅에 있어 최후의 수단이다.
- 가격을 올릴 수 있거나, 가격이 타 브랜드보다 높다는 것은 자신감의 표현이다.
- 가격 탄력성이 적은 메뉴와 높은 메뉴를 구분해야 한다.
- '비싼 것이 더 좋다'는 고객의 심리를 활용하는 것도 방법이다.
- 가격의 이면에 항상 '우수한 품질'이라는 전제가 있어야 모든 것이 가능해진다.
- 메뉴에 색다름을 입혀 메뉴 가격을 올릴 수 있다.
- 식사 메뉴는 인상하지 않고, 요리 메뉴 가격을 인상하는 방법(가격 탄력성 적용)

우선 이런 논리적 근거를 토대로 가격을 결정해야 한다. 가격을 인하하는 것은 인하된 가격으로 인해 많은 고객들이 올 것이라는 전제로 출발한다. 가격 인상은 어려운 시기를 극복하려는 마음에서 시작된다. 아래의 사례 2가지를 보면서 고민해보면 어떨까 한다

이색적인 메뉴 출시로 가격 인상

분식점을 운영하고 있다. 인근에 프랜차이즈 경쟁사도 늘어나고 새로운 음식점들이 계속 오픈한다. 올해 인건비, 임대료 모두 오르다 보니 지금 가격으로 운영하기가 어려워졌다. 그래서 낸 결론이 메뉴에 이색적인 것을 입혀서 가격을 '소폭 상승'시키고자 결정하였다. 최근에 '당근 라페'가 유행하니 '제주당근라페김밥'을, 건강 김밥인 '키토김밥'

도 출시한다. 라면도 평범한 라면에서 '한돈제육라면', '용대리황태라면' 등 이색적인 메뉴를 출시하면서 조금 더 높은 가격을 책정했다. 이색적인 것을 입혀서 일반 라면보다 2~3천원 가격을 높게 받았다. 객단가의 증진이 이루어지고 매출은 일부의 회복세를 보인다. 기존 메뉴는 그대로 두고, 색다른 메뉴, 고품질 메뉴를 출시하는 방법이다.

커피 가격의 함정과 중식당의 가격 인상

동일한 커피에 한쪽은 2천 원, 다른 쪽은 4천 원이라고 표시를 한 뒤에, 피실험자들에게 커피 맛을 평가하는 실험을 했다. 어떤 결과가 나왔을까? 많은 사람이 4천 원짜리 커피가 맛있다고 평가했다. "4천 원 하는 커피가 맛도 더 부드럽고 향도 더 진한 것 같아요.", "제가 맛에 좀 민감한 편인데, 4천 원짜리가 아무래도 제 입맛에 더 맞는 것 같아요." 이런 말들을 한다. 가격이 더 비싸다는 암시를 주는 순간 잠재의식에 각인된 '비싼 것이 더 좋다'라는 신념이 작동되어 대상을 경험하는 감각을 바꿔버린 것이다. 일종의 최면에 빠진 것이다. 무작정 싼 것이 좋은 것은 아니다. 미끼 메뉴를 넣고, 고품질 메뉴를 넣어 적정선의 객단가가 나올 수 있도록 해보는 것도 좋은 방법이다.

일반적으로 식사 메뉴 짜장, 짬뽕의 가격 인상은 고객들이 민감하게 반응한다. 즉 6천 원 하던 짜장면을 7천 원으로 올렸을 때 민감한 반응한다. 하지만 2만 원 하던 탕수육을 2만 2천 원으로 인상하면 고객들이 잘 모르거나, 반응하지 않는다. '가격에 민감하게 반응하느냐, 하지 않느냐'에 대한 것을 '가격 탄력성'이라 한다. 식사 메뉴는 가격 탄력성이 높고, 요리는 탄력성이 낮다고 할 수 있다. 따라서 가격을 인상할 때 탄력성이 적은 메뉴와 탄력성이 높은 메뉴를 구분하고, 탄력성이 적은 메뉴의 가격 인상을 통해서 전체적인 매출 볼륨을 높이는 것도 방법이다.

　메뉴 가격을 결정하는 방법은 요소들의 결합이다. 고객의 반응, 원가, 경쟁사의 현황, 차별화, 이미지 등 다양한 요소를 결합해서 결정한다. 또한 인테리어, 분위기, 타깃 고객의 소비 현황 등 전반적인 요소도 판단해야 한다. 내가 운영하는 음식점에서 소중하게 생각하는 요소들을 정리하고, 정리된 요소를 결합해서 결정하고 고객의 판단을 기다려야 한다. 고객의 판단이 부정적이면 상황을 분석하고 결정해야 한다. 그만큼 어려운 것이 메뉴의 가격이다.

4-7 시그니처 메뉴로 공략하자

음식점을 성공으로 이끌려면 고객의 마음에, 고객의 가슴에 깊게 남아 있는 메뉴가 있어야 한다. 자꾸 생각나서 구매할 수밖에 없는 메뉴를 만들어야 한다. 고객의 머릿속에, 가슴속에 음식점의 이미지와 메뉴를 남겨야 한다. 어떤 음식을 생각하면 그 음식점이 생각나야 하고, 음식점을 생각하면 어떤 메뉴가 생각나야 한다. 음식점은 메뉴로 말을 하고, 메뉴로 기억되기 때문이다. 이를 '연상 작용'이라고 하고, 강하고 긍정적인 연상 작용이 일어나는 메뉴를 '시그니처 메뉴Signature Menu'라 한다.

메뉴를 평가하는 1차적, 2차적 평가 방법

저자는 메뉴를 평가할 때 그 자리에서 먹으면서 평가하는 방법과 몇 시간 또는 하루이틀 지나고 다시 반추해보는 방법, 2가지를 고려해서 종합적인 판단을 한다. 즉석에서 평가하는 방법은 1차적인 평가 방법이다. 즉 메뉴가 주는 즉시성에 포커싱된 방법이고, 몇 시간이 지나거나, 며칠이 지나서 평가하는 방법은 기억을 소환하고 반추하는 2차적인 방법이다. 즉시성의 평가는 메뉴가 주는 맛, 비주얼, 가격, 양 등에 대한 메뉴 고유의 속성을 가지고 평가하는 것이고, 2차적인 평가 방법은 시간이 지나서 이 메뉴가 다시 생각날만큼 기억으로 인식되는 메뉴인가를 평가하는 방법이다. 그런 의미에서 메뉴를 먹고 즉석으로 평가하는 방법을 자제하는 편이다. 메뉴는 1차적, 2차적 평가를 고려하고도 긍정적인 메시지가 있으면 좋은 메뉴로 판단한다.

* 음식점의 시그니처 메뉴들

음식점의 성공 방정식, Signature Menu

시그니처는 '차별화된, 자랑하고 싶은, 각별한, 희소성이 있는'으로 해석된다. '각인'이라는 의미도 가지고 있다. 수없이 많은 상품이 출시되는 상황에서 자신의 상품을 각별하고, 차별화된 것으로 인식시키기 위해 '시그니처'라는 단어를 끄집어 왔다. 우리를 기억해줄 단 하나의 메뉴가 바로 '시그니처 메뉴'다.

'치킨' 메뉴를 생각하면 떠오르는 강력한 브랜드가 있는가? '새우버거' 하면 떠오르는 강력한 브랜드가 있는가? 반대로 '맛있는 떡볶이' 하면 떠오르는 브랜드가 있는가? '김치찌개' 하면 떠오르는 강력한 브랜드가 있는가? 있다면 모두가 '연상 작용'이다. 만약 어떤 메뉴와 어떤 브랜드가 연상 작용을 통해서 떠오른다면 그 메뉴와 브랜드는 강력한 연상 작용이 있는 것이다. 그리고 그 브랜드에는 강력하게 인식된 '시그니처 메뉴'가 있다는 것이다. '시그니쳐 메뉴'가 중요한 이유다.

예전 피자헛의 '골드리치 피자'는 새로운 라인의 메뉴가 출시될 때마다 초·중학교 학생들에게 회자되며 강력한 '시그니처 메뉴'로 자리 잡았다. 롯데리아를 생각하면 '양념감자'가, '한우버거'가 떠오른다. 최근에는 '모짜렐라인더버거'가 떠오르기도 한다. '맥모닝, 상하이스파이시 버거' 등도 맥도날드를 연상시킨다. 국내 가성비 좋은 짬뽕하면 생각나는 프랜차이즈로 '홍콩반점'이 떠오른다. 모두가 강한 연상 작용이 있는 것이고, 그 브랜드를 대표하는 '시그니처 메뉴'를 보유하고 있는 것이다. 우리 음식점에도 강력한 한방이 있는 메뉴가 필요하다.

음식점에는 단 하나의 메뉴만 판매하는 음식점부터 백 가지 이상의 메뉴를 판매하는 음식점까지 다양하다. 하나의 메뉴를 판다면 그 음식점의 '시그니처 메뉴'는 그 메뉴다. 한 가지의 메뉴를 판매한다고 하는 것은 강한 자신감이고, 강력한 메시지를 주기에 충분하다. 반면 하나의 메뉴가 고객에게 부정적인 인식을 심어준다면 음식점의 존망이 위태롭게 된다. 여러 가지 메뉴를 판매하는 음식점의 경우에는 이와 다르다. 여러 메뉴 중 우리 음식점을 가장 잘 대표해주는 메뉴가 반드시 있어야 한다. 앞서 말한 것처럼 '시그니처 메뉴'를 만들어야 한다. '시그니처 메뉴'는 가장 자신 있는 메뉴와 고객들이 가장 선호할 수 있는 메뉴가 결합되어야 만들 수 있다. 자신 없는 메뉴는 팔릴수록 부정적인 인식만 강하게 남는다. 가장 자신 있어 하는 메뉴를 메뉴북, 전단지, 배너 등 내부 판매 촉진을 통하여 긍정적 인식을 심어 주기 위해 노력해야 한다. 외부로는 블로그, SNS를 통해서도 긍정적 인식을 위해서 지속적으로 알려야 한다. 1년 정도의 노력을 기울이다 보면 자연스럽게 우리 음식점과 시그니처 메뉴가 연상 작용을 일으키며 성공적으로 안착하게 된다. 지속적인 노력이 필요하다. 메뉴에 대한 품질과 자신감은 필수적이다. 타 경쟁 업소에 비해 강한 경쟁력을 가지고도 있어야 한다. '시그니처 메뉴'를 사장님이 만들 것 같지만 대부분 고객들이 만들어준다. 메뉴 분석이 필요한 이유다.

Signature Menu의 기준

'시그니처 메뉴'의 기준은 어떤 것인지 궁금해진다. '시그니처 메뉴'는 고객 선택을 얼마나 받아야 적정 기준을 통과하는 것일까? 브랜드마다 음식점마다 그 기준은 다르겠지만 적어도 메뉴 판매량 중 20% 이상의 판매량을 보여야 '시그니처 메뉴'로 자격이 있다. 즉 100명의 고객 중 20명 이상이 이 메뉴를 선택해야 '시그니처 메뉴'의 명맥을 유지한다. 테이블 수 즉 '조수'로도 계산해 볼 수 있다. 최소한의 수치다. 또 판매량이 20%가 되지 않더라도 우리 음식점만의 상징성을 가진 메뉴(타 브랜드에 없는 메뉴 또한)도 '시그니처 메뉴'가 될 수 있다.

'시그니처 메뉴'는 음식점의 활동을 통해서도 만들어지지만, 고객들의 선호에 의해서도 만들어진다. 또 이렇게 만들어진 강력한 '시그니처 메뉴'는 지속적이고, 주기적으로 특별한 관심을 가지고 관리를 해 나가야 한다. 쌓아 올린 신뢰가 쉽게 무너지지 않을 것 같지만 음식점은 잠시의 틈에도 금방 무너지는 법이다. 메뉴판에서의 위치, 매장 내에서의 포스터와 전단지, SNS의 사진, 고객의 만족도에 대한 평가, 평가 사이트에서의 고객의 소리 등을 관리해 나가야한다. 메뉴도 애정을 주는 만큼 자란다. 판매량이 보답을 할 것이다. 고객들에게 강한 임팩트를 주고 있는 메뉴, 시그니처 메뉴가 있는지 살펴보시기를 바란다. 없으면 만들어야 한다.

4-8 사이드 메뉴로 매출에 활력을 불어넣자

하나를 시켜 먹는 것은 좀 부족해 보이고, 메인 메뉴Main Menu와 함께 2가지를 주문하자니 과한 측면이 있다. 2명이 만남을 가져도 마찬가지고, 손님을 접대할 때도 마찬가지다. 각각 메인 메뉴를 하나씩 먹고, 간단한 사이드 하나를 더 주문해야 마음이 놓인다. 나눠 먹는 재미도 있고, 메인 메뉴의 부족한 부분을 보완해주기도 한다. 다른 시각으로 보면 메인 메뉴를 보충하며 부족함을 채워주기에 사이드 메뉴는 보완적 메뉴로 손색이 없다.

김치찌개와 잘 어울리는 '사이드 메뉴Side Menu'는 '계란말이'다. 통상적으로 김치찌개집에 가면 '계란말이'는 존재감을 드러내고, '계란말이'와 김치찌개를 합쳐서 세트 메뉴를 구성한다. 김치찌개를 하는 음식점의 세트는 '김치찌개+계란말이+사리면'이다. 이제는 공식이 되어버렸다. 중식당의 효자 역할을 하는 사이드 메뉴는 군만두다. 간혹 서비스로 나오는 군만두는 가격이 저렴해서 서비스의 역할은 하지만 명확한 사이드 메뉴는 아닌 듯하다. 군만두를 잘 하는 중식당에 가면 군만두는 사이드 메뉴로 역할을 톡톡히 한다. 2명이서 식사를 하면 짜장 하나, 짬뽕 하나에 군만두 추가가 보통의 주문이다. 나눠 먹기 좋고, 가벼워서 좋은 메뉴가 중식당의 군만두다. 최근에는 탕수육(小)이 사이드 메뉴로써 역할을 하는 경우도 있다. 칼국수를 전문으로 하는 음식점도 감자전과 파전이 사이드 메뉴로 역할을 한다. 어떤 경우에는 사이드 메뉴가 메인 메뉴보다 매출을 능가하면서 그 존재감을 과시한다.

사이드 메뉴의 역할은 3가지로 설명할 수 있다

'시그니처 메뉴Signature Menu'는 음식점과, 브랜드의 연상 작용을 이끌어 내는 역할을 하고, 또한 음식점의, 브랜드의 이미지를 결정하는 중요한 한방이 된다. 사이드 메뉴도 이와 같은 작용을 한다. '시그니처 메뉴'가 완성하지 못하는 미완의 부분을 보충하여 매출과 고객 만족도의 완성을 돕는다

사이드 메뉴의 3가지 역할을 살펴보면 아래와 같다.

첫 번째 객단가 향상을 통한 매출의 향상이다. 음식점의 세트 메뉴와 같은 역할을 한다. 세트 메뉴 역시 객단가를 향상시키는 주요 전략이다. 사이드 메뉴 역시 추가 주문을 유도하면서 객단가를 보존하고, 보존된 객단가는 매출 향상의 주역이 된다.

두 번째는 만족도 향상이다. 음식점을 방문하고 '아주 잘 먹었다'는 표현은 '맛이 있다', '넉넉하게 먹었다', '가성비가 좋았다' 등 다양하게 표현될 수 있으나, 이를 사이드 메뉴로 적용해보면 다양성과 보완성, 넉넉함에 '아주 만족했다'는 의미로 해석할 수 있다. '사이드 메뉴'는 '아주 잘 먹었다'의 의미를 담은 표현이 될 수 있다. 이렇게 향상된 만족도는 결국 재방문Repeat Guest으로 이어지며 매출 향상에도 도움이 된다.

세 번째는 강력한 연상 작용을 통한 이미지 구축이다. 좋은 사이드 메뉴는 '시그니처 메뉴'와 더불어 강력한 연상 작용을 일으키며 음식점의, 브랜드의 이미지 형성에 도움이 된다. 형성된 이미지는 고객들에게 긍정적인 작용을 하며 음식점의 인지도 향상의 역할을 수행하게 된다.

따라서 음식점에서의 사이드 메뉴 개발은 필수적인 사안이라는 생각

이 든다. 하지만 시그니처 메뉴와 동일하게 잘 기획해야 성공할 수 있다. 좋은 기획을 바탕으로 한다는 것은 메뉴의 퀄리티를 담보해야 하고, '시그니처 메뉴'를 보완하는 적정한 양, 쉽게 지갑을 열 수 있는 합리적인 가격을 포함한다. 마지막으로 메인 메뉴와 '시그니처 메뉴'와의 궁합이 맞는지를 검토해서 출시해야 한다. 또 잘 구성된 사이드 메뉴를 가지고 고객을 트레이닝시킬 필요성도 있어 보인다. 없는 공식은 만들고 공식을 따르게 하다 보면 의외의 결과를 산출할 수 있다.

궁극적으로 '메인 메뉴', '시그니처 메뉴'와 '사이드 메뉴'의 성공은 본질인 퀄리티에 있다고 할 수 있다. 우리 음식점과 메인 메뉴와 가장 잘 어울리는 '사이드 메뉴'가 무엇인지 고민하고 개발했으면 한다.

4-9 하나의 메뉴로 승부하는 진검 승부사들

　세상의 흐름을 모두 반영하고, 현상의 트렌드를 모두 담으면서 '오로지 하나'에만 집중할 수 있을까? 주어진 것을 거부하지 않는 포근함, 흐르는 현상을 놓치지 않는 섬세함 그리고 소중한 것을 대하는 진정성. '이게 가능한가?'라는 질문에 가능하다고 답하는 음식점들이 있다. 놀라운 사실이고, 의외의 사실이지만 받아들이게 된다. 불가능할 것들이 가능해질 때 짜릿함을 맛보게 되는 것처럼, 진검 승부사들을 만나며 짜릿함을 맛본다.

* '닭요리'에 진심과 진정성을 담아 요리하는 순천 대표 맛집, '더미주농원120'

'닭요리에 진심'인 순천을 대표하는 음식점, '더미주농원120'

　'더미주농원120'은 자연, 로컬리즘, 지역 대표, 하나에만 집중, 산지 활용 그리고 진정성 이런 것들이 모두 포함되어 있는 '순천 맛집'이다. 닭은 한국인이 가장 사랑하는 식자재다. 여기에 지역 산지를 활용하는 식자재를 더하면서 융합을 시도했다. 융합은 하나와 하나가 결합해서 재탄생한 것을 말한다. 재탄생은 완전히 새로움, 다시 없을 새로움이어야 한다. 순천이라는 로컬을 대변하듯 순천맥주를 선보이고, 자연에서 거두어 들인 야채에 자연의 소스를 더했다. 흐름을 반영하듯 하이볼을 내어 놓으며, '한잔 와인'으로 사람들의 마음을 낚아 챈다. 이러면서도 '오로지 치킨'이라는 진정성까지 요리에 담았다. 끝으로 가면 '자연'이라는 주제로 마무리된다. 이것이 '더미주농원120'에서 보인 가능함의 진실이다.

'더미주농원120'은 한정식의 상차림에 닭요리를 더해 내어 놓는다. 닭으로 가능한 모든 요리를 코스로 내어 놓으니 진수성찬이다. 닭구이, 닭떡갈비, 치즈불닭, 간장치킨, 누룽지백숙 등 세상에 있을 법한 닭요리가 모두 가능하다. 여기에 순천과 전남 산지식재를 활용해 요리의 품격을 더했다. 지역을 대표하는 명소답게 순천맥주인 '순천미인',

* 일본 후쿠오카 텐진역 인근에 위치한 '이치란라멘'

'낙안읍성'을, 하이볼과 와인 막걸리로 젊은이들의 감각에도 흥을 돋군다. 지역을 사랑하고, 지역을 대표하는 그리고 하나에 진심과 진정성을 담아 브랜드를 만들었다. '더미주농원120'은 그렇게 순천의 대표 맛집이 되었고, 되고 있는 중이다.

모노즈쿠리와 오모테나시를 모든 갖춘 일본 라멘의 대명사, '이치란라멘'

라멘에 이다지도 진심일 수 있을까? 한 가지에 집중하는 장인 정신과 고객의 세세한 취향까지 고려하는 세심함을 '이치란라멘'에서 깊숙하게 느낄 수 있다. '모노즈쿠리'와 '오모테나시'는 일본의 제조업과 서비스업을 대표하는 용어다. '모노즈쿠리'는 물건을 뜻하는 '모노'와 만들기를 뜻하는 '즈쿠리'가 합성된 단어로 '혼신의 힘을 모아 최고의 물건을 만든다'는 일본의 장인 정신을 의미한다. '오모테나시'는 접대를 의미하는 '모테나시'와 '오'의 정중함을 합쳐서 만든 용어로 '최고의 환대'를 뜻한다. 일본의 극진한 접대 문화를 의미하며, 일본 서비스업의 자존심을 나타내기도 한다.

하수는 늘리는 것에 익숙하고, 고수는 줄이는 것에 익숙하다. 분야를 좁히고, 카테고리를 정하고 카테고리에서 일등하는 방식을 취하는 것은 고도의 전략이다. 하수는 취할 수 없고 고수들이 취하는 방식이다. '이치란라멘'이라고 유혹이 없지 않았을 거다. 수많은 유혹과 흐름을 거부하고 하나에만 집중할 수 있었던 힘은 차별화가 되었고, 정체성으로 자리잡게 되었다. 브랜드 자산인 '브랜드 인지도'와 '긍정적의 브랜드 이미지'를 유지할 수 있는 원동력이 되었다. 말하지 않아도 '후쿠오카=이치란라멘', '돈코츠라멘=이치란라멘'이 각인되면서 아우라가 고객의 머릿속에 자리를 잡았다.

'이치란라멘'의 색다른 경험

매장에 입장하면 몇 가지 사실에 놀란다. 메뉴는 오로지 한 가지 '돈코츠라멘' 뿐이다. 단 하나의 메뉴로 60년 세월을 이어오고 있으니 놀라울 따름이다. 또 하나는 길게 펼쳐진 '1인석 좌석'과 착석 후 느끼게 되는 세심함 그리고 내가 원하는 취향에 따른 메뉴의 선택지들이다. 음식은 철저하게 개인의 취향이다. '신라면'을 자주 먹지만 너구리라면이 먹고 싶을 때도 있고, 추억이 생각나 '삼양라면'을 먹을 때도 있다. '진라면' 특유의 면과 육수로 손이 가게 만든다. 때로는 탱탱한 면발이, 때로는 푹 삶아진 면발이 먹고 싶을 때도 있다. 사실 한 음식점에서 이런 기호를 맞추기에는 한계가 있고 대부분 그런 선택을 하지 않는다. 하지만 '이치란라멘'은 이런 모든 고객의 기호를 수렴한다.

* 이치란라멘의 '돈코츠라멘' 하나의 메뉴로 11,250개의 취향에 맞는 메뉴를 내어 놓는다.

주문부터 느끼게 되는 '오모테나시'

키오스크에서 주문하고 좌석에 앉으면(키오스크에서 국적을 선택할 수 있음) 주문한 메뉴에 대한 선택 사항을 표시하는 '주문 용지'가 제공된다. 총 7가지의 선택 사항(맛, 기름진 정도, 마늘, 파, 차슈, 빨간 비밀 소스, 면의 익힘 정도)를 체크하게 되어 있다. 맛은 싱거운 맛, 기본, 진한 맛으로 3가지, 기름진 정도는 '넣지 않음'부터 '매우 진함'까지 5가지, 파는 넣지 않음, 대파, 실파까지 3가지, 차슈는 '넣지 않음, 넣음' 2가지, 빨간 비밀 소스는 '넣지 않음부터 3~10배'까지 5가지, 면의 익힘 정도는 '매우 질

* 면발과 돈코츠 육수는 세계 제일을 자랑한다.

김부터 매우 부드러움'까지 5단계로 나뉜다. 이들 조합을 계산해 보면 총 11,250가지의 경우의 수가 나오는데 상상 그 이상이다. 한 사람, 한 사람의 기호를 이렇게 세심하게 체크해서 만들어주는 음식점이 있을까 싶다. 노점상일 때부터 단골의 입맛을 기억하고 맞춰서 제공하던 라멘을 고객이 늘어나면서 일일이 기억하기 힘들어지자 '취향을 적는 주문 용지'를 개발한 것이 지금까지 이어져 오고 있고, 이 서비스가 '이치란라멘'의 'Signature Service'가 되었다.

주문을 하고 잠시 자리를 비운 사이 직원이 카드를 놓고 갔다. '자리를 비운 동안 라면 육수가 식을 수 있으니 다시 조리하고 싶다'는 카드다. 계란에 대한 언급도 했다. '색깔이 변할 수 있다. 품질은 문제가 없으나 혹시 교환을 원하면 말해 달라'는 메시지였다. 세심한 배려에 대한 놀라움은 일본의 '오모테나시'를 생각나게 한다. 혹시 일행과 같이 갔지만 1인석 좌석에 앉는 것이 다소 어색할 수 있으나 이 시스템은 '오로지 라멘에 집중'이라는 메시지를 전하는 것 같다.

면치기의 정수를 경험하다

주문한 라멘이 나왔다. 이들은 라멘이 만들어지고 '15초 이내 제공'이라는 룰을 따른다. 이는 원하는 수준의 '면의 단단함'을 유지하기 위한 것이라고 알려졌다. 주문한 대로 '빨간 소스와 기름진 정도는 기본으로, 육수는 깊게, 대파와 마늘 1/2쪽을 넣어 제공되었다. 우선 이걸 혼합하고, 혼합한 육수를 한 스푼 흡입하면 육수의 풍만함이 그대로 느껴진다. '이치란라멘'의 '빨간 소스'는 효자 노릇을 하는데 30가지 이상의 향신료를 혼합하고 숙성해서 만든 소스다. 음식을 다 먹고 난 느낌을 어떻게 표현할까 생각했다. '세상에서 가장 훌륭한 일본 라멘'이라는 찬사가 연발해서 나오게 된다. 최고의 라멘을 경험하기 위해 긴 시간을 기다렸다. 그것도 본고장 후쿠오카에서 먹어 그 느낌이 남다르다. 최고를 경험하기 위해선 발품을 팔아야 한다는 진리 앞에 다소곳해질 수밖에 없었다.

　요시토미 사장은 이야기한다. (신현암의 '요시토미 마나부' 인터뷰 중) "본래 라멘은 묵묵하게 10분 정도 맛보는 것이다. '맛 집중 시스템'을 통해 주위를 신경 쓰지 않고 본능대로 릴랙스한 상태로, 먹는 일에만 집중할 수 있는 환경을 제공하고 싶었다. 사람은 자율 신경 작용에 의해 긴장하거나 릴랙스한다. 자율 신경에는 교감 신경과 부교감 신경이 있다. 교감 신경은 긴장 시에 앞서서 작용하며 게임 중이거나, 접대, 맞선 등으로 긴장했을 때 이른바 전투 모드, 소비 모드이며, 그런 상황에서는 어떤 사람이라도 맛을 느낄 수 없다. 반면 부교감 신경이 작용하면 느

* '칸다소바' 역시 '마제소바' 하나의 메뉴로 승부하는 곳이다. (ⓒ칸다소바대학로점)

굿한 모드, 흡수 모드가 되며, 순수하게 맛을 느낄 수 있다."

'이치라 라멘'의 '고도의 집중화 전략'을 느끼면서 애플의 '미친듯이 심플', 블루보틀의 '오로지 커피'가 연상된다.

한 가지만 한다는 것은 자신감이다. 여러 가지를 할 수 있어도, 한 가지만 하기는 어렵다. 한 가지만 해서 성공하기는 더욱 어렵다. 처음부터 끝까지 모두의 수고로움을 녹이고, 수고로움 속에 정성을 담고, 진심을 담아야 만들어낼 수 있는 작품이다. 한 가지로 성공한 모든 것에는 이렇게 진심이 담겨져 있다. 이런 진심을 고객들은 외면하지 않는다. '칸다소바'에서 느끼게 되는 생각이다.

마제소바에 진심인 사람들

라멘의 맛을 좌우하는 건 면, 타래, 육수, 고명이다. 그중 깊이 있는 비법은 타래에 있다. 타래는 '생선이나 장어를 구어 바르는 일본식 소스'로 맛을 좌우하는 비법 중의 비법이다. 타래만 알면 그 맛을 낼 수 있다고 한다. '칸다소바' 역시 타래 소스에 공을 들인다. '칸다소바'에서는 타래뿐만 아니라 면, 육수에 대한 간절함이 베어 있다. 그들의 노고에 대한 간략한 설명이 매장 입구에 비치되고 고객들에게 보여지고 있다. 이토록 진심일 수 있을까? 이곳이 늘 웨이팅으로 빛을 보이고 있는 이유다. '칸다소바'가 오픈했을 당시 이 정도의 웨이팅은 없었다. 진심을 다하고, 마음을 다하니 고객들이 알아봐 준 것이다. 몇 년 전부터 두각을 나타내고 있다. 하나에 정성을 다하고, 하나에 진심인 사람들이 만들어낸 결과들이다.

'칸다소바'의 마제소바는 62가지의 재료가 들어간다. 보통의 라멘에 비해 3배의 재료가 더 들어갔다. 면은 도쿄 제면소 장인에게 전수받아

직접 제면한다. 원료 배합부터 반죽, 롤링, 숙성, 성형까지 직접 진행함으로써 자가 제면의 뜻을 그대로 이행하고 있다. 육수에도 상당한 공을 들인다. 육수의 시작부터 사용까지 5일~7일의 시간을 들여 육수를 만든다. 수고로움이 보통이 아니다. 라멘의 생명인 면, 타래, 육수, 고명까지 하나도 흐트러짐없이 만들어내니 그 노고에 고객들이 박수를 보내는 것이다.

Only-one & Just-One, '식빵전문점, 밀도Meal°'
왜 이렇게 줄을 설까?

성수동에 가면 연출되는 한 장면이 있다. 조그마한 가게 앞에 늘어선 사람들. 거쳐야 하는 장면이다. 성수동 초입에 위치한 자그마한 빵집 밀도Meal° 앞은 언제나 그렇다. '도대체 뭐지?'를 생각하다가도 한번 먹어보면 다시 들리게 되는 빵집이다. 성수지앵(성수동을 즐기는 사람들)이라면 이 장면도, 줄을 서는 것도 익숙하다. 성수를 나타내는 대표적인 장면이다. 도쿄제과학교 출신인 전익범 셰프가 만들었다. 한국식 풀 베이커리(모든 빵을 다 만드는 빵집) 시스템은 품질을 유지하기에 한계가 있음을 직감하고 과감하게 식빵으로 출사표를 던진 매장이다.

밀도Meal°는 빵의 원재료인 밀을 의미하고, 도(°)는 온도를 나타낸다. '식빵이 맛있는 온도'라는 의미로 해석된다. 글자의 의미도, 글자의 형상도 정감 있다. 문양의 형상도 간결하고 임팩트 있다. 잠시 머뭇거리다 가까이 접하면 의미에 반하고, 이미지에 반하게 된다. 식빵의 촉촉함과 따뜻함이 로고에서 그대로 드러난다.

* 성수지앵을 넘어 많이 이들에게 사랑받는 '밀도 성수점'

한국인의 간식 식빵, 프리미엄으로 태어나다

식빵은 주로 간식으로 때우거나, 아침 대용으로 이용된다. 전자레인지에 데우거나 토스트기에 넣어서 먹는 간편식이다. 마트에서도, 편의점에서도 쉽게 구매할 수 있다. 가격도 서민적이어서 누구나 즐긴다. 밀도의 식빵은 다소 비싼 편에 속한다. '담백식빵', 생크림을 더한 '리치식빵' 모두 7천 원대다. 맛은 쫀득하고 찰지면서 담백하다. 맛에 있어서 평할 이유는 없어진다. 맛도 그렇지만 식자재를 들여다 보면 비싼 가격의 이유를 증명해준다. 밀도의 식빵은 전라도 통밀과 청정 지역에서 재배된 밀가루를 블렌딩Blening하여 사용한다. 여기에 더해 '담백식빵'에는 무지방 우유를, '리치식빵'에는 생크림을 더했다. 비싼 이유도, 맛이 고급진 이유도 여기에 있었다.

밀도 성수점은

밀도 성수점은 작은 규모다, 거기에 주방 공간을 제외하면 빵을 파는 공간은 고작해야 2~3평이다. 작은 공간, 하나의 작품은 효율성 측면에서도 좋은 선택이었다. 효율성만 따졌다면 지금의 밀도가 되지 못했을지 모른다. 여기에 한 가지에 대한 무한한 정성이 들어가 있다. 여러 가지 펼치지 않고 오로지 하나에 집중한 모양. 그래서 탄생한 진심의 메뉴가 식빵이다. 하나를 깊고 오래 판 시간은 대박이라는 결과로 나타났다. 줄 서서 사는 데는 이유가 존재하고, 좋은 음식을 먹은 하루가 따뜻한 것도 의미가 존재한다.

베이글 전문점이 생기고, 팥빵 전문점이 생기고, 고로케 전문점이 생겨났다. 식빵 전문점도 여기에 도전장을 내밀었다. 공장빵에 식상했던, 천편일률적인 빵들이 지겨웠던 시대에 새롭게 출사표를 던졌다. '빵지순례', '전국빵맛집지도' 등도 등장했다. 맛있는 빵을 먹기 위해서 줄 서서 밤을 세우고, 오픈에 맞춰 달려오는 오픈런도 평범한 일상이 되었다. 모든 것들을 이루어내는 데는 마음을 담은 주인장의 정성과 하나에 대한 진심이었던 마음이 더해졌을 것이다. 깊고 오래 한 가지에만 전념하고자 하는 마음이 고객들에게 깊숙이 다가갔기 때문일 것이다.

'식빵이 가장 맛있는 온도, 밀도^{Meal}', Only-one, Just-one, Meal°

하나의 메뉴만을 한다는 것이 얼마나 리스크^{Risk}한 일인지, 평범한 고집으로 감당하기 힘든 일임을 안다. 사업적으로는 어마어마한 심리적 압박을 받아야 함을 알고 있다. 그럼에도 한 가지를 고집하는 이유는 메뉴에 대한 끌림이요, 메뉴에 대한 진심일 것이다. 메뉴의 재료가 끌림과 진심이니 그 맛은 평가하지 않아도 알 수 있다. 주인장의 마음이 고객의 마음으로 닿았을 것이다. 성공의 요인은 여럿이지만 진정성이 빛을 발하는 것만 할까 싶다.

CHAPTER
5

다름을 만드는 브랜드의 생각들

공명(共鳴)이란 '맞울림'을 의미한다. '하위헌스의 추시계'는 공명을 나타내는 대표적인 현상이다. 돌로 지은 집에 서로 마주볼 수 있도록 추시계를 걸어 놓으면, 처음에는 추시계가 각각 움직이다가 나중에는 똑같이 움직인다. 종류가 다른 소음들은 서로 간섭해서 지워지고 규칙적으로 움직이는 시계추의 진동만이 전달되고 오랜 시간에 걸쳐 두 시계추가 완전히 똑 같은 주기로 움직이게 된다.

다름을 만드는 브랜드의 생각들

5-1 오프라인 음식점의 미래, QSC+5S

위기의 오프라인 음식점

외식업의 위기는 1인 가구의 증가, 맞벌이 세대수의 증가, 고령 사회로 진입한 것이 주요 원인이 된다. 온라인 플랫폼의 상승도 한몫 거들었다. 당장은 아니더라도 인구의 감소는 크나큰 위기로 다가올 것이다. 사회의 위기이고 음식점의 위기다. 국내 1인 가구수는 9백만을 넘어섰다. 맞벌이 세대수는 600만을 넘었다. 또한 2017년 기준으로 한국 사회는 이미 고령 사회(65세 이상 인구가 14%~20%)로 진입했고, 곧 초고령 사회(65세 이상 인구가 20% 이상)로 진입한다. 1인 가구와 맞벌이 부부 그리고 고령화 사회가 의미하는 것은 사회 구조의 변화다. 외식업 역시 변해야함을 의미한다. 마주한 현상은 미래를 바라볼 근거가 된다. 많은 분야가 온라인으로 이동했고 배달과 HMR, 밀키트 산업의 성장세는 지속될 것으로 보인다. 편의점의 트렌디한 변화는 동네 음식점의 강력한 경쟁 상대로 등극했다. 이런 상황은 오프라인 음식점의 위기로 다가온다. 오프라인 음식점의 직접 경쟁 상대가 바로 배달과 HMR, 편의점, 동네 마트가 될 것이다.

오프라인 음식점의 미래는 어떻게 될 것인가? '미래를 준비하는 음식점'이란 주제로 QSC와 5S로 정리했다. 음식점의 QSC는 기본이다. 과거 음식점의 성공 요소로 QSC+V(Value, 가치)로 규정했다. 기본적으로 QSC에 한 가지의 가치만 더하면 성공한다는 '성공 방정식'이었다. 사회 구조가 변화하고 차별화가 힘든 시장 상황에 근거한 비즈니스는 근본적인 변화를 요구하고 있다. 따라서 저자가 제시한 5S로 오프라인 음식점의 성공 요소로 재정리할 필요가 있다.

오프라인 음식점의 미래 Key-Word, QSC+5S

5S는 Safety, Space, Sensibility, See, Story(안전, 공간, 감성, 경험, 이야기) 다섯 가지다.

Safety(안전)은 오프라인 매장이 고객들에게 전달해야 할 가장 우선적인 모습이다. 이를 'Safety First'로 명명하고자 한다. 'Safety First'는 위생으로부터 안심하고, 바이러스로부터 안전하고, 식자재로부터 안심하고 먹을 수 있는 공간이 바로 Safety의 규정이다. 안심 식당, 위생 등급제, 방역의 기준 역시 안심과 안전을 제공하는 하나의 방법이다.

안심은 바이러스, 위생, 청결, 사람과의 거리에 대한 안심이다. 안심에 대한 담보가 있어야 고객들은 오프라인 음식점을 찾을 것이라는 생각이다. 안심 때문에 오프라인 음식점을 꺼렸다. 사람과의 접촉으로 인한 부담감, 바이러스에 대한 부담감과 음식의 위생과 청결에 부담감을 가지고 있다. 이러한 문제를 해결해줘야 한다. '우리 식당은 안전합니다'라는 메시지는 어떻게 전달할까? 음식점에도 공인 인증서가 필요하다. 오프라인 음식점의 공인 인증서는 '안심 식당', '위생 등급제', '방역 표시' 등을 위시한 '안전 공간'에 대한 표식이다. 이런 마크를 인증하는 것은 미래의 음식점에 필수적인 요소가 되었다. 바이러스, 위생, 환경에 대한 이야기는 끊임없이 지속적으로 나올 이야기들이다.

농림축산식품부에서 2020년 6월22일 '안심 식당에 대한 지정 방안'을 마련해서 발표했다. '안심 식당'이란 안심하고 외식할 수 있는 식사 문화를 만들기 위해 외식 업체 대상으로 지정하는 식당이다. 안심 식당 지정 요건은 덜어 먹기 가능한 도구 비치, 제공, 위생적인 수저 관리, 종사자 마스크 착용 등 3대 과제를 필수로 하고 있다. 지자체별로 '모범 식당'으로 변형 운영하기도 한다. 이에 대한 인증은 기본이 되었다. 식약처에서 마련한 '위생 등급제'도 마찬가지다. 음식점의 인증으로써 강력한 수단이다. 위생 상태를 '매우 우수', '우수', '좋음'으로 지정받을 수 있는 제도로 음식점의 안전에 대한 기준을 어필할 수 있는 수단이다. '매우 우수'라는 인증이 반드시 필요해 보인다. 그리고 방역 업체를 통해서 매월 방역을 실시하고, 방역의 표시를 해 두는 것 또한 필수적이다. 안심 마크, 방역 마크 등은 고객들의 위생에 대한 의심을 불식시켜 줄 것이다. 물론 가장 기본적인 것은 덜어 먹기, 식탁 문화, 식자재의 안심, 서빙 방법의 변화 등 일상의 위생에 대한 관리임을 잊지 말아야 한다. 안심할 수 있는 식당이 오프라인 음식점의 가장 우선시 되는 요건이 된다.

* 식약처에서 진행 중인 음식점의 '위생 등급제' 매우 우수, 우수, 보통 3가지 등급으로 나눠져 있다.

　Space(공간)에 대한 고찰이다. 과거 음식점의 Space(공간)은 좌석 배치의 효율성, 면적당 생산성을 기준으로 운영되었다. 하지만 이제 공간은 다른 의미로 재구성되어야 한다. 좌석의 효율성과 생산성을 우선 고려하는 것이 아니라 고객들이 안전하게 식사할 수 있는 구조로 변경되어야 한다. 효율성만을 강조하던 음식점에서 안심의 공간으로 변화하고, 새로움의 공간으로 탈바꿈해야 한다. 이제 좁게 붙은 좌석을 선호할 리가 없다. 또 새로움과 색다름을 주지 못하는 공간도 고객들에게는 의미가 없어 보인다. 앞으로 부스석을, 룸을, 공간의 넓음을 선호할 것이다. 어쩌면 입점을 한정해서 제한함으로써 안전에 대한 신뢰를 확보해야 할 수 있고, 예약제로 전환이 급히 진행되어야 할 수도 있다.

　또 공간이 주는 새로움이 있어야 한다. 새로움은 모티브로 해결할 수 있다. 어떤 시간, 어떤 공간을 나타내는 그리고 의미 있는 공간으로 바꿔야 한다. 식사라는 기능적 공간이 아닌 육감의 공간으로 탈바꿈해야 한다. 인테리어의 모티브, 인테리어의 색다름으로 차별화를 시도해야 할 것으로 보인다. '뷰맛집', '기물맛집', '감성맛집' 등은 색다른 경험을 제공하기 위해 공간을 재해석하고, 새로운 의미를 입힌 작업의 결과물이다. 색다른 공간 경험은 소비자들에게 회자되고 공유된다. '뷰맛집', '기물맛집', '감성맛집' 등도 소비자들이 만들어낸 용어들이다.

* 교보문고 광화문점의 '스토리 스탠드'와 현대아울렛의 '어린이를 놀이 공간', 공간에 대한 해석이 달라지고 있다.

스타벅스의 공간 해석 능력은 탁월하다. '스타벅스 경동1960점'은 20년간 방치된 '경동극장'을 카페로 해석하여 재탄생시켰다. 극장이라는 큰 틀을 유지하면서 세련된 감성을 녹여냈다. 인테리어는 오래됨과 새로움이 공존한다. 공간이 주는 가치가 발현되어 있다. 공연 무대에서는 지역 아티스트들이 공연을 하고, 스크린은 바리스타의 공간으로 변모했다. 좌석은 공연을 관람하기 좋도록 영화관의 좌석 골조를 유지했다. 결국 공간은 누가 어떻게 해석하느냐에 따라 달라짐을 느낀다.

* 스타벅스 '경동1960점'

　다음은 Sensibility(감성)이다. 사람은 이성보다 감성, 논리보다 감각을 선호한다. 상품을 통해서 기능보다 감정을 느끼길, 상품이 나의 정체성을 대변해 주길 바란다. 음식점이 갖춰야 할 요소로 감성을 자극할 수 있는 포인트가 있어야 함을 의미한다. 최근 레트로, 옛 것, 나만 가지고 있는 특별함, 감정이 묻어나는 것에 열광하는 이유가 바로 감성에서 기인한 것이다. 새로움을 전하는 굿즈 또한 이런 맥락으로 해석할 수 있다. 식사를 즐기는 동안 좋은 음악이 흐르고, 기물 하나에도 이야기가 담기고, 음식을 담은 비주얼도, 직원들의 서비스도 감성이 묻어나야 한다. 그런 감성이 전달되어야 하는 시대다. 감성을 터치할 수 있는 요소로는 음악, 기물, 외관, 소리, 비주얼, 레트로(뉴트로, 힙함, 빈티지) 등의 모든 육감 요소를 포함한다. 육감으로 감성을 터치할 수 있는 음식점이 되어야 고객들이 오프라인 음식점으로 발걸음을 옮길 것이다.

우리 음식점에서 행할 수 있는 감성 요소는 어떤 것들이 있는지 기물, 음악, 비주얼, 뷰, 인테리어 등 모든 것을 살펴봤으면 한다.

* 파주 헤이리에 위치한 '황인용의뮤직스페이스카메라타'다. 이곳은 입장료는 내면 음료 한 잔과 더불어 좋은 연주와 음악을 마음껏 감상할 수 있다. 감성 이외에는 다른 어떤 것도 존재하지 않는 듯한 공간이다.(ⓒ파주 카메라타)

네 번째는 See(경험)이다. 생산에 참여하는 소비자를 뜻하는 프로슈머Prosumer가 트렌드가 된 지 오래되었다. 자신의 방식으로 결합을 통해서 재창조하는 소비자를 모디슈머Modisumer라 한다. 프로슈머와 모디슈머의 경험을 할 수 있도록 해야 한다. 메뉴와 서비스의 생산에 직접 참여함으로써 고객이 아닌 생산자로서의 역할과 책임, 재미를 느끼게 해줘야 한다. 이색적인 조합으로 재창조할 수 있도록 기회를 부여함으로써 직간접적인 경험을 느낄 수 있을 때 오프라인 음식점으로 찾을 이유를 갖게 될 것이다.

* 여수의 '식사(위)', 서울 헌릉로의 '족발예찬'. 고객들이 직접 조리해서 먹을 수 있는 공간을 별도로 마련해 두었다.

여수에 있는 '식사'라는 음식점이다. '식사'라는 음식점 네임이 단순하면서 기발하다는 생각이 든다. 이곳은 고객들이 '계란후라이'를 직접 조리해서 먹을 수 있도록 한 편에 조리 도구와 계란을 비치해 뒀다. 아침 식사에 '계란후라이' 만한 것이 없다. 300~400원의 계란이 행복함으로 다가온 음식점이다. 서울 헌릉로에 위치한 '족발예찬'은 김치전을 구워 먹을 수 있도록 조리 도구와 반죽을 비치해 뒀다. 직접 조리하지만 이만한 대접이 없다. 눈치 안 보고 먹을 수 있는 김치전이 너무 매력적이다.

　마지막으로 Story(이야기)다. 어떤 메뉴와 서비스와 음식점에 스토리가 입혀짐으로써 특별함이 재탄생한다. 하나의 짜장면이 짜장면일 때는 5천 원의 짜장면일 뿐이지만 어머니의 이야기가, 우리의 아픈 이야기가 투여되면 특별함이 있는 짜장면이 된다. '아오모리 합격 사과 이야기'는 스토리의 힘을 말해주는 사례다. 태풍에 90%의 사과가 떨어져 농부들의 피해가 심각했다. 10%의 떨어지지 않는 사과, 강풍에도 떨어짐이 없었던 '아오모리사과'를 합격 사과로 둔갑시킨다. 입시를 앞둔 수험생에게 선물할 수 있는 귀한 사과가 된 것이다. '아오모리사과'가 합격 사과로 스토리텔링되면서 고가의 사과가 되었다. 많은 피해를 회복할 수 있는 계기가 스토리에서 나왔다. 하루 삼백 그릇의 콩나물국밥을 팔았던 콩나물국밥집이 '삼백집'이라는 브랜드로 성장한 이야기도 의미를 준다. 스토리가 입혀져서 성공한 브랜드가 많다. 성공한 브랜드에는 반드시 스토리가 존재하는 것으로 보인다.

　평범함에 스토리만 넣어주면 비범함으로 탄생한다. 이제 철학과 스토리가 없는 음식점에 더 이상 열광하지 않는다. 음식점에 스토리가 있어야 하고, 존재하는 스토리가 고객들에게 재미와 감동을 줄 때 음식점에 방문할 이유를 제공해주는 것이다. 우리 음식점에 불어넣을 스토리를 작성할 필요가 있겠다. 음식점을 찾는 고객들뿐만 아니고 모든 브랜드와 기업의 고객들에게도 마찬가지다. 감동이 있는 이야기와 재미있는 이야기가 있는 음식점을 선호한다.

　새로운 시대를 살고 있다. 새로운 오프라인 음식점이 필요한 시대에 살고 있다. 오프라인 음식점은 이제 특별함을 제공하는 공간으로 거듭

나야 한다. 편리함은 배달과 HMR, RMR 등이 제공할 것이다. 마트와 편의점이 음식은 제공할 것이다. 배달과 HMR, RMR, 마트와 편의점이 줄 수 없는 것을 제공해야 한다. 안심을 기본으로 하고, 공간은 믿음을 주며, 직원과 공간이 감성을 터치해주고, 재미와 감동이 있는 스토리가 있는 음식점, 바로 고객들이 방문하게 하는 요소가 된다.

5-2 QSC의 평판을 관리하는 방법

일희일비하게 되는 QSC

음식점을 하면서 가장 많이 사용했던 말과 앞으로도 가장 많이 사용할 말을 꼽으라면 단연 QSC(Quality, Service, Cleanliness/퀄리티, 서비스, 위생)이다. 지겹도록 들었지만 지겹도록 강조해야 할 부분이다. 창업을 준비하거나, 영업을 하고 있는 사장님들이 받을 수 있는 교육의 시장도 한정되어 있다. 그러다 보니 쉽게 도움을 받을 수 없고, 시스템이 잘 갖춰진 프랜차이즈 음식점으로 눈을 돌린다. 프랜차이즈 창업도 창업의 한 방법이다. 하지만 자금의 여유가 녹록지 않다 보니 이마저도 쉽지 않은 자영업자들이 산재해 있다. '자영업 창업'에 대해서는 정부, 지자체, 기관들이 나서서 제도적인 개선을 해줄 필요성이 있다. 아무튼 이러다 보니 QSC라는 용어 자체도 생소해 하는 사장님들이 많다. 하지만 많이 들어야 하고, 제일 중요히 여겨야 되는 단어다.

잠시의 틈에서 무너지는 것이 QSC다. 하루하루 다르고, 비일비재하는 것이 QSC다. 안 좋은 식자재가 들어와서, 요리사의 컨디션이 좋지 않아서, 까다로운 고객이 와서, 예상보다 많은 고객들이 와서, 홀직원의 몸이 아파서 등 QSC가 무너질 수 있는 요소들이 즐비하다. 직원들의 컨디션에 따라 음식과 서비스질이 형편없어지는 경우도 있다. 이렇듯 잠시의 틈만 주면 무너지는 것이 QSC다. 장사가 잘 되는 음식점을 보면 기본적인 QSC를 갖추고 있다. 영업이 안되는 음식점들을 보면 대부분 QSC의 질이 떨어진다. 기본적이고 본질적인 요소가 음식점의 생명을 좌지우지하는 것이다. 영업이 잘 안되는 음식점에서 식사를 하고 '메뉴가 별로 좋지 않다'고 말을 건네면 주인장들이 잘 모른다. 은

근한 자신감이자 괜한 고집스러움이다. QSC는 자신감을 가져서는 안 된다. 언제나 변화하기 때문이다. 언제나 무너질 수 있기 때문이다. QSC에 대해 냉정하게 평가하는 자세가 필요하다.

QSC에 대한 주인장 집착

부산에 내려가서 '돼지국밥'집을 찾았다. 24시간 바쁘고 요란한 매장이다. 신규 고객의 방문도, 기존 고객의 재방문도 높은 음식점이다. 몇 번의 방문을 했다. 일하시는 아주머니들의 손놀림, 목소리, 고객들을 대하는 태도 모두 좋다. 그래서 늘 반겨주는 음식점이라 생각했다. 재방문이었지만 그날은 미처 보지 못했던 포스터를 보았다. 문구는 설레이게 했다.

'양, 맛, 서비스에 만족 못하신 분은 아래 번호로 문자 남겨주세요. 꼭!'

주인장의 QSC 관리가 남다르다. 전화번호를 직접 남기고 직접 응대하겠다는 말인데, 고객의 입장에서도 믿음이 생기고, 직원의 입장에서도 긴장하며 QSC를 제공할 수밖에 없다. 문장이 포스터가 설레이게 한 이유다. 이런 관리 마인드가 결국 이 음식점의 '대박 행진'을 이어준 요소가 아닐까 생각했다.

또 방문했던 한식점은 벽면에 이런 글씨가 새겨져 있었다.

'맛있으면 이웃에게 알리고, 맛없으면 주인에게 알려주세요'

신선하고, 재미있고, 위트 있는 멘트다. 결국 내부에서 QSC 문제를 완벽히 해결하고, 고객들에게 만족감을 전달하겠다는 강한 의지를 보여주는 문장이다. 이런 마인드라면 음식점은 당연지사 어느 정도의 매

출과 수익은 담보할 수 있을 것이다. 주인장의 마인드가 이러한데 장사가 안된다는 것이 더 이상하다.

기존 기업의 광고와 메시지에 주목하는 시대는 지났다. 광고와 홍보의 4대 매체였던, 신문·잡지·TV·라디오에서 전해주는 일방적인 메시지는 그 영향력이 줄어 들었고, 고객들은 TGIF^{Twitter, Google, Instagram, Facebook}의 메시지에 강한 영향을 받고, 블로그·네이버·티맵·카카오맵의 평판 점수에 더 많은 영향을 받는다. 과거 주 매체였던 미디어의 시대는 가고, 개인 미디어의 시대가 온 것이다. 일방적으로 제공되는 브랜드(기업)의 메시지는 참고만 할 뿐 받아들이지 않겠다는 것이다. 오히려 개인들이 전달해주고, 지인들이 전달해주는 메시지에 많은 영향을 받는다. '먹고, 찍고, 공유'하는 시대다. 음식점의 평판 관리는 필수적이다. QSC와 평판을 잘 관리하는 것은 음식점으로 오시는 한 분, 한 분을 잘 모시는 것이다. 그 한 분, 한 분이 개인 미디어로 전달하고,

전달된 미디어가 축적이 되어 음식점의 이미지를 결정한다. 음식점의 불만과 불평은 완벽하게 하려 해도 발생하기 마련이다. 발생한 문제는 내부에서 해결하는 것이 이상적이다. 따라서 앞의 사례에서 소개된 '돼지국밥집과 한식당'의 사례는 훌륭한 메시지를 전해준다.

우리 음식점에 'QSC의 기준'은 있는지, '평판 관리의 툴'은 있는지 점검해 보기 바란다. 혹시 네이버와 티맵, 카카오맵 그리고 음식점 평판 앱에 들어가서 평판 점수를 확인해 보자. 생각지도 못한 이야기와 점수들이 그곳에 있을 수 있다. 그리고 우리 음식점에도 붙여 두자. '불만족스러우시면 저에게 바로 문자주세요. 전화를 드리겠습니다'라고 말이다. 음식점의 QSC, 평판 한시도 눈을 돌릴 수가 없다.

5-3 재방문 비율의 의미

모든 비즈니스는 재방문으로 이루어진다

모든 비즈니스가 재방문 혹은 재구매로 운영된다. '사업이 잘 된다, 그렇지 못하다'의 핵심은 재방문(재구매)에 의존한다. 2080법칙(매출의 80%를 20%의 고객이 좌지우지한다는 이론)도, 신규 고객 유치가 기존 고객 유지의 5배 비용이 든다는 이론도 모두 재방문과 관련되어 있다. 비즈니스의 성패는 재방문에 의존할 수밖에 없다. 음식점은 '재방문이 사업에 미치는 영향'이 타 업종에 비해 월등히 크다고 본다. 이용 빈도가 타 업종에 비해 높고, 경쟁이 치열해 구매 전환이 용이하다. 또 대체 가능한 식품들의 존재는 재방문 비율을 줄일 게 하는 동력이 된다. '우리 음식점 재방문 비율은 어떤가?', '재방문 비율을, 고정 고객을 유지하려면 어떻게 해야 하는가?'에 대한 답변을 스타벅스와 쿠팡에서 찾아보자.

스타벅스와 쿠팡에서 배우는 '경험 관리'

스타벅스는 국민 브랜드가 되었다. 모던하고 세련된 인테리어, 적절하게 맛있는 커피, 들려오는 째즈와 번잡하지 않는 백색 소음, 거기에 에어팟과 맥북이 존재하는 공간. 사람들은 스타벅스를 이런 연유로 사랑하고 있다. 스타벅스의 성장과 이용에 대해 묻고 싶었다. 직원들에게 "왜 이렇게 스타벅스를 좋아하고, 자주 방문하느냐?"는 질문을 던졌다.

- 어디를 가도 똑같은 서비스와 메뉴 품질이 유지될 것 같아서
- 시즌 음료가 지속적으로 출시 되어서

- 다양한 음료와 푸드가 있어서
- 좋은 굿즈들이 많아서
- 오피스 업무를 하거나, 공부를 하거나, 혼자 시간을 보낼 정도로 좋은 공간이어서

　질문에 대한 답은 명료했다. 재방문(혹은 방문 빈도가 높은) 이유의 핵심은 '신뢰'와 '좋은 경험'이었다. 본질인 QSC에 대한 신뢰, 어디를 가더라도 품질은 유지될 것이라는 기대, 입점부터 퇴점까지 이어지는 좋은 경험이 브랜드의 재방문 이유였다. MZ세대를 중심으로 '경험적인 삶, 경험하는 삶'을 이야기한다. 경험이 중요해진 삶을 살고 있다. 많은 세대에서 공감하는 현상이다. 경험이 중요해진 이유로 경제적 성장과 삶의 성장에, 상품과 서비스의 품질이 상향 평준화된 것에 기인한다. 소유하기보다 경험하려는 욕구가 강해진 젊은 층의 문화도 영향을 미쳤다. 이 중 '경험'을 매개로 형성된 문화가 큰 영향을 미쳤다고 본다. 경험하고자 하는, 좋은 경험을 하고자 하는 욕구는 기능적 혜택을 넘어 심리적 혜택, 감성적 혜택을 요구했다. 심리적, 감성적 혜택을 제공해 주는 공간과 브랜드에 대한 강렬한 욕구가 재방문을 결정하는 중요한 요소가 된다.

　쿠팡의 성공, 쿠팡의 재방문의 이유 역시 경험적인 부분을 살펴볼 필요가 있다. 한 조사에 따르면 쿠팡의 재구매 비율이 90%라는 놀라운 사실을 접했다. 재구매 90%의 비결에는 훌륭한 '경험 관리'에서 찾아볼 수 있다. '쿠팡맨'이 등장했을 때를 돌아보자. 배송 속도와 서비스에 100점을 주고 싶었다. 배송 시간에 대한 문자, '포장 박스를 어디에 두면 좋을지' 문의하는 문자, 도착 후 배달 완료 문자까지 거의 완벽에

가까운 서비스를 제공했다. 세심한 관리였다. 직원들에게 "쿠팡을 주로 이용하는 이유가 무엇인지?" 다시 질문했다. 대답은 거의 한결같다. '빠른 배송, 반품 교환 용이, 결제의 편리, 다양한 상품' 순으로 나타났다. 쿠팡 역시 구매부터 도착까지 좋은 경험을 제공하고 있었다. 재구매 이용의 핵심은 '속도'와 '편리'였다.

- 빠른 배송 때문에
- 반품과 교환이 쉬워서
- 카드 결제가 쉬워서
- 다양한 제품이 있어서

▲ 그림 5.1 스타벅스 및 쿠팡의 재구매 이유

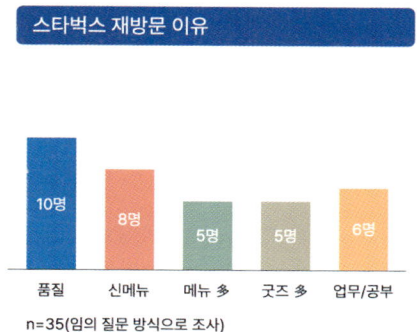
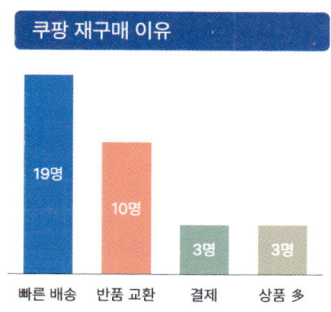

이커머스의 생명력은 '속도와 편리함'이라는 사실이 밝혀졌다. 쿠팡은 소셜 커머스의 선두 업체가 아니고 후발 주자였다. 지금 1위의 상태는 그들이 행한 완벽한 '고객 경험 관리'에 있다고 볼 수 있다. 쿠팡의

재방문 비율 90%, 사업이 망할 수 없는 구조다. 1위를 할 수밖에 없는 구조다.

음식점의 경험 관리, 어떤 것을 해야 하나?

저자의 경우 책을 주문하는 경우가 잦은데 급하게 볼 책이 있으면 '알라딘'을 이용한다. 알라딘의 사용 이유는 간단하다. '양자탄 배송', 즉 빠른 배송에 이유가 있다. 아침에 주문하면 오후에 도착한다. 그야말로 반나절 배송이다. 바쁜 시간을 쪼개어 굳이 서점을 들리지 않아도 되는 이유다. 이것 또한 역시 좋은 경험을 제공하는 방식이다. 최근 '교보문고'도 빠른 배송을 시작했다.

'고객 경험 관리'가 중요한 시대에 살고 있다. 상품과 서비스가 평준화되었고, 상품과 서비스의 기능적 측면의 차이가 미미해진 시대, 상품과 서비스가 최소한의 기능을 하는 시대, 색다른 경험 요소로 고객을 유혹해야 한다. 그 유혹적 요소가 빛을 발할 때 선택받을 수 있다. 음식점으로 돌아와 보자. 음식점에서 고객 경험 관리는 어떤 것이 있을지 고민해야 한다. 음식점의 대기 고객 관리, 테이블에서의 주문, 음식의 제공 방식, 계산의 편리성, 멤버십의 관리, 퇴점 후 만족도 체크, 내부의 인테리어, 생산 과정에서의 참여 방식, 다양한 프로모션과 이벤트, 다른 음식점에서 볼 수 없는 기물과 비주얼, 특별한 시그니처 메뉴와 서비스 등 아주 다양한 요소에서 차별화 포인트를 찾아야 한다. 한 곳, 한 접점부터 살펴보도록 하자. 다른 음식점과 차별화할 수 있는 포인트를 찾아 고객들에게 제공해야 한다.

음식점은 다른 사업에 비해서 구매 빈도가 높은 편이다. 따라서 고객의 '재방문 비율'이 사업의 성공을 좌지우지할 정도로 '재방문에 대한 의존도'가 높다. 요약하면 음식점에서의 '고객 경험 관리 모델'을 만들어서 구축하고, 이를 토대로 고객의 재방문 비율을 높이기 위한 전략을 만들어야 한다. 쿠팡의 경우처럼 90%의 재방문 비율이 이루어진다면 음식점은 대박 행진을 이어갈 것이다. 그래서 '고객 경험 관리'가 필요하다.

5-4 고객을 끌어 당기는 힘, 한정판 마케팅 이론

한정판 마케팅의 효과

'한정판 마케팅'이란 대량 생산할 수 있는 제품을 소수의 한정 수량을 만들어 제품의 희소성을 강조하는 마케팅 기법이다. '이번 기회가 아니면 더 이상 구입할 수 없다'는 메시지를 소비자에게 던져 소비자들의 조바심을 불러 일으킨다는 점에서 '안달 마케팅, 조바심 마케팅'이라고 할 수 있다. 또 다른 의미로 '헝거 마케팅'이라고도 한다. 말 그대로 소비자들을 '배고픈hungry' 상태에 놓이게 하는 것으로 제품이 흔하지 않고, 구하기 힘들수록 더 갖고 싶어하는 소비자들의 심리를 겨냥한 마케팅 기법이라 설명할 수 있겠다. '한정판 마케팅', '헝거 마케팅' 이름은 다른데 같은 기법이다.

한정판 마케팅과 비슷한 양상으로 '래플Raffle' 방식이 있다. '래플'이란 상품은 제한적인데 비해 구매하고 싶은 사람이 많을 경우 응모 형식으로 판매하는 방식을 말한다. 다만 추첨을 통하기 때문에 '래플'은 '공정성에 기반한 한정판 마케팅'이라는 데서 의미가 더 크다. 물론 한정판 마케팅 역시 공정함에 기반하지만 '래플'이 좀 더 크다는 의미이다.

이런 마케팅 기법들은 고객들의 심리를 자극해서 구매를 촉진시키는 기법이다. 물론 브랜드 파워가 강하고, 고객들에게 화제가 되는 상품이라면 더 큰 효과를 발휘할 수 있다. 대부분의 성공한 브랜드들은 이러한 마케팅 기법을 적극적으로 활용한다. 스타벅스의 한정판 굿즈, 나이키의 한정판 운동화, 래플 방식을 활용한 무신사의 의류 상품 등 유명한 브랜드일수록 성공하기 쉬운 편이다. 특히 개인의 개성과 특별함, 나만 가지고 있는 것에 열광하는 MZ세대는 한정판에 열광한다.

시대적인 흐름, 세대의 특성과 일치해서 보이는 하나의 트렌드로 인식할 수 있다.

한정판 마케팅은 어떤 효과를 보일까? 몇 가지로 압축해서 볼 수 있는데 아래와 같다.

① 화제성: 고객들로부터 화제가 되고, 화제가 된 마케팅이 전파되는 효과가 있다.
② 공정성: 래플이나 한정판은 고객의 시간, 노력 등의 공정성에 기반한다.
③ 재미와 흥미: 한정이 주는 재미와 흥미를 유발한다.
④ 새로운 경험: 남들이 하지 못하는, 평소에 하지 못하는 새로운 경험을 준다.
⑤ 특별함: 나만 할 수 있는, 나만 경험할 수 있는 효과가 있다.
⑥ 브랜드나 상품의 홍보 효과: 화제가 된 것만으로도 브랜드, 상품의 효과를 톡톡히 본다.

6가지의 큰 효과를 보기에 '한정판 마케팅 활동'이 성공했을 경우 브랜드 인지도, 상품에 대한 긍정적 인식 등 좋은 효과를 보이게 된다. 또, 한정판 마케팅은 한정 방식에 따라 수량 한정, 기한 한정, 가격 한정, 장소 한정의 방법을 사용할 수 있다.

사람의 심리를 활용한 '한정판 마케팅'

음식점 또한 '한정판'을 활용한 사례가 적지 않다. 다들 성공적인 운영을 하고 있는 음식점들이다. 처음부터 한정판을 활용한 곳도 있고, 운영상 한정적으로 운영할 수밖에 없는 곳도 있다. 여하튼 한정판으로 고객들의 애간장을 녹이기는 마찬가지이니 그 효과를 톡톡히 보고 있다.

* 한정판을 운영하는 '하동관', '미인과 자연', '옥동식', '텐동요츠야(ⓒ텐동요츠야)

서울에서 가장 유명한 곰탕집 '하동관' 역시 '오후 4시까지 영업'이라는 시간을 한정한 영업을 한다. 하동관을 아는 사람들이면 이 사실도 모두 알고 있다. 부모님이 곰탕집 하는 것이 싫었고, 이 사실이 알려지지 않기를 바라는 아들의 이야기, 그리고 아들이 하교하는 시간인 4시까지만 영업을 했다. 이런 사실이 '오후 4시'까지라는 영업시간으로 굳어진 것이다. 종로구 인왕산 인근, '미인과자연'이라는 '가정식 백반집'이 있다. 이 음식점도 11시에 시작해서 오후 2시까지 영업을 한다. 고객이 많아 서둘러서 방문해야 하는 곳이다. 시간을 한정한 마케팅 기법이다. 마포구 합정에 가면 '돼지곰탕'을 파는 '옥동식'이라는 음식점이 있다. 이베리코를 사용해서 '돼지곰탕'을 한다는 식자재 이야기, '부산식 돼지국밥'을 재해석한 이야기도 고객의 관심을 끌지만 이 집 처음에는 50그릇 한정으로 판매를 했었다. 50그릇이면 애간장을 녹일 그릇 수다. 고객들이 번번히 먹기를 실패했는데 고객들의 요구가 커지자 최근에는 200그릇 한정으로 판매하고 있다. 수량을 한정한 판매 기법이다. 샤로수길의 '텐동 맛집' '텐동요츠야'도 마찬가지다. 3번 가서 3번 실패, 먹지를 못했다. 늘 웨이팅이 길다. 부지런하지 않으면 먹지 못하는 곳이다. 한정 수량을 판매한다.

 패션, 제과, 식음, 외식까지 한정판 마케팅 기법이 동원되어 활용되고 있다. 만약 우리 음식점의 메뉴가, 서비스가 훌륭한다면 한정판 마케팅은 효과를 볼 것이다. 성공한 모든 음식점이 훌륭한 메뉴를 가지고 있다는 사실에 기반한다. 메뉴에 자신이 있다면 효과를 기대해볼 만하다. 그리고 시즌을 활용한 한정판도 좋겠다. 각 시즌별로 좋은 메뉴를 만들어 내고, 기한을 한정하고, 수량을 한정해서 판매하는 기법도 좋은 방법이다. 음식점들은 시즌 음료를 내놓거나, 시즌 메뉴를 내어 판매한다. 좋은 방법이다. 한정판은 고객을 불러 모으는 효과를 낳는다. 모든 사람들은 안달과 조바심, 특별한 것을 추구하는 심리가 있다. 음식점에서도 잘 활용해보면 좋겠다.

5-5 고객의 시간에 대한 배려

120분의 기다림 속에서 생각한 것들

'구이를 아주 맛있게 한다'는 소문이 난, 그것도 모두가 '찐맛집'이라며 칭찬이 자자한 음식점으로 향했다. 유명해서 한번은 가고 싶었다. ('찐맛집'의 모두가 인정한다는 뜻이다.) 도착했을 당시 웨이팅이 40팀이었다. (소문대로였다.) 41번째 대기표를 받았다. 기기에 등록을 하면 자리가 날 쯤 카카오톡으로 메시지가 온다. 40팀이면 상당한 시간을 기다려야 한다.

정확히 2시간을 기다렸다. 그리고 식사를 하게 된다. 30분 정도 지나니 '돌아갈까'를 생각했고, 1시간이 지나니 오기가 발동했다. 1시간 이후 마음은 불편함으로 가득했고 기다린 시간이 아까워 오기가 발동한 것이다. 식사 시간이라 배고픔을 참지 못하고 1시간 정도 지났을 무렵 다른 음식점에서 요기까지 했으니 인내심이 필요한 시간이었다. 오기로 버틴 시간이었으나 2시간의 기다림이 좋은 경험이었다고 단연코 생각할 수 없었다.

기다리는 동안 매장 안을 유심히 보았다. 빈자리도 제법 있었고, 직원들의 움직임도 바빠 보이지 않았다. 빈 테이블을 그대로 두는 이유가 무엇인지도 궁금했다. (구이라 매장 안에 연기가 차서 그런가? 의도적으로 기다리게 하는가? 고기를 직접 발골해 신선도를 유지하기 위해서 그런가? 별별 생각을 다하면서 기다렸다.) 이러는 사이 2시간이 흘렀고 결국 테이블에 앉았으나 입맛은 덜했다. 먹었으나 기다림에 대한 보상치곤 맛은 저렴했고, '찐맛집'은 '진짜 맛집'이 아닌 '맛있어 보이는 집'으로 바뀌었다. 나오면서 '다시 가고 오고 싶지 않다'는 생각이 가득했다. 물론 다시 가지 않을 확률,

100%다.

120분의 시간을 기다렸다. 나의 마음만큼 직원들은 분주하지 않았고, 테이블은 빈 채로 운영되었다. 고객은 매장 상황이 어떤 이유로 그렇게 운영되는지 모른다. 2시간을 기다리고 30분 식사를 했다. 2시간이면 영화를 한 편 볼 시간이며, 책을 반 권 정도 읽을 시간이다. 고객들에게 제법 긴 시간이며 중요한 시간이다. 이렇게 기다림으로 식사를 하다 보니 음식이 맛있을 리 없다. 내 시간이 더 소중하기 때문이다. 대부분의 고객들은 그런 생각을 가진다.

'고객들은 모든 경험의 총합으로 음식점을 평가한다' 내가 방문한 이곳 음식점, 2시간을 넘게 기다리게 한 음식점은 컨셉에서 좋은 점수를 얻을지 모르나 '총합적 경험'에서, '전반적인 만족도'나 '재방문 의도'는 제로 지점에 가깝다. 결코 맛있음의 한 가지, 서비스 좋음의 한 가지로 고객들에게 높은 점수를 받기는 어렵다. 시간으로 따지면 30분 정도의 기다림을 넘어가면 후한 점수를 받기 어렵다는 것이다. 머릿속이 평온함에서 불만이나 분노로 바뀌기 때문이다. 빈 테이블과 직원들의 여유로움은 어디에서 나온 용기인지 모르겠다.

고객의 시간에 대한 배려도 음식점이 해야 할 일

음식점에서 배려해야 하는 중요한 요소 중 한 가지가 '고객들의 시간'이다. 특히 점심을 먹는 직장인들에게 시간은 생명이다. 간혹 이런 부분들이 간과되어서 운영이 되는데 '시간에 대한 배려'는 꼭 필요한 요소라 할 수 있다.

▲ 그림 5.2 123통의 전화 실험

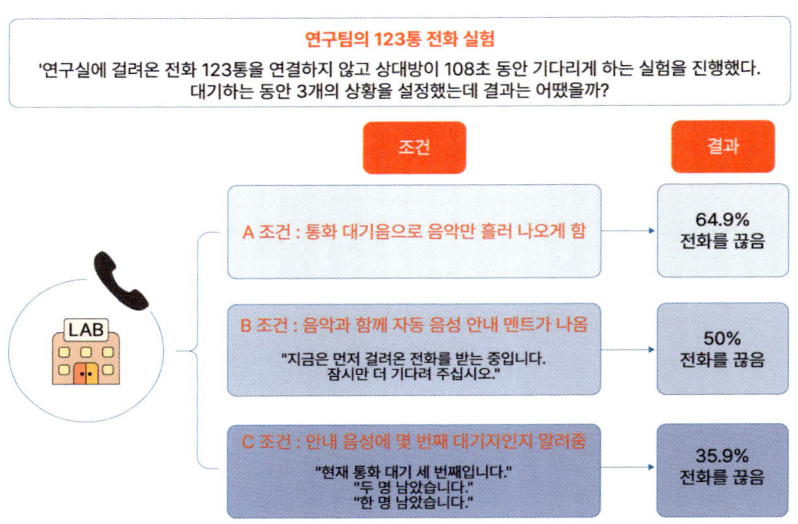

* 세상에서 가장 재미있는 88가지 실험' 중에서

    이스라엘 심리학자 나이라 뮤니처Nira Munichor 박사의 '전화 실험' 결과가 흥미롭다. 연구팀은 연구실에 걸려온 123통의 전화로 실험을 진행했다. 의도적으로 108초 동안 전화를 받지 않고 피실험자들의 행동을 관찰했다. 실험의 결과, 통화 대기음으로 음악만 흘러나오게 한 경우 64.9%가 전화를 끊었고, 음악과 함께 안내 멘트가 나오게 한 경우 50%가 전화를 끊었다. 마지막으로 안내 음성에 몇 번째 '대기 몇 번째'라는 멘트를 남겼더니 전화를 끊는 사람이 35.9%로 감소했다. 실험 결과로 보면 대기자를 관리하는 방법의 문제가 심리에 미치는 영향, 행동에 미치는 영향을 알게 해준다.

　덕수궁 앞에 있는 횡단보도다. 이 횡단보도 신호등에서 '신호가 바뀌는 시간'을 알려준다. 무료해질 수 있는, 기다리기 힘든 심리 상황과 시간을 무료하지 않게, 짧게 느끼게 해준다. 누구의 아이디어인지 몰라도 기발한 생각이다. 오른쪽 사진은 웨이팅 기기 업체에서 보내주는 카카오톡 메시지다. '내 앞 대기팀'의 수를 알려줌으로써 심리적 대기 시간을 줄여준다. 이 역시 좋은 아이디어다. 이렇게 심리적 시간을 줄여주는 방법을 제시함으로써 고객들의 시간을 관리해줄 필요가 있다.

음식점에서 어떤 시간을 관리해야 하는가?
테이블 치우기의 속도

　일반적으로 고객이 퇴점한 테이블은 최대Maximum 3분을 넘지 않아야 한다. 지저분한 테이블을 고객들에게 보이는 것도 좋지 않거니와 고객의 기다림을 줄이기 위해서 더더욱 그러하다. 많은 음식점에서 테이블 치우기를 3분 이내로 규정하고 있다. 상황이 허락하면 즉시 치우는 것이 가장 좋다. 고객들은 테이블을 치우는 시간까지도 보고 있다. 심리적 시간을 줄여줘야 한다.

대기 시간을 줄여주는 테이블링Tabling

테이블링은 Table+Ing의 합성어다. 테이블에서 모든 것들이 다 이루어지는, 고객들이 테이블에서 모든 것을 해결하는 방식을 '테이블링'이라고 칭한다. (저자가 만든 단어) 테블릿 PC를 통한 주문(또는 입점부터 주문과 결제를 동시에 하는 키오스크 방식), 테이블 위의 수저, 앞접시, 반찬통, 소스통, 냅킨 등 모든 것들이 테이블에 구비되어 있게 하는 것이다. 직원을 부르지 않아도 된다. 아주 특별한 경우가 아니면 직원을 부르는 경우가 없도록 하는 것이 '테이블링'이다.

이런 방식으로 운영하게 되면 직원들은 여유가 생긴다. 직원들은 메뉴 딜리버리, 테이블 크리닝과 세팅, 반찬 채우기, 기물 채우기 등만 행하면 된다. 또 핵심적인 서비스인 메뉴에 대한 집중과 매장에서 중요하게 생각하는 서비스에 집중할 수 있는 것이다. 테이블링은 인건비 측면에서도, 운영 측면에서도 유효한 방법이다. 객단가가 15,000원 이하라면, 메뉴 가짓수가 20가지 이하라면 테이블링을 적극 시행하였으면 좋겠다. 객단가가 낮다는 것은 고객들의 서비스에 대한 기대치가 조금 낮다는 것을 의미한다. 메뉴의 가짓수가 적다는 것은 메뉴 주문에 직원들의 도움이 많이 필요하지 않다는 이야기일 수 있다. 매장의 입장에서도 운영의 묘를 살려야 하고, 손익도 고려한 방법이 테이블링이 아닐까 싶다.

* 일본 후쿠오카 '유즈안'이라는 음식점이다. 테이블링의 묘미를 보여준다.

　일본 후쿠오카 여행 시 방문했던 '유즈안'이라는 음식점이다. 테이블 위에 키오스크, (결제까지 가능하다) 앞접시와 각종 소스류, 냅킨, 수저, 물컵 등 모든 것들이 비치되어 있다. 인력 문제, 운영의 문제, 고객의 시간에 대한 문제를 모두 고려한 방법이 아닐까 한다.

음식의 제공 시간

　음식은 어느 정도의 시간에 나오는 것이 적절할까? 실험을 통해서 보았더니 고객들은 15분이 넘어가면 '시간에 대한 불만족'이 생긴다. 따라서 최대한의 시간이라 하더라도 15분을 넘지 말아야 한다. 15분이 넘어가면 불만이 생기고 초조해지며, 20분이 넘어가면 분노하게 된다. 특히 직장인의 점심시간이라면 더욱 그렇다. 앉자마자 바로 나오는 것도 고객을 의구심으로 몰아 넣는다. '미리 만들어 둔 것 아니냐'는 의심도, 급식 배급하듯 음식을 준다는 생각도 들게 하기 때문이다. 고객이 도착하면 물을 내어주고, 주문을 받고 찬을 내어주며, 적어도 3~4분 있다가 음식을 내어주면 가장 이상적이라 하겠다. 5분 정도 안에 나오면 적정한 시간이다.

▲ 그림 5.3 메뉴 제공 시간과 만족도의 상관관계

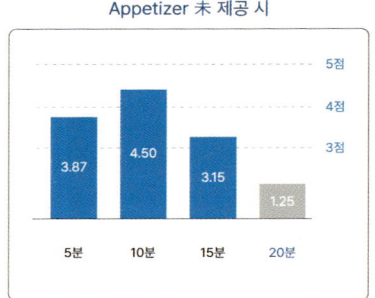

- 조사목적 : MST와 만족도 상관관계 분석
- Sample : 각 100명
- Menu : 에피타이저는 식전빵, 메인메뉴는 파스타, 스테이크 등

- 에피타이저 제공 시 15분, 미 제공 시 10분이 만족도 최상위

'음식 제공 시간'에 대한 실험을 진행했다. 두 개의 그룹으로 나누고 각각 100명에게 '음식 제공 시간'과 '만족도'의 관계에 대한 실험이었다. 이탈리안 레스토랑에서 진행된 실험에서 A그룹은 에피타이저를 제공하지 않았고, B그룹은 에피타이저로 식전 빵을 제공했다. 그 결과 A그룹(에피타이저를 제공하지 않은 그룹)은 메뉴가 10분 정도에 제공되었을 때 만족도가 가장 높았고, B그룹(에피타이저가 제공)은 15분 정도일 때 만족도가 가장 높았으나, 10분 정도에도 4.55점을 주어 높은 만족도를 보여주었다. 결과로만 보면 만족도가 높은 음식 제공 시간을 유추할 수

있다. 우리가 운영하는 음식점에 대입해서 점검해보면 어떨까 한다.

고객의 시간에 대한 배려와 관리도 필요하다. 음식점은 한 가지의 요소로 성공하지 않는다. 그렇다고 보면 시간 관리도 필요한 요소이다. 고객의 시간에 대한 배려가 없는 음식점, 아무리 유명해도 다시 가지 않을 가능성이 크다. 음식점은 재방문을 먹고 산다. 재방문이 없는 음식점, 긴 호흡으로 보면 성공하기 힘들다. 고객들의 심리를 인지하고, 심리를 활용해서 아이디어를 찾아가는 방법, 재미있고 유쾌한 음식점을 만들어가는 길이 아닌가 한다.

5-6 라이프 스타일로 타기팅 하다

고객 경험을 설계하기 위해서는 고객을 구체적인 대상, 타깃을 명확하게 바라봐야 한다. 이를 마케팅에서 '타기팅'이라 하며 이를 위한 방법론으로 '페르소나'를 언급한다. 마케팅에 있어서 타기팅Targeting은 '동일한 욕구를 가진 구매자 집단을 적절히 식별하고 식별된 구매자 집단의 욕구를 채우는 상품과 서비스를 생산하고 판매하는 기법'이다. 세분화되지 않았던 동질적인 전체 시장을 공략하기보다는 자사의 상품과 서비스를 세분화된, 타기팅된 시장을 공략하는 마케팅 활동을 일컬었다. 시장 세분화의 변수로 인구 통계적 세분화가 가장 널리 사용되었고, 지리적 세분화, 심리적 세분화 등도 간간히 활용되었다. STP Segmentation · Target · Positioning 전략으로 마케팅에서 자주 활용되었다. 이 전략은 아직도 유효하다.

▲ 그림 5.4 STP 전략

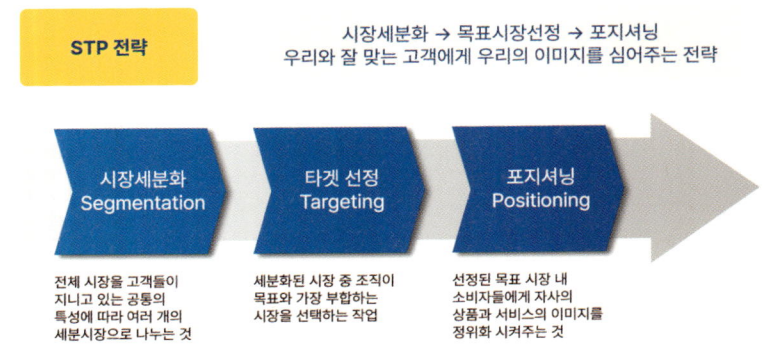

인구 통계학적 세분화를 넘어 라이프 스타일로 타기팅 해야

하지만 나이가 어떤지, 어떤 성별을 가졌는지, 교육은 어느 정도 받았고, 어느 지역에 살며, 소득 수준은 어느 정도인가는 '일반화의 오류'라는 지적이며, 수요가 공급을 앞설 때 평균의 고객을 대상으로 평균의 상품과 서비스를 만들어 팔았던 시대의 산물이다. 기술이 발전하고 소비자의 욕구가 다양화되면서 세분화 방법으로 적절치 못하다는 나름 이유 있는 논리다. 소득 수준이 높다고 하더라도 스타벅스 한잔의 커피를 사치스럽게 생각할 수도 있고, 돈벌이가 없는 대학생이라도 한잔의 커피는 '나를 위로하는' 하나의 수단이 될 수 있다. 한 끼 식사비를 아끼기 위해서 편의점에서 도시락을 사 먹으며 일주일 모은 돈으로 주말에는 '오마카세'를 즐기는 젊은이도 적지 않다. 어떤 사람은 워라밸 Work-Life Balance을 주장하며 자신의 시간은 소중하다며 일하는 시간을 줄인다. 어떤 사람은 일과 삶이 섞이는 것이 개인의 발전과 삶을 위해서 좋다는 워라블 Work-Life Blending을 주장하기도 한다. 누군가는 가족과 시간을 소중히 하고, 누군가는 운동하는 시간을 소중하게 여긴다. 또 누군가는 돈에 대한 가치를 소중히 하고, 또 다른 누군가는 돈보다 가족과 함께하는 시간을 소중하게 여기기도 한다.

라이프 스타일과 가치 소비

이렇듯 사람들은 각자의 위치에서 어떻게 살지, 어떤 방식으로 살지, 무엇을 위해 살지를 고민하면 실행하고 살아간다. 이렇게 삶을 지향하는 모습이 살아온 환경과 겹치면 가치관이 되고, 세계관이 된다. 가치관과 세계관으로 인해 살아가는 모습도, 소비하는 모습도 다르게 나타난다. 가장 소중하게 여기는 가치관, 이것이 라이프 스타일이 된다. 라이프 스타일은 '나의 시간과 돈을 어디에, 어떻게 쓰느냐'와 연결되며 종국에는 삶의 목적, 목표와도 연결된다. 최근 '가치 소비'라는 말이 회자되고 있는데, 이유는 각자의 라이프 스타일에 따른 소비 형태를 단적으로 보여주기 때문이다. 가치 소비란 '나에게 가치가 있다고 생각되는 상품과 서비스에 자신의 지갑을 열어 구매하는 소비 형태'를 말한다. 한 끼에 5천 원 하는 식사를 하고, 그 돈을 아껴 고가의 명품 백과 옷을 사는 행위도 자신의 신념과 가치를 어디에 두고 있는지를 보여준다. 남을 의식하지 않고 자신의 기준에 더 큰 가치와 의미를 부여하기 때문이다. 가치를 느끼지 못하는 것은 철저히 아끼지만, 가치와 의미가 있는 것에는 가격에 의미를 두지 않고 소비한다.

라이프 스타일은 사람이 살아가는 삶의 방식이나 패턴을 말하며 라이프 스타일을 보이는 소비자들은 일반적으로 태도·관심·행동 등에서 비슷한 성향을 보인다. 이런 성향을 토대로 측정했던 방법 중 하나가 AIO Activities, Interests, Opinions 기법이다. 이 변수를 이용할 때 다른 변수보다 더 많은 정보를 얻을 수 있어서 라이프 스타일은 중요한 시장 세분화 변수로 활용되었다.

전우성의 '그래서 브랜딩이 필요합니다'에서 29CM의 '고객 분류 기법'으로 9가지 취향과 라이프 스타일로 타기팅한 사례를 보여주고 있다. 그간 나왔던 '라이프 스타일' 분석 방법 중에 가장 세련되고 정교한 기법이다.

▲ 표 5.1 AIO 기법

A(Activities)	활동은 취미, 스포츠, 오락 또는 업무 관련 작업과 같이 개인이 참여하는 활동을 말한다. 마케터는 소비자가 참여하는 활동을 파악함으로써 소비자의 라이프 스타일과 소비 패턴을 좀 더 자세히 알 수 있다.
I(Interests)	관심사는 개인이 매력적이거나 흥미롭게 여기는 것들을 의미한다. 여기에서 영화, 도서, 패션, 기술, 음악과 같은 개인적인 관심사 또는 환경 문제가 사회적 원인과 같은 광범위한 관심사가 포함될 수 있다.
O(Opinions)	의견은 다양한 주제에 대한 소비자의 태도, 신념 및 의견을 의미한다. 마케터는 개인이 제품, 브랜드, 사회적 문제 또는 삶의 특정 측면을 인식하는 방식을 이해하는 데 도움이 된다.

▲ 표 5.2 29CM의 9가지 라이프 스타일

구분	Life-Style
미니멀 리스트	깔끔함과 완벽함을 추구하는
소셜 옵티미스트	사람들 속에서 행복을 발견하는
브랜드 열정가	내가 선택한 브랜드가 곧 나
밸류 쇼퍼	특별한 가치와 과정을 중시하는
라이프 스타일 얼리버드	새로운 아이템에 호기심이 많은
로열 리스트	신중하게 미래를 대비하는
컬러 팔로워	유쾌한 문화 생활 마니아
쇼잉 오퍼	넘치는 자신감으로 주목받는
슬로우 라이프 시커	여유로운 삶을 즐기는

페르소나를 규정해야 타깃 고객이 정확히 보인다

저자도 신규 브랜드를 론칭할 때 AIO 기법, TPO^{Time, Place, Occasion} 기법을 활용했다. 타깃은 1차 메인 타깃main-target과 2차 타깃sub-target으로 나누었으며, 브랜드를 이용할 고객들을 TOP와 라이프 스타일로 세밀한 작업을 진행했다. 이 기법을 통해서 1차 타깃을 선정하고, 1차 타깃이던 20~30대 여성(세밀하게 27세 여성)이 가지는 라이프 스타일의 핵심 키워드인 '작은 사치, 갬성 소비, SNS 일상족'을 도출했다. 그리고 TPO에 따라 그들이 시간을 사용하는 방법, 자주 가는 장소, 상황에 대한 태도 등을 문장으로 표시했다. 이를 아주 구체화하여 27세 여성, 여성이 가진 성격과 이미지, 시간을 소비하는 방법으로 구체화하며 타

▲ 그림 5.5 라이프 스타일 타기팅

기팅을 명확히 표현했다. 2차 타깃 역시 이와 같은 동일한 방법으로 분석했다.

  1차, 2차 타깃을 명확히 한 후 우리 브랜드와 가장 잘 어울리만한 연예인을 찾았다. '이런 사람이 우리 브랜드를 가장 잘 표현해주겠다'는 연예인을 찾은 것이다. 어울리는 연예인을 찾다 보면 우리 브랜드가 소비자들에게 무엇을 주려고 하는지, 어떤 이미지를 구사하고 싶어하고, 어떤 메시지를 주고 싶은지가 정확하게 나온다. 브랜드를 만들 당시 배우 '김고은' 씨를 브랜드와 맞는 연예인으로 선택했다. 세련되면서도 수수함을 가진 양면성, 대학생의 이미지와 신입 사원의 순수한 이미지를 가지고 있다는 게 선정의 이유였다. Young한 세대를 타깃으로 한다면 아이돌 그룹의 한 명을 선정해보는 것도 의미 있는 작업일 것으로 생각된다.

  라이프 스타일을 아는 것은 소비자의 삶을 면밀히 들여다 보는 것이다. 소비자가 어떤 생각을 가지고 있고, 어떤 삶을 살고 있으며, 어떤 가치와 철학에 열광하는지를 보는 것이다. 이제 기업과 브랜드는 상품과 서비스의 기능보다 우리 기업과 브랜드가, 우리의 상품과 서비스가 어떤 의미를 가지고 있고, 어떤 철학을 내재하고 있으며 어떻게 사용되어야 하는지를 알려야 한다. 공간에서 나의 감성을 울리고, 누군가와 여기서 차 한잔을 하고 싶고, 누군가와 비즈니스로 만나고 싶은 공간이여야 하며, 때론 가족과 때론 친구와 깊은 수다를 나눌 수 있는 공간이 되어야 한다. 그리고 여기서 보내는 시간이 '의미 있는 시간'이어야 하며, 이곳을 이용함으로써 음식점이 주는 철학과 가치가 의미 있다고 느껴져야 한다. 이것이 '라이프 스타일'이다.

5-7 말하지 않고 말하는 법

말은 성급하고, 글은 신중하다. 글은 시간을 묵히고 익혀서 나온다. 말은 흩어지고 글은 남는다. 말보다 글이 진중함을 담기에 더 좋은 수단이다. 글보다 말이 소중한 이유다. 때로는 말도, 글도 아껴야 될 때가 있다. 묵언으로 의사를 표시하기도 하고, 시간을 보내면서 마음이 알려지기를 바랄 때도 있다. 그럴 때 진정성을 느낀다. 모두가 쏟아내는 정보의 홍수 속에 취사 선택하기도 벅차다. 음식점도 마찬가지다. 각종 매체를 통해서 무수한 정보들을 쏟아낸다. 가볍게 느껴진다. 신뢰성이 떨어진다. 신뢰는 브랜딩에서 필요로 하는 소중한 자산이다. 신뢰가 쌓여 이미지가 되고, 이미지가 쌓여 브랜드가 된다.

신뢰는 말하는 법

사업과 브랜딩은 '신뢰Trust'에 기반한다. 사업의 철학과 고객과의 관계에 대한 신뢰이다. 그동안 매체를 통해서 적잖이 보아왔지만 브랜드의 철학과 생각에 동의하면 '돈쭐'을, 브랜드의 철학과 생각이 비도적이거나 비인간적이면 '불매 운동'을 불사한다. 음식점의 방문이 1회성으로 그치지 않기 위해서는 음식점의 경영 철학과 사고와 행위에 대한 신뢰가 있어야 한다. 그 철학과 사고, 행위에 동의했을 때 고객들은 환호하기 시작한다. 다음은 고객과의 관계성이다. 1차원적 고객과의 관계(기업은 생산하고, 고객은 구매하는 생산자와 소비자의 관계)의 시대는 지나갔다. 고객들이 생산, 소비 과정에서 진정성 있는 참여를 통해 관계를 맺고, 오너십과 패밀리십을 가질 수 있도록 해야 한다. 브랜드는 오너십·패밀리십을 느낄 수 있는 프로그램을 통해서 고객과의 관계를 진정성으로 이끌어야 한다. 철학과 관계에 대한 신뢰다. 고객들은 상품을 사는 것이 아니라 의미를 산다. 의미는 브랜드의 철학이고, 브랜드에 대한 신뢰다.

동네 자주 가는 음식점 중 한 곳은 영업시간이 변경이 되거나, 메뉴가 바뀌거나, 가격이 조정되면 문자를 통해서 알려준다. 그리고 원하는 취향과 스타일까지도 기억했다가 대화 속에서 그 마음을 녹여준다. 관계에 대한 오너의 진정성을 느끼게 해주는 요소이다.

다음은 음식에 대한 신뢰다. '셀프-메디케이션Self-Medication'의 시대가 왔다. '셀프-메디케이션'이란 가벼운 질환이나 만성 질환을 예방하거나 건강 상태를 개선시키기 위해 구입 가능한 약을 구입해 자체 처방하는 것이다'(김용섭, 라이프트렌드 2021에서 인용) 자신의 건강을 챙기고, 건

* 서울 방배로에 위치한 '제주어항1950'

강을 위한 음식을 구매하고, 좋은 식자재를 소비하는 트렌드는 증가할 것이다. 음식의 본질 또한 '건강한 음식'이다. 좋은 음식은 건강한 식자재와 좋은 요리법에 의해서 나온다. 식자재와 요리법에 대한 신뢰를 확보해야 한다. 음식을 통한 신뢰를 확보해야 한다.

말하지 않고 말하는 법

낙원동에 있는 '배터져 숯불갈비'라는 고깃집은 '전남 영암에서 재배한 친환경 유기농과 쌀과 국내산 김치를 제공한다. 높지 않은 가격으로 고기를 제공하면서도 좋은 식자재를 사용해 사랑받고 있다. '원가가 조금 오르더라도 좋은 식자재를 써서 고객들의 건강을 생각해야 한다'는 주인장의 마음이 그대로 담겨져 있다. 방배로에 있는 '제주항1950'은 메뉴판에 '제주항1950의 모든 메뉴는 항공 직송되는 자연산입니다'라고 스티커를 부착해 뒀다. 벽면에는 '고창에서는 담근 배추김치입니다'고

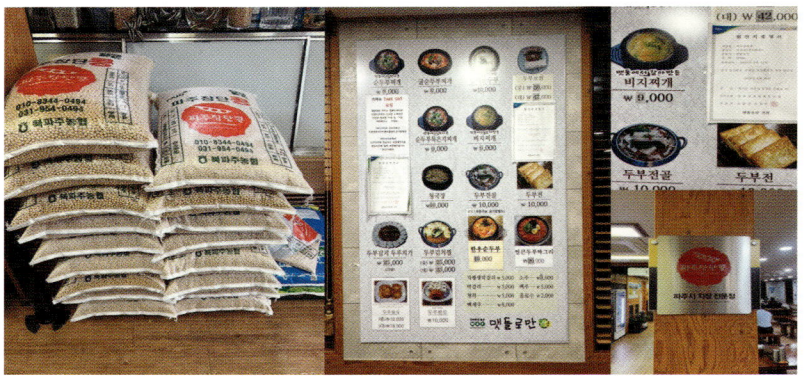

* 청계산 인근에 있는 '맷돌로만 청계산점', 이곳은 파주 장단콩 포대를 쌓아두고, 원산지 증명서를 부착해뒀다.

적어 두었다. 먹는 음식에 대한 신뢰, 음식점에 대한 신뢰가 깊어진다.

'맷돌로만 청계산점'은 '말하지 않고 말하는 법'을 알려주고 있다. 이곳은 '순두부'를 전문으로 한다. 순두부에 들어가는 콩은 파주의 특산물인 '장단콩'을 사용한다. 파주시로부터 지정받은 '장단콩 전문점'이다. 인증 마크를 부착하고, 장단콩 포대를 쌓아 두었다. 장단콩에 대한 원산지 증명서도 부착을 해뒀다. 신뢰에 신뢰를 더한다. 말하지 않아도 진정성이 느껴지는 음식점이다.

* '한우 특등심이 좋은 집' '명인등심(ⓒ명인등심 압구정본점)'

'한우등심구이 전문점' '명인등심'도 말하지 않고 신뢰감을 준다. 벽면에 '한우 특등심 판정표'를 부착해 뒀다. 고객 누구나 오가며 볼 수 있다. 신뢰는 이렇게 형성되는 것이다. 요란하지 않다. 말하지 않는다. 은근히 진정성을 자랑하며 신뢰감을 주는 음식점이다.

사랑한다고 말하는 것보다 한 줄의 글이 마음을 녹인다. 말하지 않고 직접 보여줌으로써, 말하지 않고 실천함으로써 진심을 완성해가고, 진정성을 이루어 간다. 신뢰는 이렇게 말하지 않고 실천하는 것이 아닐까 한다.

5-8 관계는 이야기가 되고, 이야기는 브랜드가 된다

LA 폭동 사건이 남긴 교훈

1992년 4월 29일~5월 4일까지 발생했던 'LA 폭동 사건'은 사망 58명, 부상 2,383명, 체포 13,777명, 재산 피해는 무려 10억 달러라는 전대미문의 사건으로 남았다. 일명 '로드니킹 사건Beating of Rodneyking'으로 불리우는 이 사건은 '인종 차별 사건'으로 역대급 규모로 세간의 화제가 되며 지금까지도 회자되고 있는 사건이다.

LA 210번 국도를 과속으로 달리던 차량을 LA 경찰국과 캘리포니아 순찰대가 발견하고 뒤쫓게 된다. 차량에 타고 있던 로드킹(당시 25세)은 이미 음주 운전에 마리화나까지 흡입한 상황이었다. 전과자로 가석방되어 있던 로드니킹은 경찰의 체포에 불응하며 강력하게 저항하고, 경찰은 톤파로 구타를 가한다. 이 모든 일련의 사건을 주민은 영상으로 촬영해서 공익 제보를 진행한다. 제보가 있었음에도 당시 LA 경찰서장인 데릴 게이Darl Gates는 무대응으로 일관하지만 4명의 경찰관은 과잉 폭력으로 기소되고 결국 경찰 위원회는 사과 발표를 하게 된다. 1992년 2월 5일 재판이 시작되었다. 하지만 배심원은 백인, 히스패닉계 미국인을 모두 선정하게 된다. 재판의 결과 경찰관 4명 중 3명은 무죄, 1명은 재심으로 판정 나고, 이 결과에 분노한 흑인들이 방화, 약탈, 총격전을 벌인다. 무려 6일간 끔찍한 일들이 LA 시내에서 벌어지고, 결국 13,500명의 군인까지 동원된 이 사건은 서로에게 상처만 남긴 채 마무리되었다.

그중 유독 눈길이 끄는 것이 하나 있었다. 방화와 약탈로 모든 건물이 불탄 상황에서 맥도날드 건물 5채만 멀쩡한 채로 남아 있었다. 이를 궁금히 여긴 기자가 흑인들을 인터뷰했다.

    기자: "왜 맥도날드 건물만 아무렇지 않게 남아 있나요?"
    흑인: "그들은 우리 편이니까요? They are one of us"
    기자: "그게 무슨 말인가요?"
    흑인: "그들은 우리를 돌봤거든요."
    기자: "어떻게 맥도날드가 당신들을 돌봤다는 겁니까?"
    흑인: "그들은 우리에게 커피도 나누어 주고, 농구장도 지어주고 우리를 위해 최선을 다했습니다."

  인터뷰는 가슴을 찡하게 만들었고, 진정성이란 무엇인가에 대한 생각을 하게 했다. 사건의 배경과 잘잘못을 말하자고 하는 것이 아니다. 누구는 잘했고, 누구는 못했다는 가늠을 하려는 것도 아니다. 단지 음식점이 지역 사회와 지역민들과 어떻게 관계를 맺고, 관계를 형성해 나가야 하는지에 대한 설명을 하고 싶을 뿐이다. 맥도날드는 지역에서 놀이터가 되길 원한다. 지역민들이 편하게 들리고 식사를 하고, 이야기를 나누는 공간이 되어주길 바란다. 그리고 지역민을 위해서 커피와 햄버거를 나눠주고, 지역 사회를 위한 시설을 기부하거나, 자선 행사를 진행하기도 한다. 이것이 바로 지역 사회와 관계를 맺는 방식이다. 음식점을 하는 우리가 배워야 할 점이다.

  경주를 여행하다가 우연하게 보문 호수에 있는 맥도날드를 만나게 되었다. 그리고 다시 한번 맥도날드가 어떻게 지역 사회와 공존하는지를 깨닫게 된다. 횡단보도 2개를 건너가서 사진을 찍었다. 사진에 담고 싶었고, 마음에 담고 싶었다. 단층으로 이루어진 공간, 지붕은 한옥

* 지역과의 공존을 의미하는 익스테리어를 한 '맥도날드 경주보문DT점'

을 연상케 하는 단아한 형태로 경주에 앉아 있었다. 천년 고도 경주와 너무 잘 어울리는 풍경을 연출해주고 있다. 만약 맥도날드가 효율성이나 경제성만 생각했다면 나오지 않았을 작품이다. 지역을 어떻게 반영하고, 지역과 함께하는 방법을 고민한 결과물이라는 생각이다. 지역을 대하는 방식과 지역과 공존하는 방식을 맥도날드를 통해서 배우게 된다.

이야기가 있는 '행복한 우동가게'

충주를 여행하다 '허름한 우동 가게'를 만났다. 따스한 조명으로 밖을 환히 비추고 있다. 외관은 허름하고, 내부는 단정하지 못했다. 메뉴도 단출하다. '각기우동, 쫄면, 소바' 등 몇 가지 메뉴만 내어 놓는다. 메뉴 또한 전문적이거나 화려하지 않다. 영업은 18시부터 다음날 새벽 4시까지 이어진다. 외식업의 성공 방정식으로만 놓고 보면 성공하기

* *4천 개의 이야기가 있는 공간, '행복한 우동가게'*

힘든 구조이고 시스템이다. '행복한 우동가게'라는 상호를 지닌 충주의 작은 음식점이다.

그럼에도 이곳은 손님들로 북적거린다. '행복한 우동가게'는 술집들이 즐비한 곳에 위치해 있다. 영업시간이 이를 설명해준다. 1차, 2차 술을 마신 손님들이 마지막으로 들리는 해장집이자, 술을 마무리하는 공간이다. 단골이 유난히 많다고 한다. 10년과 20년을 오가며 단골이 된 그들은 한결같이 강순희 사장을 '이야기를 잘 들어주는 사장님'로 평가한다. 사람의 이야기를 잘 들어주는 것은 공감이자 관계의 시작이다. 술을 마신 사람들의 이야기는 간곡하고, 절절하다. 수많은 사연을 듣고 들어주는 역할을 하는 사장의 태도가 단골을 만들고, 단골은 팬이 되어 이곳을 드나들고 있다.

못다한 이야기는 종이에 적어서 강순희 사장에게 전달한다. 강순희 사장은 이를 접착제로 벽과 천장에 덕지덕지 붙여 놓는다. 그 이야기 4천 개가 넘었다. 4천 장의 이야기는, 4천 장의 사연은 이곳을 꾸미는 인테리어가 되고, 브랜드를 지탱하게 해주는 힘이 되었다. 이야기가 있는 공간이고, 스토리가 살아 숨쉬는 음식점이 되었다. 아무런 치장도 하지 않고 오로지 손님들의 이야기가 채워진 공간에서 각기우동과 소바를 시켰다. 사연을 듣고 나니 우동과 소바의 맛은 배가 된다. 맛있음과 맛없음을 평가하기 어려워졌고 무조건 맛있어야만 했다. 그곳이 '행복한 우동가게'다.

서울로 올라와서 강순희 사장이 쓴 '행복한 우동가게'라는 에세이집을 구매했다. 음식점에서 일일이 읽지 못했던 사연들을 만나게 된다. 세월이 남긴 41개의 사연을 접했고, IMF라는 시대의 아픔을 함께했던 사장의 이야기도 가슴을 쓸어 내렸다. 사연은 스토리가 되고, 스토리는 관계를 맺어 준다. 맺은 관계는 다시 팬을 만들고, 팬은 브랜드의 소중한 자산이 되었다. 강순희 사장이 이를 알고 가게를 시작하지는 않았을 것이다. 단지 '들어주는 일'이, '세심하게 상대방에게 공감을 표시해주던 일'이 관계가 되어 날개짓을 한 것이다. 어쩌면 브랜딩은 '바르게 들어주는 것'에서 시작하지 않을까 한다. 고객의 이야기를 듣는 것만으로 브랜딩의 정수를 꽂는 일일 것이다. '행복한 우동가게'의 2권, 3권이 궁금해진다. 행복한 우동가게의 미래가 무척이나 궁금하다. 어떤 사연들로 채워갈지 무척 궁금하다.

공명(共鳴)이란 '맞울림'을 의미한다. '하위헌스의 추시계'는 공명을 나타내는 대표적인 현상이다. 돌로 지은 집에 서로 마주볼 수 있도록 추시계를 걸어 놓으면, 처음에는 추시계가 각각 움직이다가 나중에는 똑같이 움직인다. 종류가 다른 소음들은 서로 간섭해서 지워지고 규칙적으로 움직이는 시계추의 진동만이 전달되고 오랜 시간에 걸쳐 두 시계추가 완전히 똑같은 주기로 움직이게 된다. (그래서 우리는 음악을 듣는다, 히사이시 조/요로 다케시 지음) 이를 '공명 현상'이라고 한다. '공명 현상'에서 음식점이 지역 사회와 지역민들과 함께하는 방식을 배워보면 어떨까 한다.

위닝 브랜딩

초 판 1쇄 발행 / 2024년 7월 26일
개정판 1쇄 발행 / 2025년 10월 31일

저자 박진우
발행처 형설출판사
　　　 경기도 파주시 회동길 37-23 · 전화 (031) 955-2361~4 · 팩시밀리 (031) 955-2341
발행인 장진혁
등록 라-제9호 · 1962년 5월 1일
홈페이지 http://www.hyungseul.co.kr
e-mail hs@hyungseul.co.kr

정가 24,000원

ⓒ 2025 박진우 All Rights Reserved.

ISBN 978-89-472-8811-8 93320

* 본 도서는 저자와의 협의에 따라 인지는 붙이지 않습니다.
* 본 도서는 저작권법에 의해 보호를 받는 저작물이므로 동영상 제작 및 무단전재와 복제를 금합니다.
* 본 도서의 출판권은 형설출판사에 있으며, 사전 승인 없이 문서의 전체 또는 일부만을 발췌/인용하여 사용하거나 배포할 수 없습니다.